Der Humor in der vergleichenden Werbung

Veröffentlichungen des Instituts
für deutsches und europäisches Wirtschafts-,
Wettbewerbs- und
Regulierungsrecht der
Freien Universität Berlin

Herausgegeben von Franz Jürgen Säcker

Band 43

PL ACADEMIC RESEARCH

David Preisendanz

Der Humor in der vergleichenden Werbung

PL ACADEMIC RESEARCH

Bibliografische Information der Deutschen Nationalbibliothek
Die Deutsche Nationalbibliothek verzeichnet diese Publikation in der Deutschen Nationalbibliografie; detaillierte bibliografische Daten sind im Internet über http://dnb.d-nb.de abrufbar.

Zugl.: Berlin, Freie Univ., Diss., 2014

Gedruckt auf alterungsbeständigem,
säurefreiem Papier.

ISSN 1863-494X
ISBN 978-3-631-65318-0 (Print)
E-ISBN 978-3-653-04484-3 (E-Book)
DOI 10.3726/978-3-653-04484-3

PL Academic Research ist ein Imprint der Peter Lang GmbH.

Peter Lang – Frankfurt am Main · Bern · Bruxelles · New York ·
Oxford · Warszawa · Wien

Diese Publikation wurde begutachtet.

www.peterlang.com

Vorwort

Die vorliegende Arbeit wurde vom Fachbereich Rechtswissenschaften der Freien Universität Berlin im Jahre 2014 als Dissertation angenommen. Erstgutachter war Prof. Dr. Dr. Dr. hc Franz-Jürgen Säcker, Zweitgutachter Prof. Dr. Martin Schwab. Die mündliche Prüfung fand am 12. Februar an der FU Berlin statt.

Dank gebührt zunächst freilich meinem Doktorvater Prof. Dr. Dr. Dr. h.c. Franz - Jürgen Säcker. Er hat insoweit den größten Anteil an dieser Arbeit, als er mir überhaupt ermöglichte, aus dem Thema des Humors in der vergleichenden Werbung ein Promotionsvorhaben machen zu können.

Weiterhin möchte ich mich bei meinen Eltern für ihre Unterstützung bedanken. Ich sehe in dieser Arbeit so etwas wie das Ende meiner theoretisch - akademischen Ausbildung. Auf diesem Weg haben sie mich immer unterstützt und sind mir auch damit ein Vorbild.

Die meiste Zeit und Geduld musste sicherlich meine Ehefrau Lilian aufwenden. Ihre Geduld mit mir und dieser Arbeit kann man gar nicht genug hervorheben.

Schließlich möchte ich mich auch bei meinem Freund Christoph Palzer bedanken. Mögen andere die Qualität dieser Arbeit beurteilen, die vielen Gespräche mit ihm haben sie aber in jedem Falle besser gemacht

Schwäbisch Hall, den 21. Mai 2014

Inhaltsübersicht

Der Humor in der vergleichenden Werbung

„Ich will lieber mit Weisen irren,
als mit Unwissenden Recht zu behalten."
(Marcus Tullius Cicero, röm. Philosoph, 106 v. Chr.-43 v. Chr.)

"Die zehn Gebote sind deswegen so kurz und logisch,
weil sie ohne Mitwirkung von Juristen
zustande gekommen sind."
(Charles de Gaulle, franz. Staatspräsident, 1890-1870)

Philosoph

§ 1 Einleitung

A. Problemstellung

Von dem Schriftsteller *Sigismund von Radecki* ist die Aussage bekannt *„Deutscher Humor ist, wenn man trotzdem nicht lacht."* Bei aller Klischeehaftigkeit dieses Zitats findet sich auch hier, wie so häufig durchaus ein wahrer Kern. So gab es in der näheren Vergangenheit tatsächlich zahlreiche Urteile, die das Bild des humorlosen Deutschen bestätigten. Dabei tut sich die deutsche Gerichtsbarkeit in besonderem Maße mit satirischen Darstellungen schwer. Schon *Kurt Tucholsky* beschwerte sich, sobald in Deutschland einem ein guter Witz gelinge, sitze halb Deutschland auf dem Sofa *„und nimmt übel"*[1]. Auf diesem Sofa nehmen – um im Bild zu bleiben – im Falle der humorvollen vergleichenden Werbung noch einige mehr Menschen Platz. Die vergleichende Werbung galt in Deutschland über viele Jahre - namentlich seit dem berühmten Hellegold Urteil des Reichsgerichts im Jahre 1931 - als unzulässig. Es bedurfte des Anstoßes aus Europa in Form einer europäischen Richtlinie, um die deutsche Rechtswissenschaft nach über 80 Jahren mit dem Vergleich aus kommerziellen Gründen zu versöhnen. Seit der Umsetzung der Richtlinie 97/55/EG am 14.9.2000 ist der Werbevergleich damit grundsätzlich zulässig. Dennoch: Auch 10 Jahre nach ihrer gesetzlichen Kodifizierung ist die vergleichende Werbung in der deutschen Werbelandschaft noch nicht richtig heimisch geworden. Auch weiterhin ist ein Unbehagen mit dieser Werbeform allenthalben festzustellen. Dieses latent vorhandene Unbehagen steigert sich noch weiter desto humorvoller, bissiger und ironischer der

1 *Tucholsky (1919): „Was darf Satire"?*

Werbevergleich ausgestaltet ist. Da es nicht im Interesse eines Unternehmens liegt, in einer fremden Werbung *„als Mittel zur Erhöhung der eigenen Leistungsfähigkeit des Anpreisenden verwendet zu werden“*[2], stellt die europäische Richtlinie einige Voraussetzungen auf, die an eine zulässige vergleichende Werbung zu stellen sind. Vor dem Hintergrund dieses Kataloges ist insbesondere zu prüfen, ob ein humorvoller Werbevergleich den Verbraucher irreführt, den Objektivitätsgrundsatz verletzt, auf unlautere Weise den guten Ruf der Kennzeichen des Mitbewerbers ausnutzt bzw. beeinträchtigt oder den Mitbewerber bzw. seine Waren oder Dienstleistungen auf unlautere Weise herabsetzt. Es ergibt sich aus der Natur der Sache, dass es der Humor in diesem rechtlichen Umfeld nicht leicht hat, ist es doch gleichsam eines der Wesensmerkmale des Humors zu übertreiben, zu überspitzen oder zu verzerren. Bedenkt man die zurückgelegte Wegstrecke in Deutschland - mit einem Unlauterkeitsvorwurf auch im Falle eines wahrheitsgemäßen Leistungsvergleichs - kann ein gewisses Unbehagen deutscher Gerichte mit dieser Form vergleichender Werbung auch nicht verwundern. Es ist letztlich dieses Unbehagen, das Thema der vorliegenden Arbeit sein soll. Denn so zahlreich die Veröffentlichungen zum Themenkomplex der vergleichenden Werbung auch sind, es fehlt an einer detaillierten Auseinandersetzung mit dem Aspekt des Humors, der satirischen Überspitzung, der ironischen Anklänge in der vergleichenden Werbung. Auch hat dieser Teilaspekt der vergleichenden Werbung durch ein Urteil des BGH[3] (*„Gib mal Zeitung“*) in jüngster Zeit einen weiteren Impuls erfahren. Die Rechtsprechung ist im Hinblick auf humorvolle vergleichende Werbung von einer weitreichenden Einzelfallbetrachtung geprägt. Da zu dieser an und für sich richtigen Orientierung am Einzelfall jedoch eine gewisse Widersprüchlichkeit in der Rechtsprechung hinzukommt, ist die zwangsläufige Folge ein hohes Maß an Rechtsunsicherheit. Verständlicherweise führt dies zu einem eher vorsichtigen Umgang der Werbepraxis mit humorvollen Werbevergleichen. Der Humor ist eine in rechtlicher Hinsicht unberechenbare Größe und es fällt schwer sich der Ansicht zu verschließen, die Frage der Zulässigkeit eines humorvollen Werbevergleichs sei zuweilen abhängig von dem Humor des jeweils Recht sprechenden Richters. In eben dieser Frage könnte das Urteil des BGH *„Gib mal Zeitung“* einen wichtigen Wendepunkt markieren, jedenfalls aber für Verbesserungen sorgen. Auf der einen Seite bereits, da die höchstrichterliche Entscheidung einen offeneren und liberaleren Geist als viele vorherige Urteile zu diesem Thema atmet und auf der anderen Seite, da die

2 RG GRUR 1931, 1299 (1301) – *Hellegold.*
3 BGH Urt. v. 1.10.2009 – I ZR 134/07 – *„Gib mal Zeitung.“*

Urteilsbegründung möglichweise eine gewisse Systematisierung im Bereich der humorvollen Werbevergleiche möglich machen könnte. Natürlich bleibt z.B. die Frage einer unlauteren Herabsetzung nach § 6 Abs. 2 Nr. 5 UWG auch weiterhin in hohem Maße einzelfallabhängig und dies auch völlig zu Recht. Eine schablonenhafte Betrachtung von Werbung verbietet sich im Lauterkeitsrecht generell. Dennoch möchte der Autor herausarbeiten, dass der richtige Einwand der Einzelfallbetrachtung keineswegs das Ende der Diskussion bedeuten darf. Es wird zu zeigen sein, dass sich durchaus prinzipielle und allgemeingültige Aussagen in diesem Bereich treffen lassen.

B. Gang der Untersuchung

Das Ziel der Untersuchung ist somit zum einen darzustellen, in welchen rechtlichen Grenzen humorvolle Werbevergleiche sich in Deutschland bewegen können. Zum anderen möchte sich die Arbeit aber nicht allein damit begnügen, den status quo systematisch darzustellen; vielmehr soll versucht werden zu zeigen, dass der Gesetzgeber bzw. die Rechtsprechung an verschiedenen Stellen der humorvollen vergleichenden Werbung durchaus einen größeren Spielraum zugestehen könnte bzw. sogar sollte.

Die Arbeit gliedert sich in sechs Kapitel. Im ersten Kapitel soll die Werbeform der vergleichenden Werbung näher beleuchtet werden. Dabei sollen sowohl der Tatbestand vergleichender Werbung als auch die historischen Wurzeln dieser Werbeform – gleichsam als Basis für die weitere Untersuchung – aufgezeigt werden. Im zweiten Kapitel wird der humorvolle Werbevergleich unter verschiedenen Gesichtspunkten – marketingspezifischen, ökonomischen und rechtlichen – dargestellt. Die rechtliche Ebene wird hier insbesondere durch einen Blick auf zurückliegende Urteile verdeutlicht. Ist damit der status quo ante humorvoller Werbevergleiche dargestellt, wirft die Arbeit in Kapitel 3 nun einen Blick auf das durchaus Aufsehen erregende Urteil des BGH *„Gib mal Zeitung"*. Wie bereits angedeutet, schlägt der BGH hier einen deutlich liberaleren Ton gegenüber humorvollen Werbevergleichen an. Die für deutsche Verhältnisse bissige und provokante Werbung der Tageszeitung taz sowie das überraschend wohlwollende Urteil des BGH lohnen hier eine tiefer gehende Auseinandersetzung.

Klang die grundrechtliche Dimension lauterkeitsrechtlicher Werbebeschränkungen in dem Verfahren *„Gib mal Zeitung"* bereits an, setzt sich das vierte Kapitel mit dem Spannungsverhältnis der freien Meinungsäußerung und den Schutzobjekten des lauteren Wettbewerbs auseinander. Es ist mittlerweile auf allen Ebenen der Grundrechtsrechtsprechung (EuGH, EGMR, BVerfG) anerkannt, dass auch kommerzielle Äußerungen in den Schutzbereich der Meinungsfreiheit gehören. Der Autor wird sich in der Folge mit der Grundrechtsrechtsprechung des EuGH, EGMR sowie des BVerfG im Bereich der kommerziellen Werbung auseinandersetzen. Dabei werden deutliche Unterschiede in der Gewichtung und der Prüfungsdichte offenbar werden. Die grundrechtsbeschränkende Dimension von Werbeverboten wirft auch im Bereich der vergleichenden Werbung Fragen nach den Grenzen lauterkeitsrechtlicher Verbote auf.

Im fünften Kapitel schließen sich dann einige rechtspolitische Ausführungen an. Dabei wird sich der Autor insbesondere mit dem Objektivitätsgrundsatz der Richtlinie beschäftigen. Es wird die Frage zu stellen sein, ob dieser an verschiedenen Stellen des Zulässigkeitskataloges des § 6 Abs. 2 UWG erkennbare Rechtsgrundsatz - vor dem Hintergrund der Schutzgüter des Lauterkeitsrecht - tatsächlich seine Berechtigung findet.

Die Arbeit abschließen wird ein Rechtsvergleich mit den Vereinigten Staaten von Amerika und Großbritannien. Die USA bieten sich als Vergleichsgegenstand aufgrund ihrer sehr liberalen Rechtslage im Falle vergleichender Werbung an. Großbritannien gewinnt Beachtung aufgrund der Tatsache, dass hier vor der Umsetzung der Richtlinie 2006/114/EG eine im Vergleich zu Deutschland liberalere Rechtslage bestand. Im Gegensatz zu Deutschland bedeuteten die Vollharmonisierung und der Verbotskatalog der Richtlinie somit eine Verschärfung der Regulierung vergleichender Werbung. Es dürfte spannend sein zu untersuchen, ob die britischen Gerichte – vor dem Hintergrund ihrer Geschichte – das vollharmonisierte Recht vergleichender Werbung erkennbar liberaler anwenden als ihre deutschen Kollegen.

1. Kapitel
Vergleichende Werbung

„Your true value depends entirely
on what you are compared with"
(Bob Wells, amerik. Moderator)

§ 2 Tatbestand der vergleichenden Werbung, § 6 UWG

A. Allgemeines

Da sich im Bereich der vergleichenden Werbung in den letzten Jahren durchaus neue Entwicklungen gezeigt haben, dürfte es sich lohnen, zunächst den *„latest state of art"*[4] im Bereich des § 6 UWG darzustellen. Nach § 6 Abs. 1 UWG entspricht die vergleichende Werbung jeder Werbung, die unmittelbar oder mittelbar einen Mitbewerber oder die von einem Mitbewerber angebotenen Waren oder Dienstleistungen erkennbar macht. Der deutsche Gesetzgeber hat die Formulierung von Art. 2 lit. c) der Richtlinie 2006/114/EG[5] wortgleich übernommen. Der Tatbestand der vergleichenden Werbung ist damit denkbar weit gefasst. Dies entspricht auch der Intention des europäischen Richtliniengebers, wie sich aus dem achten Erwägungsgrund der Richtlinie ergibt:

> *„Der Begriff der ‚vergleichenden Werbung' sollte breit gefasst werden, so dass alle Arten der vergleichenden Werbung abgedeckt werden."*

B. Tatbestandsmerkmale vergleichender Werbung

I. Werbung

Der Tatbestand der vergleichenden Werbung setzt zunächst voraus, dass es sich bei der vorliegenden Äußerung um Werbung i.S.d. Lauterkeitsrechts handelt. Eine differenzierende Analyse der verschiedenen Formen der Wirtschaftswerbung ist im Rahmen der lauterkeitsrechtlichen Bewertung nicht notwendig[6]. Nach der Legaldefinition des Art. 2 lit. a der Richtlinie 2006/114/EG ist Werbung

> *„jede Äußerung bei der Ausübung eines Handels, Gewerbes, Handwerks oder freien Berufs mit dem Ziel, den Absatz von Waren oder die Erbringung von Dienstleistungen, einschließlich unbeweglicher Sachen, Rechte und Verpflichtungen, zu fördern."*

---

4 *Köhler,* WRP 2010, 571 (572).

5 Ex-Art. 2 Nr. 2a RL 84/450/EWG.

6 *Fezer, UWG, a.a.O.,* Einl. E Rn. 303 ff.

Da § 6 UWG richtlinienkonform auszulegen ist, ist diese Definition auch für § 6 Abs. 1 UWG maßgeblich. Der Begriff der „*Äußerung*“ ist dabei weit auszulegen[7] und es ist auch unerheblich, in welcher Form – schriftlich oder mündlich etc. - die Äußerung getätigt wird[8]. Der Zusammenhang zwischen der „*Äußerung*“ und der Ausübung eines „*Handels, Gewerbes, Handwerks oder freien Berufs*“ beschränkt den Begriff der Werbung auf Äußerungen bei der Ausübung einer „*unternehmerischen Tätigkeit*“. Der Begriff der Werbung ist damit enger als der Begriff der „*geschäftlichen Handlung*“ nach § 2 Abs. 1 Nr. 1 UWG[9]. Eine unternehmerische Tätigkeit verlangt Planmäßigkeit, Dauerhaftigkeit und Gewinnerzielungsabsicht. Des Weiteren ist eine Absatzförderungsabsicht erforderlich. Solange die Äußerung jedenfalls mittelbar auf die Förderung des eigenen Absatzes abzielt, kann sie durchaus auch weitere Motive verfolgen, wie die Kritik gegenüber einem anderen Unternehmen oder die Imageförderung[10]. Die Nachfragewerbung wird vom Wortlaut des Art. 2 lit. a RL allerdings nicht erfasst. Und auch aus Erwägungsgrund 6 ergibt sich, dass die Richtlinie allein die Absatzwerbung im Blick hatte.

> *„[..] Vergleichende Werbung kann ferner den Wettbewerb zwischen den Anbietern von Waren und Dienstleistungen im Interesse der Verbraucher fördern.“*

Einen nachvollziehbaren Grund für diese Differenzierung zwischen Absatz- und Nachfragewerbung ist aber nicht ersichtlich. Möglicherweise wurde die seltenere Form der Nachfragewerbung vom europäischen Gesetzgeber schlicht übersehen. Da aber auch die vergleichende Nachfragewerbung die Interessen des erkennbar gemachten Mitbewerbers auf unzulässige Weise beeinträchtigen kann, sollte entweder über die Annahme einer planwidrigen Regelungslücke der Anwendungsbereich des Art. 4 RL erweiternd ausgelegt werden[11] oder die ansonsten einschlägigen §§ 2 und 4 UWG sind im Sinne des § 6 Abs. 2 UWG anzuwenden[12].

---

7 Erwägungsgrund Nr. 8 der RL 2006/114/EG („breit gefasst“; „broad concept“; „concept général“); EuGH GRUR Int. 2002, 50 (53) Rn. 37 – *Toshiba Europe.*

8 BGH GRUR 2004, 607, 611 – *Genealogie der Düfte;* BGH GRUR 2005, 348 – *Bestellnummerübernahme.*

9 *Köhler* in Bornkamm/Köhler, a.a.O., § 6 Rn. 61; *Koehler* in Götting/Nordemann, a.a.O., § 6 Rn. 19.

10 *Koehler* in Götting/Nordemann, UWG, 2010, § 6 Rn. 20; *Menke* in MüKo, Lauterkeitsrecht, 2006, Bd. 2, § 6 Rn. 38.

11 *Köhler* in Bornkamm/Köhler, a.a.O., § 6 Rn. 63.

12 Ebda.

Schließlich könnte die Werbung durch Dritte aufgrund des Wortlauts des Art. 2 lit. a RL - *„Äußerung bei der Ausübung eines Handels, Gewerbes, Handwerks oder freien Berufs“* – nicht erfasst sein[13]. Das Argument der wörtlichen Auslegung wiegt umso schwerer, als der Gesetzgeber bei der Definition der *„geschäftlichen Handlung“* in § 2 Abs. 1 Nr. 1 UWG ausdrücklich auch das Verhalten *„zugunsten [..] eines fremden Unternehmens“* aufgegriffen hat. Dem EuGH lag diese Frage bisher noch nicht zur Entscheidung vor. Richtigerweise fällt aber wohl auch die Werbung durch Dritte unter den Begriff der Werbung nach Art. 2 lit. a RL. Der Dritte muss aber die Absicht haben, den Absatz oder die Nachfrage des beworbenen Unternehmens zu fördern.

II. Mitbewerber, vgl. § 2 UWG[14]

Der Mitbewerberbegriff ist in § 2 Abs. 1 Nr. 3 UWG legaldefiniert. Auf den ersten Blick scheint dieses Tatbestandsmerkmal damit keine allzu großen Probleme aufzuwerfen. Laut Gesetz handelt es sich bei einem Mitbewerber um einen

> *„Unternehmer, der mit einem oder mehreren Unternehmern als Anbieter oder Nachfrager von Waren oder Dienstleistungen in einem konkreten Wettbewerbsverhältnis steht.“*

Nach der Systematik des deutschen Lauterkeitsrechts gilt die Legaldefinition in § 2 Abs. 1 Nr. 3 UWG für alle mitbewerberbezogenen Verhaltensnormen des UWG. Die mitbewerberbezogenen Verhaltensnormen der vergleichenden Werbung in 6 Abs. 1, 2 Nr. 3 - 5 UWG sind allerdings in Umsetzung europäischer Richtlinien entstanden[15]. Der Mitbewerberbegriff des § 6 UWG ist damit auch richtlinienkonform auszulegen. Sollten der nationale und der europäische Mitbewerberbegriff Unterschiede aufweisen, stellt sich die Frage, inwieweit die Definition des § 2 Abs. 2 Nr. 3 UWG für die vergleichende Werbung Wirkungen entfaltet.

Nach § 2 Abs. 1 Nr. 3 UWG ist ein Mitbewerber jeder Unternehmer, der *„mit einem oder mehreren Unternehmen als Anbieter oder Nachfrager von Waren oder Dienstleistungen in einem konkreten Wettbewerbsverhältnis steht.“* Entscheidend ist damit das Bestehen eines konkreten Wettbewerbsverhältnisses. Nach der

---

13 *Koos* in Fezer, a.a.O., § 6 Rn. 56; *Koehler* in Götting/Nordemann, a.a.O., § 6 Rn. 22; *Köhler* in Bornkamm/Köhler, a.a.O., § 6 Rn. 64.

14 Für die generelle Geltung des § 2 I Nr. 3 UWG *Köhler* in Hefermehl/Köhler/Bornkamm, WettberbsR, 25. Auflage, 2007, § 6 Rdn. 34; *Ohly* GRUR 2007, 3, 4. – Für eine EG-konforme Auslegung u.a. *Sack* in Harte-Bavendamm/ Henning-Bodewig, a.a.O., § 6 Rn. 66.

15 *Köhler*, WRP 2009, 499 (500).

Begründung des Regierungsentwurfs ist ein solches anzunehmen, wenn zwischen den Vorteilen, die ein Unternehmer am Markt zu erreichen sucht und den Nachteilen, die bei einem anderen Unternehmen entstehen, eine Wechselwirkung festzustellen ist[16]. Weder wird Branchengleichheit verlangt[17] noch die Substituierbarkeit der Waren oder Dienstleistungen. Das deutsche Lauterkeitsrecht knüpft damit durchgängig an das Bestehen oder Nichtbestehen einer Beeinträchtigung.

Der Mitbewerberbegriff der Richtlinie setzt dagegen andere Schwerpunkte. Eine Definition des Merkmals des Mitbewerbers enthält die Richtlinie allerdings nicht. Der Begriff des Mitbewerbers ist somit durch den EuGH unionsrechtskonform auszulegen. In der Entscheidung *De Landtsheer/CIVC*[18] vom 19.4.2007 beschäftigte sich der EuGH erstmals ausführlich mit dem Mitbewerberbegriff der vergleichenden Werbung. Dem Urteil lag ein Vorabentscheidungsgesuch der *Cour d'appel Brüssel* zugrunde, durch welches u.a. geklärt werden sollte, ob die belgische Brauerei *De Landtsheer* - die ihr Bier mit *„Champagnerbier"* bewarb - ein Mitbewerber der französischen Champagner - Erzeuger sei. Nach der Ansicht des EuGH beruht die Einstufung eines Unternehmens als Mitbewerber *„definitionsgemäß"* auf der Substituierbarkeit der Waren oder Dienstleistungen, welche das fragliche Unternehmen am Markt anbietet[19]. Bezüglich des erforderlichen Grades der Substitution genüge es, wenn die Waren lediglich *„in gewisser Weise"* gleiche Bedürfnisse bedienen können[20]. Zwar liege die konkrete Feststellung des notwendigen Substitutionsgrades nach Ansicht des EuGH in der Kompetenz der jeweiligen Fachgerichte, der EuGH ließ sich aber ausführlich zu den maßgeblichen Kriterien der Beurteilung der Substituierbarkeit aus[21]. So müsse sowohl der augenblickliche Zustand des Marktes, die Verbrauchsgewohnheiten, die besonderen Merkmale der beworbenen Ware und das Image, das der Werbende der Ware geben will beachtet werden. Des Weiteren sei auf den Teil des Gemeinschaftsgebiets abzustellen, in dem die Werbung auch tatsächlich verbreitet wird, ohne jedoch die Auswirkungen der Verbrauchsgewohnheiten

---

16 *Begründung Regierungsentwurf* zu § 2 I Nr. 3 UWG, BT-Drucks. 15/1487.

17 *Köhler* in Köhler/Bornkamm, a.a.O., § 6 Rn. 77; BGH GRUR 1972, 553 – *Statt Blumen ONKO-Kaffee.*

18 EuGH GRUR 2007, 511 Rn. 36 ff. – *De Landtsheer/CIVC.*

19 EuGH GRUR 2007, 511 Rn. 29 – *De Landtsheer/CIVC.*

20 EuGH GRUR 2007, 511 Rn. 30 - *De Landtsheer/CIVC;* EuGH, Slg. 1980, 417 Rn. 14; EuGH Slg. 1987, 3299 Rn. 10.

21 EuGH GRUR 2007, 511 Rn. 33 - *De Landtsheer/CIVC.*

in anderen Mitgliedstaaten auf den innerstaatlichen Markt auszublenden[22]. Der EuGH gibt damit genaue Vorgaben, nach welchen Kriterien die nationalen Gerichte die Substituierbarkeit zu untersuchen haben. Gleichwohl bleibt die entscheidende Frage, nämlich wann die Waren oder Dienstleistungen „*in gewisser Weise gleichen Bedürfnissen dienen können*"[23], auch weiterhin vortrefflich unklar. Dennoch, bei einem Vergleich des europäischen und des nationalen Mitbewerberbegriffs ergeben sich unverkennbare Unterschiede. Diese nun im Einzelnen darzustellen würde den Rahmen dieser Arbeit sprengen und auch keinen Mehrwert bringen. Es sollen hier nur die entscheidenden Divergenzen angesprochen werden: Der EuGH vertritt mit der Anknüpfung an die Substituierbarkeit einen marktbezogenen, das deutsche UWG – ganz in der Tradition des Wettbewerbsrechts als Sonderdeliktsrecht – einen deliktsrechtlich geprägten Mitbewerberbegriff[24]. Während es dem EuGH bei der Beurteilung einer Mitbewerberstellung auf den Verwendungszweck der Waren oder Dienstleistungen ankommt, stellt das deutsche UWG allein auf das Vorliegen einer wettbewerblichen Beeinträchtigung ab[25]. Für das deutsche Recht ist damit nicht die Austauschbarkeit der von den Unternehmen am Markt angebotenen Leistungen entscheidend, sondern vielmehr das Vorhandensein einer Nähebeziehung im Wirtschaftsverkehr. Diese Nähebeziehung müsse es als wahrscheinlich gelten lassen, dass die Vorteile der unternehmerischen Tätigkeit des einen auf Kosten der unternehmerischen Tätigkeit des anderen gehen[26]. Damit kann der deutsche Mitbewerberbegriff zum einen enger sein, da eine reine Substituierbarkeit nicht ausreicht; zum anderen besteht nach § 2 Abs. 1 Nr. 3 UWG aber auch die Möglichkeit eines „*Wettbewerbsverhältnisses durch Wettbewerbsverstoß*"[27]. Ein konkretes Wettbewerbsverhältnis kann danach auch außerhalb der Substituierbarkeit von Waren und Dienstleistungen begründet werden und damit über den Mitbewerberbegriff des EuGH deutlich hinausgehen. Die Unterschiede sind also durchaus erheblich. Umstritten ist nun, wie damit umzugehen ist. Die amtliche Begründung des Gesetzgebers ist insoweit widersprüchlich. Auf der einen Seite sollen die Legaldefinitionen des § 2 Abs. 1 UWG für das gesamte UWG gelten, auf der anderen Seite beabsichtige die Neuregelung der vergleichenden

22 EuGH GRUR 2007, 511 Rn. 42 - *De Landtsheer/CIVC.*
23 EuGH GRUR 2007, 511 Rn. 30 – *De Landtsheer/CIVC.*
24 *Dreyer,* GRUR 2008, 123 (127).
25 *Köhler,* WRP 2009, 499 (508).
26 *Dreyer*, GRUR 2008, 123 (126).
27 *Götting* in Götting/Nordemann, a.a.O., § 2 Rn. 41.

Werbung in § 6 UWG keine inhaltliche Abweichungen von § 2 a.F. UWG[28]. Vor der UWG - Reform war es allerdings allgemein anerkannt, dass § 2 a.F. UWG richtlinienkonform auszulegen ist. In Übereinstimmung mit der europäischen Rechtsprechung prüften die deutschen Fachgerichte, ob die Waren aus der Sicht der angesprochenen Verkehrskreise austauschbar sind[29]. Im Widerspruch hierzu kodifizierte der deutsche Gesetzgeber in § 2 Abs. 1 Nr. 3 UWG nunmehr einen hiervon abweichenden Mitbewerberbegriff. Wie auch immer dieser Widerspruch zu erklären sein mag[30], nach richtiger Ansicht bezweckt die Richtlinie 2006/114/EG eine Vollharmonisierung der vergleichenden Werbung[31]. Vorrang hat damit die richtlinienkonforme Auslegung des Mitbewerberbegriffs durch den EuGH[32]. Im Ergebnis gilt damit Folgendes: Der § 2 Abs. 1 Nr. 3 UWG ist im Anwendungsbereich der vergleichenden Werbung richtlinienkonform auszulegen, es gilt die Rechtsprechung des EuGH. Ein Mitbewerber i.S.v. § 6 Abs. 1 UWG ist nach dem Urteil des EuGH *„De Landtsheer Emmanuel"* folglich jedes Unternehmen, dessen Waren oder Dienstleistungen aus der Sicht des informierten Verbrauchers *„in gewisser Weise"* die gleichen Bedürfnisse bedienen können wie die Waren oder Dienstleistungen des werbenden Unternehmens[33]. Damit gilt in Übereinstimmung mit der Rechtslage vor der UWG Reform auch weiterhin für § 6 UWG der europäische Mitbewerberbegriff[34].

---

28 Begr. Reg.-Entw. BT-Drucks. 15/1487, S. 13; *Dilly/Ulmer* WRP 2005, 467, 468; *Henning-Bodewig* GRUR 2004, 713 (718).

29 BGH GRUR 2002, 828 (829) - *Lottoschein.*

30 *Sack* geht davon aus, dass dem Gesetzgeber der Widerspruch zu dem europäischen Mitbewerberbegriff nicht klar war, *Sack* in Harte-Bavendamm/Henning-Bodewig, a.a.O., § 6 Rn. 43.

31 *Köhler* in Köhler/Bornkamm, a.a.O., § 6 Rn. 31; *Koos* in Fezer, a.a.O., § 6 Rn. 52.

32 *Köhler,* WRP 2009, 499 (500); *Dreyer,* GRUR 2008, 123 (128); a.A. *Sack* in Harte-Bavendamm/ Henning-Bodewig, a.a.O., § 6 Rn. 43 – „ *[..] Der deutsche Gesetzgeber wäre zwar durch die EG-Richtlinie nicht daran gehindert gewesen, in § 6 UWG statt des europäischen Mitbewerberbegriffs den des § 2 I Nr. 3 UWG für maßgeblich zu erklären, da er, soweit er über die Richtlinie hinausgeht, außerhalb ihres Regelungsbereichs liegt [..]"* Auch *Sack* wendet jedoch im Ergebnis den europäischen Mitbewerbebegriff an, da nicht davon ausgeht, dass der deutsche Gesetzgeber etwas Abweichendes festlegen wollte.

33 EuGH GRUR 2007, 511 (513), Rn. 30 - *De Landtsheer/CIVC.*

34 Allerdings dürfte die Rechtsprechung des BGH (GRUR 2002, 828 ff – *Lottoschein)* die danach fragte, ob eine Austauschbarkeit *„ernsthaft"* in Betracht komme, veraltet sein. Die Formulierung *„ernsthaft"* ist wohl restriktiver als die Formulierung „in gewisser Weise" des EuGH.

III. Unmittelbares bzw. mittelbares Erkennbarmachen von Mitbewerbern oder ihrer Produkte

Die Werbung stellt nur dann einen Werbevergleich nach § 6 UWG dar, wenn sie einen oder mehrere bestimmte Mitbewerber *„unmittelbar oder mittelbar erkennbar“* macht. Dabei muss ein anderes Unternehmen gerade in seiner Eigenschaft als Mitbewerber des Werbenden identifizierbar sein[35]. Entscheidend für die Frage der Erkennbarkeit ist die Wahrnehmung des durchschnittlich informierten, situationsadäquat aufmerksamen und verständigen Empfängers der Werbung[36]. Der Mitbewerber ist unmittelbar erkennbar, wenn sein Unternehmen oder seine Leistungen ausdrücklich genannt oder bildlich dargestellt werden[37]. Wird der Mitbewerber weder namentlich genannt noch bildlich dargestellt, könnte eine mittelbare Erkennbarkeit in Betracht kommen. Den angesprochenen Verkehrskreisen muss es insofern möglich sein, auch ohne explizite Bezugnahme aufgrund von besonderen Umständen, den Mitbewerber zu identifizieren. Nach Erwägungsgrund 8 der RL soll der Begriff der vergleichenden Werbung *„breit gefasst werden, so dass alle Arten der vergleichenden Werbung abgedeckt werden.“* Dies spricht auf der einen Seite für eine weite Auslegung des Merkmals der mittelbaren Erkennbarkeit. Auf der anderen Seite besteht jedoch auch immer die Gefahr der Konturlosigkeit des Anwendungsbereichs der vergleichenden Werbung, wenn die Tatbestandsmerkmale allzu großzügig ausgelegt werden. Aus diesem Grund verlangt der BGH unter Abwägung dieser beiden richtigen Anliegen, dass sich die Bezugnahme auf einen Konkurrenten des Werbenden für den informierten und situationsadäquat aufmerksamen Durchschnittsverbraucher *„geradezu aufdrängen“* muss[38]. Es soll insofern nicht ausreichend sein, wenn sich die Bezugnahme zu einem Mitbewerber allein reflexartig aus der Tatsache ergibt, dass das Herausstellen der eigenen Leistung von dem angesprochenen Verkehr als Abgrenzung von dem Angebot eines bestimmten Mitbewerbers verstanden

---

35 Keine Erkennbarkeit nach § 6 UWG liegt damit vor, wenn z.B. das Produkt des Mitbewerbers rein zufällig abgebildet werden; *Köhler*, GRUR 2005, 273, 278.

36 EuGH GRUR 2007, 511 Rn. 22, 28 – De Landtsheer/CIVC; EuGH GRUR 2007, 69 (75) Rn. 78 – *Lidl Belgium; Sack* in Harte-Bavendamm/ Henning-Bodewig, WettbewerbsR., a.a.O., § 6 UWG, Rn. 61.

37 *Koehler* in Götting/Nordemann, a.a.O., § 6, Rn. 29; BGH GRUR 2002, 72 (73) – *Preisgegenüberstellung im Schaufenster; EuGH GRUR Int. 2002, 50 (53) Rn. 354 (355) Rn. 38 – Toshiba/Katun.*

38 BGH GRUR 1999, 1100 (1101) – *Generika Werbung*; BGH GRUR 2002, 982 (983) – *Die Steinzeit ist vorbei;* BGH GRUR 2002, 75 (76) – *„SOOOO...BILLIG!“?.*

wird[39]. Ebenfalls nicht ausreichend ist es, die am Markt ebenfalls angebotenen Leistungen pauschal zu kritisieren, ohne dass sich eine Bezugnahme auf wenigstens einen bestimmten Kreis von Mitbewerbern aufdrängen würde. Es gilt der Grundsatz: Je größer die Zahl der in Betracht kommenden Mitbewerber, desto geringer die Bereitschaft des angesprochenen Verkehrs, die Werbeaussage auf ganz bestimmte Mitbewerber zu beziehen[40]. Eine *„um zehn Ecken gedachte"* Bezugnahme kann gerade nicht genügen[41].

Zu der Rechtsprechung des EuGH bestehen hier keine Differenzen. Dieser spricht davon, eine mittelbare Bezugnahme liege vor, wenn aus der Sicht des informierten und situationsadäquat aufmerksamen Durchschnittsverbrauchers ein oder mehrere Unternehmen oder deren Leistungen *„als diejenigen erkennbar werden, auf die die Werbeaussage konkret Bezug nimmt*[42]*."* Die verschiedenen Formulierungen dürften inhaltlich keinen Unterschied machen.

IV. Merkmal des Vergleichs

1. „Vergleichende Werbung ohne Vergleich?"

Äußerst umstritten ist die Frage, ob die vergleichende Werbung einen Vergleich im tatsächlichen Sinne voraussetzt[43]. So absurd eine solche Frage im Hinblick auf den Wortsinn vergleichender Werbung auch erscheinen mag, eine wörtliche Auslegung der Legaldefinition in § 6 Abs. 1 UWG lässt die Notwendigkeit eines Vergleichs jedenfalls nicht erkennen. Hiernach fällt vielmehr jede Werbung in den Anwendungsbereich der vergleichenden Werbung, welche einen Mitbewerber unmittelbar oder mittelbar erkennbar macht. Dabei wurde in § 6 Abs. 1 UWG der Text des Art. 2 lit. c RL 2006/114/EG im Zuge der Umsetzung wortgleich übernommen. Auch aus einer richtlinienkonformen Auslegung kann sich somit nichts anderes ergeben. Ein tatsächlicher Vergleich zwischen bestimmten

---

39 BGH GRUR 2002, 75 (76) – „SOOOO…BILLIG!"?; BGH GRUR 1999, 1100 (1101) Rn. 46 – Generika-Werbung

40 BGH GRUR 2002, 982 (983) – DIE „STEINZEIT" IST VORBEI!".

41 *Henning-Bodewig*, GRUR Int. 1999, 381, 391; ebenso BGH GRUR 2002, 75 (76) – *„Soooo…billig!"?; BGH GRUR 2002, 982 (983) – DIE „STEINZEIT" IST VORBEI!".*

42 EuGH GRUR 2007, 511 (513) Rn. 24 – De Landtsheer/CIVC.

43 Vergleich notwendiges Merkmal „vergleichender Werbung": Köhler Dilly/Ulmar WRP 2005, 467, 471 ff.; *Ohly* in Piper/Ohly, UWG, 4. Auflage, 2006, § 6 Rn 36, *Sack* in Harte-Bavendamm/ Henning-Bodewig, a.a.O., § 6 UWG, Rn. 98 ff.; *Köhler* in Köhler/Bornkamm, a.a.O. § 6, Rn. 18 f.; a.A. z.B. *Menke* in MünchKomm UWG, 2006, Bd. 2, § 6 Rn. 88 ff.; *Müller-Bidinger* in juris-Praxiskommentar, a.a.O., § 6, Rn. 104; früher *Sack* in Harte-Bavendamm/ Henning-Bodewig, WettbewerbsR., 2004, § 6 Rn. 74, 93, 94.

Unternehmen oder ihrer Waren und Dienstleistungen ist damit nach wörtlicher Auslegung des Umsetzungsgesetzes und der Richtlinie kein konstitutives Merkmal vergleichenden Werbung. Dieses Ergebnis konfligiert nicht nur mit dem allgemeinen Sprachgebrauch, der Zulässigkeitskatalog in § 6 II bzw. Art. 4 RL 2006/114/EG beinhaltet die Notwendigkeit eines Vergleichs. Damit würde zwar jede werbende Äußerung, die einen Mitbewerber oder dessen Waren oder Dienstleistungen erkennbar macht in den Anwendungsbereich der vergleichenden Werbung fallen, sie wären aber nach § 6 Abs. 2 bzw. Art. 4 RL 2006/114/EG stets unzulässig[44]

2. Rechtsprechung des EuGH

Der EuGH hat sich dieser Problematik eher zögerlich angenommen. So wies er im Rahmen seiner Entscheidung *Toshiba/Katun*[45] zwar daraufhin, eine wörtliche Auslegung der Richtlinie 84/450/EWG stehe in Widerspruch zur markenrechtlichen Richtlinie 89/104/EWG[46] und müsse aus diesem Grunde abgelehnt werden. Statt nunmehr aber die Frage nach den Folgen dieses rechtlichen Widerspruchs zu klären, flüchtete sich der EuGH nunmehr in eine Einzelfallbetrachtung und nahm das Vorliegen eines Vergleichs im konkreten Fall an. Die Frage nach den Folgen eines „Vergleichs ohne Vergleich" konnte er auf diese Weise offen lassen. Mehr Mut bewies der EuGH in der Entscheidung *„Pippig Augenoptik/Hartlauer"*[47]. So stellte der Gerichtshof nunmehr im Zusammenhang mit der Definition vergleichender Werbung fest, jeder Werbevergleich müsse die Vorteile der vom Werbenden angebotenen Waren oder Dienstleistungen gegenüber denjenigen eines Mitbewerbers herausstellen und um dies zu erreichen, müsse die Werbeaussage

> *„notgedrungen die Unterschiede zwischen den verglichenen Waren oder Dienstleistungen hervorheben. [..] Der vom Werbenden durchgeführte Vergleich ergibt sich zwangsläufig aus einer solchen Beschreibung."*[48]

Da sich diese Ausführungen des EuGH eindeutig auf die Definition vergleichender Werbung nach Art. 2 lit. c RL beziehen, ist zu schlussfolgern, dass der

---

44 EuGH GRUR 2002, 354 (355) Rn. 354 – *Toshiba/Katun.*

45 EuGH GRUR 2002, 354 ff. - *Toshiba/Katun.*

46 Aus Art. 6 I lit. c RL 89/104/EWG ergebe sich, dass die Benutzung einer Marke erlaubt sein könne, wenn sie erforderlich ist, um den Verkehr über die Natur der Erzeugnisse oder den Zweck der angebotenen Dienstleistungen zu informierten, EuGH GRUR 2002, 354 (355) Rn. 34 - *Toshiba/Katun.*

47 EuGH GRUR 2003,533 – *Pippig Augenoptik/Hartlauer.*

48 EuGH GRUR 2003,533 (535) Rn. 36 – *Pippig Augenoptik/Hartlauer.*

europäische Gerichtshof den Vergleich als Tatbestandsmerkmal vergleichender Werbung ansieht[49].

3. Rechtsprechung des BGH

Die Rechtsprechung des BGH vollzog über die Jahre mehr als eine Kehrtwende. Erstmals setzte sich der BGH in der Entscheidung *Generika-Werbung*[50] in richtlinienkonformer Auslegung des § 1 a.F. UWG mit der Frage eines ungeschriebenen Tatbestandsmerkmals des Vergleichs auseinander. Er bezeichnete es als *„unerlässliches Erfordernis"* für die Annahme eines Werbevergleichs, dass *„überhaupt ein Vergleich"* vorliege[51]. Der Verzicht auf das Tatbestandsmerkmal des Vergleichs würde zu einer uferlosen Anwendung der vergleichenden Werbung führen, was nicht dem Ziel der Richtlinie entspreche[52]. Diese Auffassung bestätigte der BGH in zahlreichen weiteren Urteilen[53]. Es war die Entscheidung *„Genealogie der Düfte"*[54], die mit der Rechtsprechung der letzten Jahre brach. Das Gericht stellte hier fest, vergleichende Werbung liege vor, wenn eine Äußerung auf einen Mitbewerber Bezug nimmt. Dabei sei es ohne Belang, welche Form die Äußerung aufweist, ob die Bezugnahme unmittelbar oder mittelbar erfolgt und ob ein Vergleich zwischen den Mitbewerbern vorliege[55]. Ab diesem Urteil wurde es unübersichtlich, denn nur ein Jahr später kehrte der BGH zu seiner früheren Rechtsprechung der einschränkenden Auslegung des Tatbestandes zurück[56], um dann aber wenige Monate später auszuführen, es sei ohne Belang ob ein Vergleich zwischen den vom Werbenden angebotenen Waren oder Dienstleistungen und denen des Mitbewerbers vorliege[57]. Natürlich kann aus dieser Vielstimmigkeit kein rechtlicher Standpunkt des obersten deutschen Gerichts in dieser Frage ersichtlich werden.

---

49 *Sack* in Harte-Bavendamm/ Henning-Bodewig, a.a.O., § 6 UWG, Rn. 83; Dilly/ Ulmar, WRP 2005, 467 (469); a.A. *Müller-Bidinger* in juris-Praxiskommentar, UWG, 2. Auflage, 2009, § 6, Rn. 99.

50 BGH GRUR 1999, 1100 – *Generika-Werbung.*

51 BGH GRUR 1999, 1100 (1101) – *Generika-Werbung.*

52 Ebda.

53 BGH GRUR 2002, 75 – „SOOOO…BILLIG!"?; BGH GRUR 2002, 828 – *Lottoschein*; BGH GRUR 2002, 982 – *DIE „STEINZEIT" IST VORBEI!".*

54 BGH GRUR 2004, 607 – Genealogie der Düfte.

55 BGH GRUR 2004, 607 (611) – Genealogie der Düfte. Der BGH verweist insoweit auf den EuGH *Toshiba/Katun.*

56 BGH GRUR 2005, 163 – *Aluminiumräder.*

57 BGH WRP 2005, 336 (337) – *Bestellnummernübernahme.*

4. Herrschende Literaturansicht

Die herrschende Meinung im deutschen Schrifttum sieht nur im Falle einer vergleichenden Bezugnahme den Anwendungsbereich des § 6 Abs. 1 UWG als eröffnet an[58]. Dabei überzeugt insbesondere das Argument, das Verbot einer jeden Werbeaussage, die zwar einen Mitbewerber erkennbar mache, aber keinen Vergleich beinhalte, sei mit dem EU-Grundrecht der Meinungsäußerungsfreiheit[59] nicht in Einklang zu bringen[60]. Ein solch tiefgreifender Eingriff in die Werbefreiheit wäre aber die Folge, da der Anwendungsbereich der vergleichenden Werbung eröffnet wäre, der Zulässigkeits- bzw. Verbotskatalog des § 6 Abs. 2 UWG aber zwingend einen Vergleich von Leistungen erwarten würden.

5. „Vergleich" i.S.v. § 6 Abs. 1 UWG

Neben dem Sprachgebrauch sprechen damit auch die überzeugenderen Argumente für die Annahme eines Vergleichs im Anwendungsbereich vergleichender Werbung. Damit bleibt aber noch zu klären, welche Anforderungen an einen solchen Vergleich zu stellen sind. Der EuGH verlangt von dem notwendigen Vergleich Angaben über das Angebot des Werbenden, Angaben über das Angebot des Mitbewerbers sowie Angaben über das Verhältnis zwischen diesen beiden Angeboten[61]. Auch der BGH spricht davon, dass die Werbung den Werbenden oder seine Produkte *„in Beziehung"* zu einem oder mehreren Konkurrenten oder dessen Produkten setzen müsse[62]. Ein Vergleich i.S.v. § 6 UWG verlangt demzufolge zwingend, dass der angesprochene Verkehr in der fraglichen Werbung eine Gegenüberstellung von bestimmten Leistungen erkennt.

---

58 Dafür Köhler Dilly/Ulmar, WRP 2005, 467, 471 ff.; *Ohly* in Piper/Ohly, UWG, 4. Auflage, 2006, § 6 Rn 36, *Sack* in Harte-Bavendamm/ Henning-Bodewig, a.a.O., § 6 UWG, Rn. 98 ff.; *Köhler* in Köhler/Bornkamm, a.a.O. § 6, Rn. 18 f.; a.A. z.B. *Menke* in MünchKomm UWG, 2006, Bd. 2, § 6 Rn. 88 ff.; *Müller-Bidinger* in juris-Praxiskommentar, a.a.O., § 6, Rn. 104; früher *Sack* in Harte-Bavendamm/ Henning-Bodewig, WettbewerbsR., 2004, § 6 Rn. 74, 93, 94.

59 Aufgrund der EU-Richtlinienkonformen Auslegung ist für den § 6 UWG das EU-Grundrecht und nicht Art. 5 GG maßgeblich.

60 Köhler, GRUR 2005, 273 (279).

61 EuGH GRUR 2003,533,536 Rn. 37 – *Pippig Augenoptik/Hartlauer;* GRUR 2007, 511 (513) Rn. 17 – *De Landtsheer/CIVC.*

62 BGH GRUR 2002, 828 (829) – *Lottoschein.*

§ 3 Geschichte der vergleichenden Werbung

A. Rückblick - Eine wechselhafte Geschichte

Ein Blick zurück könnte hier aus zweierlei Gründen lohnend sein. Zum einen da gerichtliche Entscheidungen verständlicher werden, ist man sich der Historie der betroffenen Norm bewusst, zum anderen – und dies ist hier ausschlaggebend – da das Lauterkeitsrechts im Allgemeinen und die vergleichenden Werbung im Besonderen in hohem Maße auslegungsbedürftig sind. Es erscheint fraglich, ob eine adäquate Würdigung der richterlichen Auslegungsergebnisse ohne das Bewusstsein der zurückgelegten Wegstrecke möglich ist.

Die Geschichte der vergleichenden Werbung in Deutschland ist eine sehr wechselhafte und so hat sich die lauterkeitsrechtliche Beurteilung in den letzten 100 Jahren mehrere Male grundlegend gewandelt. Dabei kann rückblickend ein Zusammenhang zwischen der rechtlichen Bewertung vergleichender Werbung und den herrschenden ökonomischen Verhältnissen sowie dem wirtschaftspolitischen Zeitgeist festgestellt werden[63]. Dieser Zusammenhang ist auch durchaus verständlich, ist der Sittenbegriff bzw. der heute maßgebliche Lauterkeitsbegriff niemals losgelöst von dem gesellschaftlichen Umfeld darstellbar und damit weder starr noch unveränderlich[64].

> *„Das Anstandsgefühl eines Durchschnittsgewerbetreibenden ist nicht unabänderlich, sondern dem Wandel der Zeit unterworfen. Es wird auch durch Faktoren gebildet, die dem Willen des Durchschnittsgewerbetreibenden entzogen sind. Dies ist vor allem die jeweils herrschende Wirtschaftsordnung. Es ist ein Unterschied, ob schrankenloser Wirtschaftsliberalismus herrscht oder eine dirigistische Wirtschaft oder die gegenwärtige Marktwirtschaft“*[65].

Die Entwicklung der vergleichenden Werbung kann in drei Phasen gegliedert werden:

I. Erste Phase – „freies Spiel der Kräfte“

In der ersten Phase – am Anfang des 20. Jahrhunderts – galt der wahrheitsgemäße Vergleich im Grundsatz als zulässig[66]. Nur bei Vorliegen besonderer

---

63 *Kebbedies, Astrid,* Vergleichende Werbung, 2005, S. 66.

64 *Schwamberger,* NJW 1961, 1185 (1185).

65 Ebda.

66 siehe RG JW 1908, 482 – *Backobstwasser;* RG Warn. 1912, Nr. 96, S. 108 ff., 111 – *Chartreuse; RGZ 88, 183 ff., 185 f. – Sack-Pflüge; Rosenthal,* UWG, 4. Auflage, 1913, Note 81c.

Umstände wie einer Irreführung, einer groben Herabwürdigung oder auch einer Rufausbeutung, wurde der Werbevergleich als wettbewerbswidrig angesehen[67]. Der wirtschaftspolitische Zeitgeist im 19. Jahrhundert und Anfang des 20. Jahrhundert war sehr stark geprägt von der Konzeption des klassischen Liberalismus[68]. Die Funktion des Staates wurde weitgehend auf die Herstellung von äußerer und innerer Sicherheit sowie auf die Garantierung eines effektiven Rechtssystems beschränkt[69]. In diesem Umfeld, einem Umfeld des freien Spiels der Kräfte, konnte der wahrheitsgemäße Werbevergleich nicht als sittenwidrig angesehen werden.

II. Zweite Phase - Weltwirtschaftskrise 1929

Ab dem Jahre 1929 geriet Deutschland zusehends in den Strudel der – mit dem Zusammenbruch der New Yorker Börse als Ausgangspunkt[70] - entstehenden Weltwirtschaftskrise[71]. Die Wirtschaftskrise ab 1929 war in vielerlei Hinsicht ein Einschnitt. Sie wurde als Marktversagen begriffen und beendete das Vertrauen an die Selbstheilungskräfte des Marktes[72]. Die Gesellschaft verlangte eine stärkere Rolle des Staates. Auf der politischen Ebene erstarkte der sogenannte Keynesianismus[73], in Deutschland entstand als Alternative (sog. *„dritter Weg"*) das Konzept des Neoliberalismus[74] und die Nationalsozialisten gewannen auch

---

67 *Sack* in Amann/Jaspers, RWW, 3.2 Rn. 633 ff.

68 Entscheidend geprägt durch *Adam Smith* und sein Buch „The Inquiry into the Nature and the Cause of the Wealth of Nations" (1776); aus der historischen Perspektive ist die Konzeption des klassischen Liberalismus als eine Antwort liberaler Philosophen auf die Intervention und Bevormundung des Staates im Allgemeinen und des Konzepts des Merkantilismus im Besonderen zu sehen.

69 Diese Staatskonzeption ist von *Ferdinand Lasalle* (1825-1864) als *„Nachwächterstaat"* kritisiert worden.

70 Sog. *„schwarzer Freitag"* am 24. Oktober 1929; eigentl. ein Donnerstag. Korrekt müsste es also „black Thursday" heißen. In Deutschland traf die Nachricht vom Einbruch des Dow-Jones-Index aufgrund der Zeitverschiebung aber erst am Freitag ein.

71 Zwischen 1929 und 1933 stieg die Zahl der Erwerbslosen von 1,5 Millionen auf sechs Millionen und die Einkommen sanken real um 1/3 – wikipedia.de / weltwirtschaftskrise.

72 Man könnte auch sagen, die wirtschaftlichen Umstände verschlechterten sich in einem Ausmaß, dass die Gesellschaft sich weigerte auf die Selbstheilung des Marktes zu warten. Keynes: *„On the long run, we are all dead."*

73 Insb. in den USA – Roosevelts „New Deal".

74 „Freiburger Schule" – Vorläufer des Konzepts der „Sozialen Marktwirtschaft". Der Begriff ist über die Jahre leider zu einem politischen Kampfbegriff mit einer beinahe

aufgrund der wirtschaftlichen Zustände zusehends an Bedeutung. Dies alles konnte am deutschen Lauterkeitsrecht nicht spurlos vorbeigehen, auch wenn das Reichsgericht – beeinflusst von zwei Aufsätzen von *Kohler*[75] und *Lobe*[76] - diese Entwicklung etwas vorwegnahm. Denn bereits im Jahre 1927/28 hatte das Gericht die Fallgruppen unlauterer Werbevergleiche verschärft und damit den Wandel eingeläutet[77]. So nahm das Gericht zum Beispiel im Falle eines Preisvergleichs nunmehr eine Irreführungsgefahr an mit der Begründung, die angesprochenen Verkehrskreise könnten die Qualitätsunterschiede möglicherweise nicht erkennen[78]. Und verlangte der Gerichtshof 1915 für die Annahme einer unlauteren Rufausbeutung noch eine kennzeichenmäßige Verwendung eines fremden Warenzeichens für eigene Waren[79], so bewertete das RG im Jahre 1928 bereits das Bezugnehmen auf fremde Warenzeichen als unlauter[80]. Mit dem *Hellegold* - Urteil des RG im Jahre 1931[81] wurde der Paradigmenwechsel vollständig vollzogen. Die vergleichende Werbung wurde als im Grundsatz sittenwidrig angesehen. Von dieser grundsätzlichen Unzulässigkeit wurde nur in eng begrenzten Ausnahmen abgewichen, namentlich im Falle notwendiger System- und Fortschrittsvergleiche, Abwehrvergleiche sowie Auskunftsvergleiche[82]. Das Urteil begründete den Bruch mit seiner Rechtsprechung zum einen mit dem bereits im Rahmen der Irreführung angeführten und nun generell geltenden Maßgabe, ein durch den Vergleich verschiedener Leistungen angemaßtes „*Richteramt in eigener Sache*" falle aus dem Rahmen eines ordnungsgemäßen Wettbewerbs heraus[83]. Zum anderen – und dies dürfte der gleichsam entscheidende Ansatz für das Verbot vergleichender Werbung gewesen sein[84] - müsse es sich ein Mitbewerber, auch wenn seine Leistungskraft objektiv und wahrheitsgemäß geringer einzustufen ist, dennoch nicht gefallen lassen, „*in den fremden Anpreisungen als*

---

gegenteiligen Bedeutung (Deregulierung, Rückzug des Staates etc.) verkommen und die Kenntnis seiner historischen Herkunft verblasst zusehends. Heute werden die Vertreter der „Freiburger Schule" als Ordoliberale bezeichnet.

75 *Kohler* MuW XVI (1916/17), 127, 128.

76 *Lobe* MuW XVI (1916/17), 129.

77 GRUR 1927, 486 ff - *Preisvergleich;* RGZ 86, 123 ff. – *Garlock-Ersatz.*

78 GRUR 1927, 486, 489 - *Preisvergleich.*

79 RGZ 86, 123 ff. – *Garlock-Ersatz.*

80 RG GRUR 1828, 394 (395) – *Alfa-Separatoren.*

81 GRUR 1931, 1299 ff. – *Hellegold.*

82 *Völp,* GRUR 1962, 178 (184).

83 GRUR 1931, 1299 (1301) – *Hellegold; Illing,* Neuregelung vergleichender Werbung, 2001, S. 51 f.

84 *Borck,* WRP 1986, 365 (367).

Mittel zur Erhöhung der eigenen Leistungsfähigkeit des Anpreisenden verwendet zu werden"[85]. Gleichsam paradigmatisch für das gewandelte Rechtsempfinden war insofern die in der Lehre vertretene Aussage, die „*wettbewerbsfremd[e]*" und „*gemeinschaftswidrig[e]*" vergleichende Werbung könne „*nicht scharf genug bekämpft*"[86] werden[87]. Dieses grundsätzliche Verbot vergleichender Werbung konnte sich bis zum Ende des vergangenen Jahrhunderts in der deutschen Rechtsprechung behaupten. Allerdings nicht ohne verschiedentlich von der Lehre scharf angegriffen zu werden. Deutschland hatte sich nach dem Ende des 2. Weltkrieges dem Konzept der Sozialen Marktwirtschaft verschrieben. Die Soziale Marktwirtschaft war maßgebend inspiriert von den sogenannten Ordoliberalen um Ludwig Erhard, Walter Eucken und Franz Böhm, um nur die bekanntesten Vertreter zu nennen. Es wurde die Ansicht vertreten, das grundsätzliche Verbot der vergleichenden Werbung könne mit dieser marktwirtschaftlichen Grundordnung nicht in Einklang gebracht werden, ein Werbevergleich nicht generell als unlauter angesehen werden[88]. Auch die Rechtsprechungsänderung des BGH in den 60er Jahren, einen zulässigen Werbevergleich auch bei einem „*hinreichenden Anlass*"[89] anzunehmen, kündigte die mancherlei erhoffte Abkehr von der prinzipiell negativen Bewertung vergleichender Werbung durch den BGH jedoch nicht an[90]. Von einem „*hinreichenden Anlass*" ging der BGH in nur sehr engen Grenzen wie einer lebensgefährlichen Produktinformationen[91] oder einem unredlichem Verhalten des Mitbewerbers[92] aus. War die grundsätzliche Ausrichtung der Wirtschaftsordnung zwar durchaus geprägt von der „*Freiburger Schule*" und dem Konzept des sogenannten „*Dritten Weges*"[93], war

---

85 GRUR 1931, 1299 (1301) – *Hellegold.*

86 *Baumbach*, WettbewerbsR, 5. Auflage (1943), S. 83.

87 Hefermehl fügte diesem Satz 1956 hinzu: „*Man kann sie nicht scharf genug bekämpfen, denn sie ist eine große Gefahr für die Lauterkeit der Werbung und des auf der Werbung so stark aufgebauten Wettbewerbs*" in *Baumbach /Hefermehl* (1956); Seit der 16. Auflage schreibt Hefermehl, dass ein grundsätzliches Verbot wahrer Werbevergleiche mit Art. 5, Art. 10 EMRK nicht zu vereinbaren sei.

88 *Völp*, GRUR 1962, 179 (183).

89 BGH GRUR 1962, 45 (48) – *Betonzusatzmittel.*

90 So hatten die Kritiker der Unzulässigkeit vergleichender Werbung gehofft, der BGH würde in dem Aufklärungsinteresse des Verbrauchers einen „hinreichenden Anlass" sehen. Diese Hoffnung wollte der BGH aber nicht erfüllen – *Sack* in Harte-Bavendamm/ Henning-Bodewig, a.a.O., § 6 UWG, Rn. 3.

91 BGH GRUR 1971, 159 (160) – *Motorjacht.*

92 BGHZ 50, 1 (5) – *Pelzversand.*

93 *Exenberger*, Die Soziale Marktwirtschaft nach Alfred Müller-Armack, 1997, S. 3.

das sozialstaatliche und korporatistische Wirtschaftsmodell der „*Deutschland AG*"[94] bzw. des „*Rheinischen Kapitalismus*"[95] ebenfalls eine deutsche Realität. So nimmt es auch durchaus nicht Wunder, dass den Mitgliedern der Deutschland AG nicht an einer Werbeform wie der vergleichenden Werbung gelegen war. Die Profiteure des Wirtschaftswunders hatten sich eingerichtet. Die vergleichende Werbung sollte diese Harmonie nicht stören.

III. Dritte Phase – „roaring nineties"

Es bedurfte des Anstoßes der Europäischen Union, Befürchtungen und Argwohn gegenüber der vergleichenden Werbung hintenanzustellen. In Art. 3a der Richtlinie 97/55/EG wurde der Werbevergleich als grundsätzlich zulässig gewertet, soweit er sich an die in Art. 3 a lit. a-h RL aufgestellten Voraussetzungen halte. Bereits vor dem Ablauf der Umsetzungsfrist legte der BGH das UWG richtlinienkonform aus und bewertete beinahe 70 Jahre[96] nach der *Hellegold* Entscheidung in seinem Urteil *Testpreis-Angebot*[97] vergleichende Werbung wieder als dem Grunde nach zulässig. Im Jahre 2000 fand der Werbevergleich mit dem Gesetz zur vergleichenden Werbung in den §§ 2 und 3 S. 2 a.F.[98] erstmalig eine normative Festschreibung. Im Zuge der UWG-Reform von 2004 wurde die vergleichende Werbung wortgleich in die §§ 6 und 5 Abs. 3 UWG verschoben und im Jahre 2008 in Umsetzung der Richtlinie über unlautere Geschäftspraktiken der Wortlaut von § 6 Abs. 2 Nr. 3 und Nr. 4 gemeinschaftskonform angepasst sowie § 5 Abs. 3 UWG abgeschafft.

---

94 „*Mit Deutschland AG wird ein Netzwerk von Verflechtungen zwischen großen Banken, Versicherungen und Industrieunternehmen bezeichnet. Dieses Netzwerk beruht auf gegenseitigen Kapitalbeteiligungen und einer Konzentration von Aufsichtsratsmandaten führender deutscher Manager, Gewerkschafter und Politiker.*" Wikipedia – Deutschland AG (Stand: 4. August 2011).

95 „*Zum Rheinischen Kapitalismus gehör[en] [..] die engen wirtschaftlichen Verflechtungen zwischen Banken und Unternehmen, eine ausgewogenere Machtbalance zwischen Anteilseignern und Management, die Sozialpartnerschaft zwischen Gewerkschaften und Arbeitgebern[..], eine stärkere staatliche Regulierung wirtschaftlichen Handelns (Marktregulierung) und schließlich vor allem in der Bevölkerung geteilte Werte bezüglich einer egalitäreren Gesellschaft und der Wahrnehmung gemeinschaftlicher Interessen.*" Wikipedia –Rheinischer Kapitalismus (Stand: 4. August 2011).

96 In BGH GRUR 1987, 49 – *Cola-Test* wich der BGH – zur allgemeinen Verwirrung – kurzzeitig von dem Grundsatz der Unzulässigkeit vergleichender Werbung ab. Dies blieb jedoch ein Sonderfall.

97 BGH GRUR 1998, 824 ff. – Testpreisangebot.

98 BGBl. I 2000, 1374.

Auch aus wirtschaftshistorischer Sicht ist der Zeitpunkt der Richtlinie über vergleichende Werbung folgerichtig. In den 90er Jahren des letzten Jahrhunderts begann – ausgelöst durch die zunehmende Konkurrenz und dem Entstehen neuer Märkte als Folge des Wegfalls des Eisernen Vorhangs, dem Aufstieg der „schlafenden Riesen" China und Indien und der Beschleunigung der ökonomischen Globalisierung – eine lange Phase der Deregulierung und des wirtschaftlichen Aufschwungs (*„Roaring Nineties"*). Diese Phase endete letztlich erst im Jahre 2008 mit dem Ausbruch der Immobilienkrise in den USA. Wiederum wird um das rechte Maß von Markt und Staat gerungen und der freie Wettbewerb in einem deutlich ungünstigeren Licht gesehen[99].Von einem erneuten sog. *„roll-back"* ist aber im Bereich der vergleichenden Werbung nicht auszugehen. Zum einen, da der Werbevergleich in einigen Ländern der EU bereits vor der Richtlinie 97/55/EG zulässig war und ein grundsätzliches EU - weites Verbot somit wohl erheblichen Widerstand zu überwinden hätte, zum anderen, da die vergleichende Werbung - ähnlich einer *self-fulfilling prophecy* - auf das Verkehrsverständnis Einfluss nimmt. So ist der Werbevergleich mittlerweile in der amerikanischen Werbung so selbstverständlich, dass der Verkehr niemals den Wesenszug der vergleichenden Werbung für grundsätzlich unlauter halten dürfte. Der europäische Verkehr wird insoweit keine Ausnahme darstellen.

B. Entwicklung der Rechtsprechung des BGH zur vergleichenden Werbung

I. Allgemeines

Am Beispiel verschiedener Urteile des BGH soll nun aufgezeigt werden, wie sich die Rechtsprechung in Deutschland unter Maßgabe der nun geltenden grundsätzlichen Zulässigkeit von Werbevergleichen entwickelt hat. Dabei handelt es sich bei den Entscheidungen *„Testpreis-Angebot"* und *„Vergleichen Sie"* um die ersten vorsichtigen Schritte des BGH auf diesem für ihn recht unbekannten Terrain.

99 Im Jahre 2009/10 war in den Zeitungen, Talkshows, politischen Reden die „Krise des Kapitalismus" das bestimmende Thema. Bundespräsident Horst Köhler wurde mit dem bezeichnenden Satz zitiert: *„Ich sehe das Monster noch nicht auf dem Weg der Zähmung."* (Horst Köhler auf der Festveranstaltung „60 Jahre DGB" über das globale Finanzsystem).

1. Testpreis - Angebot[100]

a) Sachverhalt

Dem Urteil lag ein Streit zwischen zwei Sportartikelherstellern zu Grunde. Die Beklagte hatte in einem Angebotsschreiben u.a. die Äußerung getätigt:

> *„Billige Composite Rackets (Graphite-Fiberglas) muten wir Ihnen nicht zu."*

Die Klägerin wehrte sich mit dem Vorwurf, es handele sich bei den Äußerungen der Beklagten um eine unlautere vergleichende Werbung. Die Beklagte würdige all jene Mitbewerber in unzulässiger Weise herab, die die angesprochene Schlägerbauweise für ihre Produkte nutzen. Sowohl das Berufungsgericht als auch die Revisionsinstanz nahmen im Ergebnis eine unzulässige vergleichende Werbung aufgrund einer unlauteren Herabwürdigung von Mitbewerbern an.

b) Ausführungen des BGH

Das Gericht stellte in diesem Urteil erstmals fest, dass die bisherige Rechtsprechung zur vergleichenden Werbung, auf die sich das BerG noch gestützt habe, verändert werden müsse[101]. Auf den konkreten Fall habe diese Rechtsprechungsänderung aber keine Auswirkungen. So sei mit dem Erlass der Richtlinie 97/55/EG das Regel-Ausnahme-Verhältnis im Bereich des Werbevergleichs – jedenfalls aus deutscher Perspektive – schlicht umgekehrt worden. Die vergleichende Werbung sei nunmehr grundsätzlich zulässig, sofern die in Art. 4 RL[102] aufgestellten Voraussetzungen beachtet werden. Der § 1 UWG a.F. sei insoweit richtlinienkonform auszulegen, auch wenn die Umsetzungsfrist noch nicht abgelaufen sei[103]. Die weite Fassung der Generalklausel erlaube eine mit der Richtlinie übereinstimmende Auslegung vergleichender Werbung. Auch im Lichte einer so veränderten Rechtslage sah der BGH allerdings in der werblichen Äußerung

> – *„Billige Composite Rackets (Graphite-Fiberglas) muten wir Ihnen nicht zu"* –

eine unlautere Herabsetzung der Waren des Mitbewerbers. Der Anwendungsbereich der vergleichenden Werbung sei eröffnet, da der Beklagte bestimmte Mitbewerber, namentlich all jene Anbieter von Tennisschlägern einer bestimmten Bauweise, hinreichend erkennbar mache. Eine unlautere Herabsetzung ergebe sich aufgrund des maßgeblichen Verkehrsverständnisses, nur die Tennisschläger

---

100 GRUR 1998, 824- *Testpreisangebot.*

101 *Bayreuther,* EuZW 1998, 474 (478).

102 Richtlinie 2006/114/EG (Abl. EU L Nr. 376 v. 27.12.2006), ex - 97/55/EG.

103 *Leible/Sosnitza,* NJW 1998, 2507 ff.

der Beklagten würden einer hoher Qualität entsprechen, während die sogenannte Composite-Rackets überholt und technisch minderwertig seien[104]. Der BGH erkennt zwar an, dass nicht jeder Werbevergleich notwendigerweise auch eine Herabsetzung beinhalte - so mache Werbung nur dann Sinn, wenn sie das Angebot des werbenden Unternehmens anpreisend herausstelle, womit naturgemäß eine Abgrenzung gegenüber dem Angebot der Mitbewerber verbunden sei[105] - die Grenze sei aber überschritten, wenn das Angebot des Mitbewerbers als minderwertig dargestellt werde.

2. „Vergleichen Sie"[106]

a) Sachverhalt

Es stehen sich als Parteien Händler von Modeschmuck gegenüber. Die Beklagte vertreibt ihren Schmuck über ein Netz von selbstständigen Unternehmern, sogenannten Beratern. Einer dieser Berater hatte den Schmuck der Beklagten in einem Schreiben an potentielle Abnehmer angeboten. In dem maßgeblichen Schreiben hieß es u.a.:

> *„[..] Es handelt sich dabei um hochwertigen Designer-Modeschmuck zu akzeptablen Preisen. Vergleichen Sie einmal mit dem Katalog von ‚P.L.'!".*

Die Klägerin wertete dies als einen unzulässigen Werbevergleich. In den folgenden Gerichtsverfahren vor dem Land- und dem Berufungsgericht stritten die Parteien allerdings lediglich um das Ausmaß und die Folgen einer strafbewehrten Unterlassungserklärung. Die Unzulässigkeit der dargestellten Äußerung wurde weder von der Beklagten in Zweifel gezogen noch von Landgericht oder Berufungsgericht weiter problematisiert. Im Zuge des von der Beklagten angestrengten Revisionsverfahrens stellte der BGH gleichwohl fest, es fehle bereits an einem Verstoß gegen § 1 UWG a.F. Die Äußerung sei keine unlautere vergleichende Werbung.

b) Ausführungen des BGH

Das Gericht stellte zunächst fest, dass die werbliche Äußerung in den Anwendungsbereich der vergleichenden Werbung falle. Zwar sei die allgemein gehaltene Aufforderung die Preise zu vergleichen, nicht ausreichend, die Beklagte hatte aber ausdrücklich dazu aufgefordert, die eigenen Preise *„mit dem Katalog*

---

104 BGH GRUR 1998, 824, 828 – *Testpreis-Angebot.*

105 Ebda.

106 BGH GRUR Int 1999, 453- *„Vergleichen Sie"; Lehment* GRUR 1999, 501 (503) – Urteilsanmerk. zu BGH, 15.10.1998 I ZR 69 / 98 „Vergleichen Sie".

von ,P.L.'" zu vergleichen. Damit werde ein Mitbewerber unmittelbar erkennbar gemacht. Die Werbeaussage -

> *„Es handelt sich dabei um hochwertigen Designer-Modeschmuck zu akzeptablen Preisen. Vergleichen Sie einmal mit dem Katalog von ,P.L.'!"* -

werde von dem angesprochenen Verkehr dahingehend verstanden, dass der Designer-Modeschmuck der Beklagten preisgünstiger erworben werden könne und dass es sich in beiden Fällen um hochwertige Ware handele[107]. Nach Meinung des BGH erfüllt diese Werbeaussage die Voraussetzungen des Art. 4 RL[108]. So liege insbesondere eine Nachprüfbarkeit der verglichenen Eigenschaften nach Art. 4 lit. c RL vor. Zum einen handele es sich bei dem Preis um eine „Eigenschaft" nach Art. 4 lit. c RL. Zum anderen werde die erforderliche Nachprüfbarkeit zwar durch einen Vergleich mit einer ganzen Warengattung – *„hochwertiger Designer-Modeschmuck"* – erschwert, der Grundsatz der Nachprüfbarkeit verlange aber nicht, dass der angesprochene Verkehr die im Werbevergleich angeführten Eigenschaften ohne weiteres und ohne jeden Aufwand nachprüfen kann. Die Bezugnahme auf den Katalog der Klägerin biete die Möglichkeit, die Richtigkeit der konkludent erklärten Aussage preisgünstiger als die Klägerin zu sein, zu überprüfen. Der hierfür erforderliche Aufwand sei noch zumutbar. Ebenso verneint hat der BGH eine unlautere Herabsetzung nach Art. 4 lit. d RL. Er stellt vorab fest, aus der Gleichstellung von Herabsetzung und Verunglimpfung ergebe sich, dass nicht jede herabsetzende Wirkung, die einem kritischen Werbevergleich immanent sei, ausreiche. Es liege im Wesen eines Preisvergleichs, dass er zu Lasten derjenigen Mitbewerber geht, die ihre Produkte teurer anböten. Das wisse der Verkehr, der aus der täglichen Werbung an unterschiedliche Preise für vergleichbare Erzeugnisse gewöhnt sei. Ein Preisvergleich stelle für sich genommen keine unlautere Herabsetzung dar, sondern sei vielmehr Teil eines funktionierenden Preiswettbewerbs[109]. Es müssen besondere Umstände hinzutreten, die den Vergleich in unangemessener Weise abfällig, abwertend oder unsachlich erscheinen lassen. Davon könne in diesem Streitfall allerdings nicht ausgegangen werden. Schließlich verneint der BGH auch eine unlautere Rufausnutzung i.S.d Art. 4 lit. f RL. Unabhängig von der Frage, welche Anforderungen an den *„Ruf"* zu stellen seien, fehle es hier bereits an einer unlauteren Ausnutzung eben dieses Rufes. Die Marke des Klägers erfolge hier allein im Zusammenhang mit einer jedem Werbevergleich immanenten Bezugnahme. Würde dies bereits einer

---

107 GRUR Int 1999, 453 (454) – *„Vergleichen Sie"*.

108 Richtlinie 2006/114/EG (Abl. EU L Nr. 376 v. 27.12.2006), ex - 97/55/EG.

109 GRUR Int 1999, 453 (455) – *„Vergleichen Sie"*.

unlauteren Rufausbeutung entsprechen, so wäre jede vergleichende Werbung unzulässig. Eine unlautere Rufausnutzung verlange mehr als die bloße Nennung einer Marke, eines Handelsnamens oder anderer Unternehmenszeichen eines Mitbewerbers.

3. Stellungnahme

In beiden Urteilen setzte sich der BGH erstmals mit vergleichender Werbung im Lichte einer grundsätzlichen Zulässigkeit auseinander. Im sog. *„Testpreis-Angebot"* Urteil vom 05.02.1998 nahm der BGH eine durch Umsetzung einer europäischen Richtlinie absehbar gewordenen Änderung der Rechtslage vorweg. Hatte der BGH bis dato den Werbevergleich mit Ausnahme von besonderen Umständen für grundsätzlich sittenwidrig bzw. unlauter gehalten, vollzog er hier die Kehrtwende. Er betonte ausdrücklich die grundsätzliche Zulässigkeit vergleichender Werbung. Zu diesem Zeitpunkt war jedoch noch nicht absehbar, wie sich dieser Paradigmenwechsel in realiter auswirkt. Denn in seiner Entscheidung *„Testpreis-Angebot"* ließ sich der BGH noch einige Hintertüren offen. So stellte er im Zusammenhang mit dem Verbotsmerkmal einer unlauteren Herabsetzung zwar fest, nicht jeder Werbevergleich stelle eine unlautere Herabsetzung dar, die Grenze sei aber bereits überschritten, wenn das Angebot des Konkurrenten als minderwertig dargestellt werde[110]. Aufgrund dieser formelhaften Auslegung des Merkmals der Herabsetzung sowie der Tatsache, dass es dem Werbevergleich gleichsam wesenseigen ist, durch das Herausstellen der eigenen Leistungsfähigkeit die Waren oder Dienstleistungen des Mitbewerbers herabzuwürdigen, hätten sich auch künftig ein Großteil der Werbevergleiche am Pranger des Lauterkeitsrechts wiederfinden können[111]. Verstärkt wurde das Misstrauen durch eine plötzliche Erweiterung des Anwendungsbereichs vergleichender Werbung. Die Werbeaussage *„Billige Composite-Racktes (Graphite-Fiberglas) muten wir Ihnen nicht zu"* bezog sich auf alle Anbieter von Composite-Rackets. Damit ließ es der BGH für die notwendige Erkennbarkeit von Mitbewerbern genügen, dass der Unternehmer die angesprochene Bauweise anbietet. Hatte der BGH in seiner Entscheidung *„Cola-Test"*[112] die Identifizierung des Mitbewerbers noch mit der im konkreten Fall vorliegenden Marktmacht des Mitbewerbers bejaht und Systemvergleiche nicht im Anwendungsbereich vergleichender Werbung gesehen,

110 GRUR 1998, 824 (828) – *Testpreis-Angebot.*
111 Vgl. auch *Ohly,* GRUR 1998, 824 (830) – *Urteilsanmerkung.*
112 BGH WRP 1987, 166 (167) – *Cola-Test.*

konnte sich nach dieser Entscheidung jeder Mitbewerber auf dem gemeinsamen Markt auf eine Bezugnahme durch einen allgemeinen Produktvergleich berufen.

Das Urteil „*Vergleichen Sie*“ vom 15.10.1998 stellte insoweit eine wichtige Weiterentwicklung des Urteils „*Testpreis-Angebot*“ dar. Hatte der BGH in jenem Urteil noch festzustellen, dass einem Werbevergleich nicht notwendigerweise eine unlautere Herabsetzung immanent ist, so wird in dem Urteil „*Vergleichen Sie*“ nun erklärt, nicht jede herabsetzende Wirkung eines Werbevergleichs reiche für die Annahme einer unlauteren Herabsetzung aus. Vielmehr sei eine gewisse Herabsetzung jedem kritischen Werbevergleich gleichsam wesensimmanent. Dies war eine wichtige Klarstellung, die so in dem „*Testpreis-Angebot*“ Urteil nicht getroffen wurde. Der BGH widerlegte Befürchtungen, die Rechtsprechung könnte über eine strenge Auslegung des Verbotsmerkmals der unlauteren Herabsetzung auch objektiv wahre und sachliche Vergleiche verbieten. Da es sich hier um einen Preisvergleich handelte und damit, um den Inbegriff eines sachlichen Vergleichs, wurde die neue Dogmatik im Bereich der vergleichenden Werbung aber auch nicht über die Maßen herausgefordert.

2. Kapitel
Humorvolle Werbevergleiche

„Verum ridentem dicere" (lat.) –
„Das Wahre ist lachend zu sagen"
(Horaz, röm. Dichter, 65 v. Chr. – 8 v. Chr.)

„Humor ist Vernunft, die verrückt wurde."
(Groucho Marx, 1890-1977, Schauspieler)

„Werbung ist Ausdrucksmittel unserer Zeit.
Aber so ernst wie die deutsche Werbung
ist nicht mal unser Leben."
(Wolfgang Schönholz, dt. Journalist)

§ 4 Humor in der Werbung

A. Begriffsbestimmungen

I. Begriff der Wirtschaftswerbung

Bevor die Wirtschaftswerbung rechtlich bewertet wird, sollte man sich zunächst vergegenwärtigen, was eigentlich unter Wirtschaftswerbung zu verstehen ist. Die moderne Marketingtheorie sieht in der Werbung ein Instrument der unternehmerischen Kommunikation, dem in der marktwirtschaftlichen Wettbewerbsordnung einer freien Gesellschaft eine konstitutive Bedeutung zukommt[113]. Diese unternehmerische Kommunikation wiederum beschreibe *„eine absichtliche und zwangfreie Form der Beeinflussung, welche die Menschen zur Erfüllung der Werbeziele veranlassen soll*[114]." Mit dieser umfassenden Definition werden jegliche Werbeformen umfasst. Namentlich von Wirtschaftswerbung kann – in Abgrenzung beispielsweise zu Werbung, die weltanschaulichen Zwecken dient[115] – gesprochen werden, wenn *„[..] eine auf die Verfügung über ökonomische Güter zielende Beeinflussungsnorm [..]"* vorliegt[116]. Wirtschaftswerbung kommen dabei verschiedene Funktionen zu, die wiederum das Ergebnis einer *„Differenzierung*

113 *Nieschlag/Dichtl/Hörschen,* Marketing, 19. Auflage, 2002, S. 988 ff.
114 *Behrens,* Handbuch der Werbung, 1970, S. 4.
115 *Pepels,* Handbuch Marketing, 5. Auflage, 2009, S. 680.
116 Ebda.

des Ablaufs der Beeinflussung[117]" sind. Diese Ergebnisse bzw. Funktionen sind nun im Einzelnen:

- Die Bekanntmachung des werbenden Unternehmens bzw. seiner Leistungen,
- das Bereitstellen von Informationen über das werbenden Unternehmen bzw. seine Leistungen,
- die Bildung eines Images sowie
- das Auslösen von geschäftlichen Dispositionen[118].

Im Hinblick auf die Methode kann Wirtschaftswerbung erneut konkretisiert werden. So kann sich Wirtschaftswerbung zum einen auf den Betrieb als Ganzes beziehen – sog. *„public relations"* - oder zum anderen auf die Tätigkeiten des Betriebs, mithin den Absatz- oder die Beschaffung von unternehmerischen Leistungen[119]. Die Absatzwerbung wiederum umfasst eine Vielzahl unterschiedlicher Werbemethoden, von der vergleichenden Werbung bis zum *„Product Placement"* und kann als *„verkaufspolitischen Zielen dienende, absichtliche und zwangsfreie Einwirkung auf Menschen mit Hilfe spezieller Kommunikationsmittel"* beschrieben werden.

II. Der Begriff des „Humors"

1. Allgemeines

Befasst man sich mit dem Humor in der vergleichenden Werbung ist es nötig zu fragen, was eigentlich unter dem Begriff des Humors zu verstehen ist. Was ist eigentlich „Humor"? Und wie unterscheiden sich bestimmte „komische" Spielformen des Humors wie der Witz, die Satire, die Ironie, die Persiflage, die Parodie oder die Groteske voneinander?

2. Der „Humor"

Der Humor ist seit über 2000 Jahren Thema in der Wissenschaft. Von einer sich im Laufe der Jahrhunderte entwickelnden Übereinkunft kann jedoch auch weiterhin keine Rede sein. Vielmehr wurde der Humor von den verschiedensten Fachrichtungen und unter Herausstellen der unterschiedlichsten Aspekte des Humors untersucht und beschrieben. Eine allgemeingültige Definition konnte

---

117 *Meyer,* Paul W., Wirtschaftswerbung, 1963, S. 181.

118 *Meyer/Hermanns,* Theorie der Wirtschaftswerbung, 1981, S. 29; *Schneider/Pflaum* (Hrsg.), 5. Auflage, 2000, S. 329.

119 Im allgemeinen Sprachgebrauch bezeichnet die *„Werbung"* wohl allein die *„Absatzwerbung"*.

diese umfassende Behandlung jedoch nicht zeitigen[120]. Auch helfen zahlreiche Theorien auf der Suche nach einer die verschiedenen Aspekte des Humors umfassenden Definition überhaupt nicht weiter. Zu selten wird eindeutig getrennt zwischen der Frage „Was ist Humor?“ und „Worüber lachen wird?“. Während die erste Frage zu beantworten versucht, welche Merkmale unter den Begriff des Humors zu subsumieren sind, ist Anknüpfungspunkt der zweiten Frage, welche Bedingungen vorliegen müssen bzw. welche Ursachen es sind, damit wir bestimmte Dinge amüsant finden und andere nicht.

a) Was ist „Humor“

Etymologisch kommt der Begriff *„Humor“* aus dem lateinischen Wort *„umor“*, das mit Flüssigkeit, Feuchtigkeit, Saft, übersetzt werden kann. In der antiken Medizin war nach der sog. *Temperamentlehre* der *Humoralpathologie*[121] eine ausgewogene Mischung der vier Körpersäfte – Blut, Schleim, gelbe und schwarze Galle – maßgeblich für eine gute Stimmung und Gesundheit[122]. Die Eigenschaften des Cholerikers, Melancholikers, Phlegmatikers und Sanguinikers wurden dann auch einem nachteiligen Verhältnis dieser jeweiligen Säfte untereinander zugeschrieben[123]. Seine heutige Bedeutung bekam das Wort *Humor* erst in jüngerer Zeit. Im 17. und 18. Jahrhundert entwickelte sich in England eine Stilgattung unter dem Namen *humour*, die insbesondere von einer *„verspielten Heiterkeit“* geprägt war[124]. Heute definiert der Duden den Humor als die

> *„Gabe eines Menschen, der Unzulänglichkeit der Welt und der Menschen, den Schwierigkeiten und Missgeschicken des Alltags mit heiterer Gelassenheit zu begegnen.“*[125]

Der Humor ist hiernach eine *„Grundeinstellung, die der Komik als Ausdrucksmittel bedarf, ohne deshalb identisch mit der Komik zu sein.“*[126]; diese Grundeinstellung wird in der englischen Sprache treffender mit *„to have a sense of humour“* beschrieben.

Die Trennung zwischen dem Humor und der Komik als Ausdrucksmittel wird verschiedentlich nicht mehr durchgehalten. Jedenfalls umgangssprachlich

---

120 *Pfeiffer*, Humor in der Werbung, 2010, S. 8.
121 Begründet von *Hippokrates von Kos*, griech. Arzt, 460 v. Chr. – 370 v. Chr.
122 Duden, 3. Auflage, 2001, Bd. 7 – *„Humor“*.
123 Ebda
124 Ebda.
125 Ebda.
126 *Preisendanz*, Humor, 1974, Bd. III, S. 1233.

wurde der Humor zu einem Oberbegriff für alles, was mit Lachen in Verbindung steht[127]. Der Humor wird insoweit verstanden

> *„als jede durch eine Handlung, durch Sprechen, durch Schreiben, durch Bilder oder durch Musik übertragene Botschaft, die darauf abzielt, ein Lächeln oder ein Lachen hervorzurufen."*[128]

Für den Bereich der Werbung scheint dies eine passendere Beschreibung zu sein, verbindet man mit *„humorvoller Werbung"* doch die verschiedenen Spielarten des Komischen: den Witz, die Ironie, die Satire, die Persiflage etc.

b) Warum lachen wir?

Nicht beantwortet ist damit aber die Frage, warum wir überhaupt lachen oder schmunzeln müssen. Es kann vorweg genommen werden, dass diese Frage auch weiterhin als unbeantwortet, gleichsam als der *„heilige Gral der Humorforschung"*[129] angesehen wird[130]. Es gibt zu diesem Themenkomplex eine ganze Fülle von Theorien und Denkansätzen. Zuweilen konnten über 100 Theorien festgestellt werden[131]. So führten die Philosophen Platon[132], Aristoteles[133] und – ausführlicher - Thomas Hobbes[134] die Erheiterung eines Menschen auf ein Gefühl der Überlegenheit zurück[135]. Nach dieser sogenannten *„Überlegenheitstheorie"* empfindet man nachteilige Eigenschaften und negative Merkmale eines anderen als komisch, wenn man diese Eigenschaften und Merkmale bei sich nicht erkennt[136]. Thomas Hobbes sieht denn auch in

> *„the passion of laughter [..] nothing else but sudden glory, glory arising from some sudden conception of some eminency in ourselves, by comparison with the infirmity of others, or with our own formerly."*[137]

---

127 *Preisendanz (*1974), Bd. III, S. 1231; Santana López (2006), S. 72.

128 *Bremmer (*1999), S. 9.

129 Internet Encyclopedia of Philosophy – Humor, http://www.iep.utm.edu/humor/#SH2a

130 *Drösser (2007),* Die Zeit – „Wo ist der Witz?", abrufbar: Zeit-online, http://www.zeit.de/2007/31/Humorforschung, Stand: 28. April 2011.

131 Internet Encyclopedia of Philosophy – Humor, http://www.iep.utm.edu/humor/#SH2a

132 Griech. Philosoph, geb. 427/428 v. Chr. – 348/349 v. Chr.

133 Griech. Philosoph, geb. 384 v. Chr. - 322 v. Chr.

134 Engl. Philosoph, geb. 1588 - 1679.

135 Internet Encyclopedia of Philosophy – Humor, http://www.iep.utm.edu/humor/#SH2a.

136 *Langemann,* Humor, 2008, S. 7.

137 *Skinner,* Theory of Laughter, 2004, S. 155.

Unsere Freude basiert hiernach immer auf etwas *„that strikes us as ugly, deformed, dishonest, indicent, malicious and scarcley decorous"*[138] und steht in einer unauflöslichen Verbindung mit allem, was wir gemeinhin als Schadenfreude bezeichnen[139].

Die sich im 18. Jahrhundert in Deutschland und Großbritannien entwikkelnde *„Inkongruenztheorie"* stellt dagegen das Unerwartete, das Überraschende in den Mittelpunkt aller Überlegungen. Hiernach geht das Lachen auf plötzlich auftretende logische oder ästhetische Widersprüche zurück, auf eine fehlende Übereinstimmung des Tatsächlichen mit dem Erwarteten[140]. Der schottische Philosoph *Beattie*[141] schrieb insoweit:

> *„Laughter arises from the view of two or more inconsistent, unsuitable, or incongruous parts or circumstances, considered as united in one complex object or assemblage, or as acquiring a sort of mutual relation from the peculiar manner in which the mind takes notice of them."*[142]

Die in diesem Zusammenhang ebenfalls häufig zitierte *Erleichterungstheorie* – maßgeblich geprägt von *Herbert Spencer*[143] und *Sigmund Freud*[144] - versucht eher die Funktion des Humors und weniger den Anlass für eine amüsierte Reaktion zu beantworten. Dennoch setzen sich die Vertreter dieses Ansatzes selbst in Konkurrenz zu der *Inkongruenz-* und der *Überlegenheitstheorie*[145]. Lachen wird nach dieser Theorie vornehmlich als eine aufgrund von intellektuellen oder physischen Anregungen aufgebaute Spannung, gleichsam als der Abbau eines Überschusses an Energie bewertet[146]. Letztlich können aber all diese Theorien nur einen Ausschnitt des Humors beantworten. *Attardo* führt insoweit auch aus:

> *„Let us note that all three types of theories are reductive/explanatory theories – that is, they all acount for large scale phenomena by reducing them to simple, better understood phenomena."*[147]

---

138 *Joubert* (1579), S. 16 [zitiert nach: *Skinner* (2004), *S. 145*].

139 Vgl. auch *Langemann* (2008), S. 7.

140 *Attardo,* Theories of Humor, 1994, S. 48; *Dometios-Murphy,* Die intellektuelle Leistung beim Reproduzieren von Witzen, 2000, S. 18; *Langemann (*2008), S. 8.

141 *James Beattie, britischer Philosoph u. Schriftsteller* geb. 1735 – 1803.

142 *James Beattie,* On laughter and ludicrous composition, 1776, S. 590 f. [zitiert nach *Preisendanz,* Das Komische, 1976, S. 890].

143 *Herbert Spencer,* engl. Philosoph u. Soziologe, geb. 1820-1903.

144 *Sigmund Freud,* österreichischer Arzt u. Begr. der Psychoanalyse, geb. 1856-1939.

145 *Miller,* Humor als Kommunikationsfaktor, 2002, S. 56.

146 Ebda.

147 *Attardo* (1994), S. 2.

Die dargestellten Theorien liefern also wichtige Denkanstöße, eine allumfassende Erklärung stellen sie aber wohl nicht dar.

3. Verschiedene Spielformen des Humors

a) Witz (Althochdeutsch wizzi; altengl. Wit = Scharfsinnigkeit, Verstand, Esprit)

Der Duden definiert den Witz als eine *"kurze Geschichte, die mit einer unerwarteten Wendung, einem überraschenden Effekt, einer Pointe zum Lachen reizt"*[148]. Im Mittelalter beschrieb das althochdeutsche „diu wizzi" Klugheit oder Denkkraft[149]. Erst im 19. Jahrhundert setzte sich zunehmend die Bedeutung des Scherzes durch und hat sich seit dem allgemein durchgesetzt[150]. Inhaltlich zeichnet sich der Witz durch eine kurze Darstellung eines Sachverhalts aus und einer unerwarteten Wendung, einen Positionswechsel oder eine unverhoffte Doppelbedeutung[151]. Das Lachen soll mit einer unerwarteten Wendung der Geschehnisse provoziert werden.

b) Ironie (griechisch εἰρωνεία eironeía, erheuchelte Unwissenheit, Verstellung)

Die Ironie bezeichnet ein humorvolles Stilmittel, bei dem das Gegenteil des eigentlichen Wortlauts ausgesagt und dies durch paraverbale oder nonverbale Informationen angedeutet werden soll[152]. Die Ironie beinhaltet in aller Regel einen negativen, jedenfalls aber spöttischen Unterton und kommt häufig in der Form eines *„vergifteten Lobes"* daher[153]. Dabei kann sich die Ironie von leichtem Spott bis hin zum Sarkasmus steigern.

c) Sarkasmus (griech.: sarkazein - zerfleischen, verhöhnen; sarkasmós - beißender Spott)

Unter Sarkasmus ist ein beißender, verletzender Spott zu verstehen, *„der Jemanden, Etwas lächerlich machen will"*[154]. Damit steht er für eine gesteigerte, oft auch

---

148 Duden, Universalwörterbuch, 7. Auflage, 2011, Der Witz.

149 *Preisendanz,* Über den Witz, 1970, S. 7.

150 *Preisendanz* (1970), S. 8; *Meyers Enzyklopädisches Lexikon*, 1979, Witz, Bd. 25.

151 Ebda.

152 *Kirchner,* Humor in der Psychoanalyse, 2004, S. 7, http://www.psychoanalyse-salzburg.com/sap_zeitung/pdf/Kirchner.pdf, Stand: August 2011.

153 *Meyers Enzyklopädisches Lexikon,* Ironie, 1979, Bd. 12.

154 Duden, Universalwörterbuch, 7. Auflage, 2011, Sarkasmus.

bittere Form der Ironie[155] und wird aus diesem Grund zuweilen auch als *„bissige Verwandte"* der Ironie bezeichnet[156].

d) Satire (lat. satira; von satura lanx: „Den Göttern dargebotene, mit Früchten gefüllte Schale")

Die Satire entwickelte sich aus römischen Spottgedichten. Von Quintilianus[157] ist der Spruch bekannt *„satura quidem tota nostra est"* (zu Deutsch: *Die Satire allerdings ist ganz unser*). Heute bezeichnet die Satire eine Kunstform, in der sich der Spott nicht direkt, sondern indirekt durch die übertriebene, oft auch rücksichtslose Nachahmung der Wirklichkeit ausdrückt[158]. *„Durch Übertreibung, Ironie und beißenden Spott"* übt sie Kritik an Personen, Ereignissen oder Zuständen[159].

e) Parodie (griechisch παρῳδία parōdía: „nachahmendes Lied")

Ursprünglich die Bezeichnung für eine neue Vortragsart des Epos[160], entwickelte sich hieraus die Parodie als *„komisch-satirische Nachahmung oder Umbildung"* eines meist künstlerischen Werkes[161]. Das bekannte Werk wird insoweit *„unter Beibehaltung kennzeichnender Formmittel, aber mit gegenteiliger Intention"* nachgeahmt.[162]

f) Groteske (franz. grotesque – ital. Grottesco: „wunderlich, verzerrt")

Im Wortsinne bezeichnete der Begriff ursprünglich ausgefallene und kreative Wandmalerei, wie sie häufiger in römischen Grotten oder Tavernen vorkamen[163]. Erst im Laufe des 18. Jahrhunderts wandelte sich die Bedeutung des Begriffs und bezeichnet nunmehr nicht mehr allein Wandmalerei, sondern jede seltsame, wunderliche, übersteigerte Form der Darstellung[164]. In der Literatur und Kunst

---

155 *Meyers Enzyklopädisches Lexikon:* Sarkasmus, 1979, Bd. 20.

156 *Kirchner,* Humor in der Psychoanalyse, 2004, S. 8, http://www.psychoanalyse-salzburg.com/sap_zeitung/pdf/Kirchner.pdf, Stand: August 2011.

157 *Quintilian,* röm Rethoriklehrer, geb. 35-96.

158 *Meyers Enzyklopädisches Lexikon:* Satire, 1979, Bd. 20.

159 Ebda.

160 *Meyers Enzyklopädisches Lexikon:* Parodie, 1979, Bd. 18.

161 Duden – Herkunftswörterbuch, 3. Auflage, 2001, Parodie

162 *Meyers Enzyklopädisches Lexikon:* Parodie, 1979, Bd. 18.

163 Duden – Herkunftswörterbuch, 3. Auflage, 2001, Groteske.

164 Duden – Herkunftswörterbuch, 3. Auflage, 2001, Groteske.

bezeichnet die Groteske heute insbesondere die „*Verbindung von scheinbar Unvereinbaren, [..], die Darstellung solcher Paradoxien*“[165].

g) Persiflage (von frz. siffler „pfeiffen“)
Die Persiflage bezweckt durch eine nachahmende Übertreibung maßgebender Merkmale, den Gegenstand oder die Person lächerlich zu machen oder jedenfalls spöttisch zu behandeln[166]. Sie bezeichnet insoweit die feinere, geistreichere Version des Spottes[167].

B. Werbewirkung humorvoller Werbevergleiche

I. Werbewirkung vergleichender Werbung

1. Positionierung der Marke

Eine der zentralen Aufgaben von Werbung ist die Positionierung der Marke relativ zu den Mitbewerbern. Während die traditionelle Werbung insoweit auf die implizite Wirkung ihrer Werbeaussage vertraut, gibt die vergleichende Werbung den Unternehmen die Möglichkeit, durch einen expliziten Vergleich, direkt auf die Markenpositionierung einzuwirken[168]. Zu unterscheiden ist insofern zwischen einer „*differenzierenden*“ und einer „*assoziativen*“ Werbestrategie. Im Falle einer „*differenzierenden*“ vergleichenden Werbung möchte sich der Werbende durch den Vergleich von den Leistungen des Mitbewerbers abheben. Es sollen gerade die vermeintlichen Unterschiede deutlich werden. Dagegen verfolgt ein „*assoziativer*“ Werbevergleich die Absicht, mit den Marken des Konkurrenten in Verbindung gebracht zu werden[169]. Neben dieser eher allgemeinen Ausrichtung der Marke, erlaubt die vergleichende Werbung dem werbenden Unternehmen aber auch die Feinjustierung der Positionierung. So kann der Werbende über den Werbevergleich auf effektive Weise steuern, mit welchen konkreten Eigenschaften seine Marke in Verbindung gebracht wird. Es ist eine Erkenntnis aus der Gedächtnispsychologie, dass verglichene Eigenschaften mehr im Gedächtnis haften bleiben[170]. Diesen Zusammenhang können sich die Unternehmen

---

165 *Meyers Enzyklopädisches Lexikon:* Groteske, 1979, Bd. 11.
166 *Meyers Enzyklopädisches Lexikon:* Persiflage, 1979, Bd. 18.
167 Duden – Herkunftswörterbuch, 3. Auflage, 2001, Persiflage.
168 *Riefler,* Werbeforschung&Praxis, 2009, S. 52.
169 Ebda.
170 Markmann/Gentner, Similarity Comparison, 1997, S. 118; Zhang/Markmann, The Role of Alignable and Nonalignable Differences, 1998, S. 414; *Esch/Fischer*, Vergleichende Werbung, 2009, S. 645 (653).

insoweit zu Nutze machen, als sie über den Werbevergleich maßgeblich die Eigenschaften bestimmen können, mit denen ihre Produkte in Verbindung gebracht werden. Der Erfolg dieser Markenpositionierung kann am Beispiel der Renault - Werbung dargestellt werden[171]: Renault hatte im Rahmen einer Werbekampagne indirekt die Sicherheit verschiedener Automarken verglichen. Dabei führte - inspiriert durch den nationalen Hintergrund der jeweiligen Automobilmarken - für BMW eine Wurst, für Volvo ein Knäckebrot, für japanische Automarken eine Sushi-Rolle und für Renault ein Baguette einen Crash-Test durch. Es darf nicht überraschen, dass alle Lebensmittel bis auf das Baguette durch den Crash-Test völlig zerstört wurden. Das Baguette wurde lediglich eingedrückt, überstand den Test aber ansonsten unbeschadet. Renault hatte hier eine Markpositionierung über eine differenzierende vergleichende Werbung vorgenommen, sich also von den Mitbewerbern abgegrenzt. Weiter richtete Renault die Aufmerksamkeit der Adressaten auf das Eigenschaftsmerkmal der Sicherheit. Entsprechend den angesprochenen Erfahrungen der Gedächtnispsychologie müssten bei den Adressaten die verglichenen Produkteigenschaften, also der (vermeintliche) Vergleich der Sicherheitsstandards, besser in Erinnerung geblieben sein[172]. Tatsächlich haben Umfragen ergeben, dass die Sicherheitswahrnehmung von Renault im Zeitraum zwischen 2001 und 2007 von 4 % auf 21 % angestiegen ist[173]. Ein beeindruckendes Beispiel für die Positionierung einer Marke durch vergleichende Werbung.

2. Weitere positive Werbeeffekte

a) Werbeeffekte

Es gibt inzwischen zahlreiche empirische Studien, die sich mit den Werbeeffekten vergleichender Werbung beschäftigt haben. Dabei wurden bestimmte Effekte ebenso oft empirisch bestätigt wie widerlegt. Dies gesagt, lassen sich dennoch mittlerweile in einigen Punkten wissenschaftlich fundierte Aussagen treffen: So verzeichnet vergleichende Werbung relativ zu nicht vergleichender Werbung sowohl deutlich höhere Aufmerksamkeits- als auch Erinnerungswerte[174] und aufgrund der gesteigerten Aufmerksamkeit, verarbeiten die Adressaten die fragliche

171 vgl. *Holst,* Horizont, 2007, S. 14; *Esch/Fischer*, a.a.O., S. 645 (653 f.).

172 Siehe FN 129.

173 *Holst (*2007), S. 14.

174 *Grewal/ Kavanoor/ Fern/ Costley/ Barnes,* Comparative versus Noncomparative Advertising 1997, S. 2; *Tscheulin/Helmig*, „Zur Effizienz verschiedener Ausgestaltungsformen vergleichender Werbung", 1999, S. 567; *Bachmann,* Comparative Advertising, 1998, S. 56.

Werbeaussage auch intensiver[175]. Die Zurverfügungstellung von Referenzpunkten durch das werbende Unternehmen - so genannten *Benchmarks* - erleichtert den Verbrauchern weiterhin die Einordnung der Produktinformationen. So ist zum Beispiel die Bewertung eines Preises immer auch relativ zu den Angeboten der Konkurrenz zu bemessen. Vergleichende Werbung liefert den Verbrauchern insofern zwar keine Gesamtübersicht des Marktangebotes, jedenfalls aber den Vergleich verschiedener Konkurrenzangebote. In Relation zu nicht vergleichender Werbung bedeutet dies in jedem Fall einen Informationsgewinn. Das wichtigste Kriterium einer effektiven Werbewirkung ist aber natürlich die Steigerung der Kaufabsicht. Zwar muss in diesem Zusammenhang festgehalten werden, dass auch Studien veröffentlicht wurden, die diesbezüglich keinerlei positiven Effekt vergleichender Werbung relativ zu nicht vergleichender Werbung verzeichnen konnten[176]; im Rahmen einer umfassenden Meta-Studie mit insgesamt 77 Einzelstudien wurde jedoch ein entsprechend positiver Effekt vergleichender Werbung nachgewiesen[177].

b) optimales Umfeld

Können also durchaus grundsätzliche Aussagen über die Werbewirkungen vergleichender Werbung gemacht werden, bedeutet dies nun aber nicht, dass diese Effekte auch in jedem Falle und unabhängig von den Rahmenbedingungen eintreten. Es sind insbesondere Newcomer und Marken mit einem niedrigen Marktanteil, die besonders vom Einsatz vergleichender Werbung profitieren[178]. Es konnte festgestellt werden, dass die entsprechenden positiven Effekte sinken in Relation zur Steigerung des Marktanteils. So konnten im Falle von Marktführern die dargestellten Werbewirkungen (relativ zu nicht vergleichender Werbung) nicht mehr festgestellt werden[179]. Unternehmen mit einem hohen Marktanteil sollten sich also überlegen, ob vergleichende Werbung für sie die geeignete Werbeform darstellt. Tatsächlich dürfte davon auszugehen sein, dass die positiven Effekte des Werbevergleichs auf der einen und die mit einem Werbevergleich immer einhergehende kostenlose Aufmerksamkeitswerbung

175 *Barrio-Garcia/Luque-Martinez*, comparative advertising, 2003, S. 258.

176 Putrevu/Lord, Comparative and Non-Comparative Ad., 1994, S. 78; Gierl/Praxmarer, transfer, 1998, S. 27.

177 *Grewal et al.*, 1997, S. 8; *Kavanoor/Grewal/Blodgett*, The Effect of Ad Format and Credibility on Beliefs, Attitudes, and Purchase Intention, 1997, S. 223.

178 Pechmann/Steward, Comparative Advertising, 1997, S. 189; Barrio-Garcia/ Luque-Martinez (2003), S. 271.

179 Pechmann/Steward (1997), S. 189.

für den Mitbewerber auf der anderen Seite nicht mehr in einem angemessenen Verhältnis stehen[180].

3. Negative Werbeeffekte

Empirisch ebenfalls belegt ist die Tatsache, dass die Konsumenten im Falle vergleichender Werbung die Glaubwürdigkeit der Werbeaussage in höherem Maße in Zweifel ziehen und empfänglicher sind für Gegenargumente[181]. Auch konnte eine negative Einstellung gegenüber dem Werbemedium festgestellt werden[182]. Interessanterweise blieben festgestellte negative Einstellungen gegenüber dem Werbemedium jedoch ohne Einfluss auf die Einstellung des Verkehrs gegenüber der beworbenen Marke. Insoweit ist – jedenfalls für jüngere Marken – sogar eine Verbesserung zu verzeichnen[183].

Schließlich bedeutet jedoch ein Werbevergleich naturgemäß, jedenfalls unter dem Gesichtspunkt des Wettbewerbs um Aufmerksamkeit, immer auch eine „*Gratiswerbung*“ für den erkennbar gemachten Mitbewerber[184]. Aus diesem Grunde sollten marktstarke Unternehmen - wie bereits angesprochen - Werbevergleiche mit weniger bekannten Unternehmen eher meiden. Auch wenn der Vergleich für das weniger bekannte Unternehmen nachteilig ist, ist es fraglich, ob die Nachteile des Vergleichs die Vorteile der Aufmerksamkeit aufwiegen.

4. Stellungnahme

Zahlreiche positive Werbeeffekte der vergleichenden Werbung sind nunmehr empirisch belegt. Die vergleichende Werbung gewährleistet relativ zu nicht - vergleichender Werbung mehr Aufmerksamkeit, die Werbeaussage bleibt besser in Erinnerung und die Marke kann am Markt aktiv positioniert werden. All diese positiven Effekte sinken aber je bekannter und marktstärker das werbende Unternehmen ist. Desto bekannter ein Unternehmen im Markt ist, desto geringer sind die positiven Effekte vergleichender Werbung relativ zu nicht - vergleichender Werbung. Da jeder Werbevergleich aber auch eine Gratiswerbung für den erkennbar gemachten Mitbewerber beinhaltet, beginnen die Nachteile die Vorteile zu überwiegen, desto bekannter das werbende Unternehmen ist. Für Newcomer ist die vergleichende Werbung eine gute Möglichkeit, durch einen Vergleich mit dem Marktführer das eigene Angebot bekannt zu machen.

---

180 Barrio-Garcia/ Luque-Martinez (2003), S. 271.

181 Grewal et al. (1997), S. 2; *Esch/Fischer*, S. 645 (662).

182 *Tscheulin/Helmig* (1999), S. 567; Grewal et al. (1997), S. 8 f.

183 *Shimp*, Integrated Marketing Communications, 2007, S. 322.

184 *Riefler*, Vergleichende Werbung, 2009, S. 54.

Ein Marktführer dürfte dagegen wenig Interesse verspüren – insbesondere unter Berücksichtigung der abnehmenden Effekte vergleichender Werbung – Konkurrenten durch eine Bezugnahme bekannt zu machen. Die vergleichende Werbung kann somit als ideale Werbeform für den Markteintritt und für eine Steigerung der Bekanntheit von gemeinhin unbekannten Unternehmen angesehen werden.

II. Werbewirkung des Humors in der Werbung

1. Allgemeines

„People don't buy from clowns" – mit diesem Satz brachte der Werbefachmann Claude Hopkins in den 60er Jahren die herrschende Ansicht der Werbepraxis auf den Punkt. Das Einschalten des Fernsehers oder der Blick in die Zeitungen macht aber deutlich, dass sich diese Ansicht in der Welt der Werbung offensichtlich geändert hat. Auch eine sorgfältigere Untersuchung bestätigt diesen oberflächlichen Eindruck: Jede fünfte Werbung in Deutschland besitzt humorvolle Elemente[185]. Auch aus diesem Grunde war die humorvolle Werbung in den letzten Jahren Gegenstand zahlreicher wissenschaftlicher Studien. Dabei konnten bestimmte Wirkungen in mehreren Studien bestätigt werden, andere wiederum nicht. Eine Meta-Analyse aus dem Jahre 2006 soll an dieser Stelle - aufgrund der Widersprüchlichkeit zahlreicher Einzelstudien - eine herausgehobene Bedeutung genießen[186].

2. Werbeeffekte des Humors

a) Werbewirkung des Humors in der Werbung

In vielerlei Studien wurden bestimmte positive Werbewirkungen im Falle des Einsatzes von Humor immer wieder bestätigt. Die Auffassung, der deutsche Durchschnittsverbraucher bevorzuge informative und seriöse Werbung vor humorvoller Werbung, hält einer wissenschaftlichen Überprüfung insoweit nicht stand. So wurde in einer europaweiten Studie des Marktforschungsunternehmens *TNS Infratest* festgestellt, dass reichlich 59 % der Deutschen der Auffassung sind, eine Werbung sollte humorvoll gestaltet sein; nur 11 % bevorzugen generell seriös angelegte Werbung[187]. Im Hinblick auf die konkreten Werbeeffekte des

---

185 *Eisend/Kuß* in Bruhn/Esch/Langner, HB Kommunikation, 2009, S. 631.

186 Marketing Departement FU Berlin, Meta – Analyse in der Werbung, zusammengefasst von *Eisend/Kuhn in Esch/Langner,* a.a.O., S. 629 ff.

187 Abrufbar: www.tns-infratest.com, Stand August 2011; vgl. insoweit auch *Schwarz/ Hoffmann, transfer* 2/2009, S. 26.

Humors ist zuvorderst eine erhöhte Aufmerksamkeit des angesprochenen Verkehrs festzustellen. Dieser Effekt ist über viele Jahre in zahlreichen Einzelstudien bestätigt worden[188].

Weiterhin kann als empirisch belegt angesehen werden, dass der Einsatz von Humor die Sympathiewerte des werbenden Unternehmens erhöhen sowie die positiven Gefühle des Verkehrs gegenüber der beworbenen Marke steigern kann[189]. Im Hinblick auf die Verständlichkeit der Werbeaussage wurde in einigen Studien darauf hingewiesen, dass die humorvolle Darstellung einer Werbeaussage den Adressaten auch überfordern und damit das Verständnis sowie die Werbewirkung insgesamt beeinträchtigen kann[190]. Diese Befürchtungen konnte die Meta – Analyse jedoch nicht bestätigen. Der Einsatz von Humor sorge vielmehr eher für ein besseres Verständnis der Werbeaussage[191].

Schließlich kam die Meta – Analyse ebenfalls zu dem Ergebnis, dass der Einsatz von Humor in der Werbung bessere Erinnerungswerte auf Seiten der Verbraucher verursache[192]. Der Humor ist damit nicht nur besser in der Lage, erhöhte Aufmerksamkeit auf Seiten der Verbraucher zu generieren, die Werbung bleibt auch länger in Erinnerung. Verschiedentlich wird hier dem Einsatz von Humor entgegengehalten, es bestehe immer die Gefahr, dass sich der Verbraucher zwar an den Witz der Werbung erinnern kann, nicht aber an das beworbene Produkt. Der Humor könne insoweit auch von der Werbeaussage ablenken (Vampir-Effekt)[193].Jedenfalls die zitierte und aktuelle Meta – Analyse kann diese Befürchtung nicht bestätigen[194]. Entgegen dem Ergebnis verschiedener Einzelstudien, die mit dem Ansteigen der humorvollen Elemente in einer Werbung auch die Aufmerksamkeit der Adressaten gegenüber der Werbeaussage

188 Eisend/Kuß in Bruhn/Esch/Langner, a.a.O., S. 635; *Pfeiffer* (2010), S. 12. *„Sind die Menschen guter Stimmung, dann ist ihr Aufmerksamkeitsfokus breiter - bei schlechter Laune verengt er sich", Streif, Humorvolle Zwiesprache,* 2009/ 01, S. 19.

189 *Sternthal/Craig,* Humor in Advertising, 1973, S. 17; Eisend/Kuß in Bruhn/Esch/Langner, a.a.O., S.???; *Pfeiffer* (2010), S. 10;

190 *Langemann* (2008), S. 16; *medialine - http://www.medialine.de/deutsch/wissen/medialexikon.php?snr=2509,* Stand: Juli 2011.

191 *Eisend,* ACR Vol. 34, 2007, 320.

192 Vgl. Eisend/Kuß in Bruhn/Esch/Langner, HB Komm., 2009, S. 635; *Eisend,* ACR Vol. 34, 2007, 320; *Langemann* (2008), S. 16.

193 *Schneider,* Werbung in Theorie und Praxis, 5. Auflage, 2000, S. 349; *Nufer/Hirschburger,* Humor in der Werbung, 2008, S. 11; *Pfeiffer* (2010), S. 39; *Haselau,* Humor in der Werbung, 2007, S. 25.

194 Eisend/Kuß in Bruhn/Esch/Langner, a.a.O., S. 635; *Eisend,* ACR Vol. 34, 2007, 320.

schwinden sahen[195], kam die fragliche Meta – Analyse zu einem gegenteiligen Schluss: Je intensiver der Humor eingesetzt werde, desto besser seien auch die Sympathiewerte gegenüber der beworbenen Marke und je mehr die Verbraucher eine Werbung mögen, desto eher bleibe sie auch in Erinnerung[196]. Auch eine immer wieder vorgebrachte nachteilige Wirkung für die Glaubwürdigkeit der Werbeaussage konnte nicht festgestellt werden[197]. Dies gilt allerdings auch für einen messbaren Effekt auf das tatsächliche Kaufverhalten der Verbraucher[198]. Eine Werbewirkungsanalyse der *Seven One Media GmbH* im Auftrag der ProSiebenSat1 Media AG kam insoweit sogar zu dem Ergebnis, dass der Humor sich im Fernsehen eher negativ auf die Kaufbereitschaft auswirke. So wurde bei ernsthafterer TV - Werbung eine Kaufbereitschaft von 56 % gemessen, bei stark humorvollen Werbespots lediglich von 41 %[199]. Möglicherweise korreliert dieses Ergebnis aber auch maßgeblich mit dem untersuchten Umfeld. So sind bei der Beurteilung der Werbewirkung von Humor immer auch die *„moderierenden Faktoren“*[200] - dazu sogleich - von entscheidender Bedeutung.

b) Werbeumfeld – „moderierende Faktoren“[201]

Die empirisch festgestellten Effekte sind abhängig von dem konkreten Umfeld der Werbung. In diesem Bereich sind die Ergebnisse der Meta – Analyse mit Sicherheit am überraschendsten. Bisher wurde in der Werbepraxis – unterstützt von einigen Einzelstudien – die Ansicht vertreten, der Einsatz von Humor eigne sich eher für bekannte als für unbekannte Produkte, eher für risikoarme Alltagsgüter als für hochpreisige Luxusgüter und eher für TV und Radiospots als für Printwerbung[202]. Im klaren Gegensatz hierzu kam die Meta – Analyse zu dem Ergebnis, dass sich der Humor vielmehr besser für hochpreisige und funktionale Produkte mit einem seriösen Image eigne als für emotionale Alltagsprodukte[203]. Weiterhin wirke sich der Humor stärker in Printmedien als in TV –

195 z.B. *Krishnan/Chakravarti,* (2003), S. 237.

196 *Eisend (2006),* „Der Tagesspiegel“ v. 26.8.2006.

197 *Eisend/Kuß* in Bruhn/Esch/Langner, a.a.O., S. 635; *Eisend,* ACR Vol. 34, 2007, 320.

198 *Eisens/Kuß* in Bruhn/Esch/Langner, a.a.O., S. 638.

199 Pressemitteilung der SevenOne Media v. 26.5.2010 (abrufbar unter: http://www.presseportal.de/pm/42713/1620101/sevenone-media-untersucht-den-zusammenhang-von-spotgestaltung-und-kaufbereitschaft-humor-wirkt-eher, Stand: Juli 2011.

200 *Eisend/Kuß* in Bruhn/Esch/Langner, a.a.O., S. 635.

201 Ebda.

202 *Langemann (2008),* S. 19; *Eisend,* Der Tagesspiegel v. 26.8.2006.

203 *Eisend/Kuß* in Bruhn/Esch/Langner, a.a.O., S. 635 f.

oder Radiospots aus[204]. Die Bekanntheit der Marke, der kulturelle Hintergrund oder das Geschlecht des Rezipienten haben sich nach den Ergebnissen der Meta – Studie nicht als beachtenswerte Umstände erwiesen[205].

3. Stellungnahme

Wie bereits festgestellt, hat sich in der Werbepraxis die Einstellung zu humorvoller Werbung gewandelt. Dieser Wandel kann nunmehr auch als empirisch begründet angesehen werden. Der Spruch *„People don't buy from clowns"* ist nicht nur als Richtsatz für die Werbepraxis nicht mehr aktuell, sondern hat sich auch als sachlich falsch herausgestellt. Neben den zahlreichen positiven Effekten humorvoller Werbung und der Tatsache, dass das Hauptargument gegen den Humor – der sogenannte „Vampireffekt" – sich jedenfalls als unwesentlich herausgestellt hat, spricht in der heutigen Werbelandschaft insbesondere die Aktivierung der Adressaten für den Einsatz von Humor. Sind Personen *„aktiviert"*, so setzen sie sich mit ihrer Umwelt intensiver auseinander. Die Aktivierung wird aus diesem Grund zuweilen auch als eine *„Grunddimension aller Antriebsprozesse"*[206] bezeichnet. Dieses Phänomen gilt auch für werbliche Prozesse. Bedenkt man, dass in der Werbeforschung davon ausgegangen wird, dass die Adressaten von Werbebotschaften maximal 5 % bewusst wahrnehmen, wird ersichtlich, warum die Aktivierung der Werbeadressaten nachgerade ein essentielles Ziel effektiver Werbung sein sollte[207]. Oder um es besonders anschaulich zu sagen: *„Wenn jemand Gold verschenken will, davon aber niemand weiß, dann bleibt er darauf sitzen*[208]*."* Der Humor ist insoweit ein besonders effektives Mittel. Allerdings nützt einer Marke auch ein hohes Maß an Aufmerksamkeit wenig, wenn die Werbebotschaft ebenso schnell wieder vergessen wird. Insofern bietet die Werbeforschung jedoch ein weiterer positiver Kausalzusammenhang: Je intensiver der Humor, desto mehr mögen die Konsumenten die Marke und desto besser ist die Erinnerung daran[209]. Der Zusammenhang zwischen Emo-

---

204 *Eisend/Kuß* in Bruhn/Esch/Langner, a.a.O., S. 636; eben dieser Umstand relativiert die Ergebnisse der Werbewirkungsanalyse der Seven One Media GmbH. Untersucht wurde hier die Werbewirkung des Humors in der TV – Werbung. Die Meta – Analyse kommt diesbezüglich aber zu dem insoweit überraschenden Ergebnis, dass der Humor in Printmedien erfolgreicher wirke, als in audiovisuellen Medien.

205 *Eisend/Kuß* in Bruhn/Esch/Langner, a.a.O., S. 636.

206 *Kroeber-Riel/Weinberg*, 9. Auflage, 2009, S. 60.

207 *Schneider/Pflaum* (Hrsg), Werbung in Theorie und Praxis, 5. Auflage, 2000, S. 348.

208 *Meyer/Hermanns*, Theorie der Wirtschaftswerbung, 1981, S. 29.

209 *Eisend (2006)*, „Der Tagesspiegel" v. 26.8.2006.

tion und Gedächtnis ist aus der Neurowissenschaft bereits bekannt und konnte nunmehr auch im Zusammenhang mit humorvoller Werbung empirisch belegt werden[210]. Die Werbeforschung bietet der Werbepraxis jedoch wichtige Informationen über den richtigen Umgang mit Humor in der Werbung. Bisher wurde Werbung offensichtlich zu einem großen Teil falsch eingesetzt. So bestätigt eine viel zitierte Langzeitstudie im Auftrag der ProSiebenSat1 Media AG, die eine geringere Kaufbereitschaft im Falle humorvoller TV – Werbung festgestellt hat, lediglich die größere Werbewirkung des Humors in Printmedien. Bisher ist der Anteil humorvoller Werbung in TV – und Radiospots jedoch im Vergleich zu dem Anteil in Printmedien deutlich größer. Hier sollte also ein Umdenken in der Werbepraxis stattfinden.

Nun soll damit nicht gesagt werden, humorvolle Werbung sei die einzig wahre und den Werbenden selig machende Werbeform. Es gibt freilich zahlreiche Produkte und Werbeaussagen bei denen die möglichen negativen Folgen für die Glaubwürdigkeit der Werbebotschaft das entscheidende Gegenargument für den Einsatz von Humor darstellt. In Zeiten allenthalben festgestellter Informationsüberflutung stellt die humorvolle Werbung mit ihren positiven Ergebnissen im Hinblick auf die Aufmerksamkeitserregung und die Erinnerungswerte aber eine nicht zu unterschätzende Werbeform für zahlreiche Werbesituationen dar.

III. Fazit

Für den humorvollen Werbevergleich ergeben sich damit folgende Schlussfolgerungen: Vergleichende Werbung kann mit Blick auf ihre Werbeeffekte als die ideale Werbeform für Newcomer und Unternehmen mit geringer Marktstärke bezeichnet werden. Der Werbevergleich verspricht hier ein höheres Maß an Aufmerksamkeit auf Seiten der Adressaten sowie bessere Erinnerungswerte. Dergleichen lässt sich auch für den Einsatz von Humor in der Werbung sagen. Auch hier belegen empirische Studien höhere Aktivierungsgrade und bessere Erinnerungswerte der Verbraucher. Zusätzlich konnten positive Effekte auf die Einstellung der Verbraucher gegenüber der beworbenen Marke festgestellt werden. Aus der Sicht der Marketingforschung zeigt sich insofern ein relativ konsistentes Bild: Die Werbeeffekte der vergleichenden Werbung und der humorvollen Werbung verstärken sich wechselseitig. Nach den Erkenntnissen der Empirie bieten sich Werbevergleiche insbesondere für Newcomer und Unternehmen mit geringerer Marktstärke an. Jene Unternehmen sind in erster Linie

210 Ebda.

auf Aufmerksamkeit und eine nachhaltige Bekanntheit im Markt angewiesen. Nach den vorliegenden wissenschaftlichen Untersuchungen bietet der Einsatz von Humor dem Werbevergleich jene große Bühne, die das Unternehmen benötigt, um mit seiner Werbeaussage durchzudringen. Während vergleichende Werbung relativ zu nicht-vergleichender Werbung bereits im Falle von Newcomern oder unbekannteren Unternehmen bereits bessere Aufmerksamkeits- und Erinnerungswerte auf Seiten der Adressaten verzeichnet, dürfte der Einsatz von Humor diese Werbewirkung noch potenzieren. Immer unter der Maßgabe, dass sich das Produkt oder die Werbeaussage mit der humorvollen Einkleidung verträgt, der relative Verlust an Glaubwürdigkeit gleichsam verkraftbar erscheint, könnte ein humorvoller Werbevergleich für Newcomer und schwächere Unternehmen ein besonders effektiven Einsatz ihrer Werbemittel darstellen.

C. Ökonomische Effekte humorvoller Werbevergleiche

I. Allgemeines

Die europäische Kommission erwartete sich von der grundsätzlichen Zulassung vergleichender Werbung einerseits eine Verbesserung der Verbraucherinformation und damit einhergehend eine Erhöhung der Markttransparenz sowie eine Förderung des Wettbewerbs[211]. Inwieweit diese Erwartungen begründet sind, soll – insbesondere unter der Maßgabe eines humorvollen Werbevergleichs - nachfolgend überprüft werden.

II. Erhöhung der Markttransparenz

Spricht man von Markttransparenz, spricht man von einer gewissen *„Informiertheit“* und bestehenden *„Übersicht über die marktrelevanten Daten“* auf Seiten der Marktteilnehmer[212]. Dabei sind unter diese marktrelevante Daten sowohl

> *„Strukturdaten bestimmter Märkte, wie zum Beispiel Gütermengen und -qualitäten, Dienstleistungen, Preise und Konditionen, Bezugs- und Absatzwege, Zahl und Verhalten der Marktteilnehmer, als auch Prozessdaten, wie z.B. Mengen-, Qualitäts-, Preis-, Verhaltensänderungstendenzen, Geschmackswandel usw.*[213]*“*

zu verstehen. Der Zusammenhang zwischen vergleichender Werbung und einer Erhöhung der Markttransparenz beruht auf dem Unterscheidungsmerkmal direkter Leistungsvergleiche. Der Werbende vergleicht bestimmte Eigenschaften

---

211 KOM (91) Seite 147 endg. - SYN 343, 6.

212 vgl. *Schenk* in Behrens, Handbuch der Werbung, 1970, S. 57.

213 *Schenk* in Behrens, Handbuch der Werbung, 1970, S. 57.

seiner Waren oder Dienstleistungen mit denen eines Mitbewerbers. Dem Verbraucher werden auf diese Weise Informationen zu Teil, welche die Markttransparenz erhöhen und ihn eher in die Lage versetzen, dasjenige Angebot zu wählen, das seinen Präferenzen entspricht. Die Zurverfügungstellung von sogenannten Benchmarks erhöht das Verständnis der beworbenen Produktinformationen - jedenfalls bezüglich der beworbenen Eigenschaft. So ist z.B. ein Preis immer relativ zum Markt als hoch oder niedrig einzustufen. Referenzpunkte fördern damit die Transparenz im Markt. Der These einer Erhöhung der Markttransparenz durch vergleichende Werbung wird nunmehr verschiedentlich entgegengehalten, die Freiheit in der Auswahl der zu vergleichenden Referenzpunkte durch den Werbenden selbst sowie die in aller Regel vorliegende Unvollständigkeit der Leistungsvergleiche, berge auch erhebliche Gefahren für die Transparenz[214]. Es kann freilich davon ausgegangen werden, dass das werbende Unternehmen den Vergleich auf die positiven Aspekte seines Unternehmens bzw. seiner Waren oder Dienstleistungen beschränkt, gleichsam nur den für ihn positiven Ausschnitt vergleicht. Eine vollständige Produkt- oder Marktübersicht ist mit Sicherheit unrealistisch. Es ist diese selektive Auswahl, die verschiedentlich die Befürchtung einer Täuschung der Verbraucher hervorruft und der vergleichenden Werbung eine wesensimmanente Gefahr für die Markttransparenz attestiert[215]. Diese Kritik geht jedoch fehl. Das Argument der Unvollständigkeit von Werbevergleichen kann vielmehr nur dann durchgreifen, wenn man als Maßstab ein *„realitätsfernes Idealbild von Werbung („first-best")*[216] anlegt. Vergleichende Werbung ist genauso vollständig bzw. unvollständig wie traditionelle Werbeformen. Die Motivation, das eigene Produkt in einem besonders hellen Licht erstrahlen zu lassen, unterscheidet den Werbevergleich in keiner Weise von den (in Deutschland) etablierten Werbeformen. Die Grenze zur Täuschung ist insoweit grundsätzlich die rechtliche Grenze der Irreführung der Verbraucher. Dabei kann das Bereitstellen aller relevanten Information nicht die Aufgabe von kommerzieller Werbung sein. Richtigerweise wird in diesem Zusammenhang von der vergleichenden Werbung als *„Mosaikstein auf dem Weg zur Markttransparenz*[217]*"* gesprochen. Vor diesem Hintergrund und dem Faktum, dass Werbevergleiche auch nicht schrankenlos zulässig sind, dürften die Leistungsvergleiche für die Verbraucher relativ zu anderen Werbemethoden einen Informationsgewinn bedeuten und damit eine Steigerung der Markttransparenz nach sich ziehen.

---

214 *Menke* GRUR 1993,718 (724).

215 *Meyer*, Die kritisierende vergleichende Werbung, 1991, S. 206 ff.

216 *Menke* GRUR 1993,718 (724).

217 *Eichmann*, Die vergleichende Werbung in Theorie und Praxis, 1967, S. 98.

III. Förderung des Wettbewerbs

1. Marktzutrittsschranken

Wie bereits im Rahmen der Werbeeffekte festgestellt, ist vergleichende Werbung das typische Werbemittel für Newcomer und Unternehmen mit einem geringen Marktanteil[218]. Ebenso empirisch belegt sind der hohe Aktivierungsrad sowie die guten Erinnerungswerte im Falle von humorvoller Werbung. Gerade Newcomern fällt es schwer im harten Kampf um Aufmerksamkeit gegenüber den Top-Marken aufzufallen und in Erinnerung zu bleiben. Der humorvolle Werbevergleich könnte aus diesem Grund das ideale Werbemittel für Newcomer sein. Insbesondere der - relativ zu ernsthafter und nicht-vergleichender Werbung - höhere Aufmerksamkeitsgrad, die besseren Erinnerungswerte und die Förderung positiver Emotionen gegenüber der beworbenen Marke sprechen dafür, mit Hilfe humorvoller Werbevergleiche die etablierten Unternehmen herauszufordern. Die Zurückhaltung der Marktführer beim Einsatz vergleichender Werbung erklärt sich zum einen mit der empirisch belegten Abnahme der positiven Werbeeffekte je marktmächtiger das werbende Unternehmen ist und zum anderen durch einen Blick auf die *„Unvollkommenheit“* der Märkte. *„Unvollkommene“* Märkte entstehen durch Intransparenz und geringe Produkthomogenität und sind insoweit eher die Regel denn die Ausnahme[219]. In diesen Märkten kann es sich lohnen durch kommerzielle Werbung den Versuch zu unternehmen, Präferenzen für eine Ware oder Dienstleistung zu erzeugen und auf diese Weise *„bei gleichem Preis eine höhere Absatzmenge zu erzielen bzw. die gleiche Menge zu höheren Preisen abzusetzen*[220]*.“* Die höchste Werbeintensität findet sich denn auch bei Markenartikelherstellern, deren Absatz in besonders ausgeprägtem Maße von der Höhe der eingesetzten Werbekosten abhängt[221]. Werbung möchte Präferenzen erzeugen, es geht den Werbenden weniger darum den Verbrauchern Informationen zur Verfügung zu stellen. Bei preislich und qualitativ sich entsprechenden Produkten werden Markenartikel mit immensem Aufwand beworben, wird versucht *„Markenloyalität“* zu stärken und auf diese Weise gleichsam die Intransparenz im Markt vergrößert. Wirtschaftswerbung kann damit durchaus auch durch das Hervorrufen einer gewissen *„Markenloyalität“*[222] Wettbewerbsstrukturen verfestigen. Vergleichende Werbung stellt diesbezüglich für

---

218 *Pechmann/Steward* (1997), S. 189; *Barrio-Garcia/ Luque-Martinez* (2003), S. 271.

219 Ein „vollkommener“ Markt ist z.B. der Milchmarkt.

220 Behrens, Absatzwerbung Bd. X, 1976, S. 24.

221 Ebda.

222 *Beck*, Volkswirtschaft, 5. Auflage, 2008, S. 158.

Newcomer und marktschwächere Unternehmen eine sehr gute Möglichkeit dar, solche Loyalitäten aufzubrechen. Die Werbeadressaten werden (s.o.) dem Angebot eines Newcomers eine größere Aufmerksamkeit schenken, wenn er seine Leistungen mit denen eines bekannten Mitbewerbers vergleicht. Durch die Bezugnahme auf das etablierte Unternehmen macht sich der Newcomer das Phänomen der Markenloyalität zu Nutze, da sich der Verbraucher ernsthafter und intensiver mit dem Leistungsangebot des Werbenden beschäftigt. Verbindet der Newcomer diesen Leistungsvergleich noch mit einem humorvollen, witzigen Inhalt, so ist die Erwartung eines effektiven Einsatzes von Werbemitteln besonders begründet.

Hierzu ein Beispiel:

Das Münchner Möbelhaus KARE warb vor einigen Jahren mit dem Werbespruch *Schraubst Du noch oder Lebst Du schon?"*. Durch die Abwandlung des bekannten Werbeslogans *„Wohnst Du noch oder Lebst Du schon?"* des Möbelhauses IKEA machte KARE den Mitbewerber IKEA mittelbar erkennbar. Die Werbeaussage war, der Kunde müsse bei KARE die Möbel und Einrichtungsgegenstände nicht selbst zusammenschrauben; ein maßgebliches Kennzeichen des IKEA-Geschäftsmodells. Die hohe Bekanntheit und Marktstärke von IKEA haben der Werbung des Münchner Möbelhauses eine ungemein hohe Aufmerksamkeit verschafft[223].

2. Beseitigung künstlicher Differenzierungen

Weiterhin kann der humorvolle Werbevergleich künstliche Produktdifferenzierungen beseitigen helfen. Auch dies würde zu einer Intensivierung des Wettbewerbs führen. Schon die Begründer der *„Freiburger Schule"*[224] wussten, der Unternehmer liebt nicht den freien Wettbewerb, sondern seine starke Stellung darin. Aus diesem Grunde kann die vergleichende Werbung für etablierte und marktstarke Unternehmen durchaus eine Bedrohung darstellen. Bieten zwei Unternehmen eine objektiv substituierbare Leistung an, das etablierte Unternehmen jedoch zu einem deutlich höheren Preis, so müsste – nach den

223 „Trotzdem hält Kare-Chef Peter Schönhofen die Kampagne für gelungen. „Viele Münchner haben sich bei uns am Telefon für die unterhaltende Anzeige bedankt." Der Kult-Prospekt musste sogar nachgeliefert werden. „Und wir haben dadurch jede Menge Neukunden gewonnen", sagt Schönhofen,", Welt am Sonntag am 3. August 2003.

224 Ordoliberalismus – Konzept einer marktwirtschaftlichen Wirtschaftsordnung, in der ein Ordnungsrahmen den Wettbewerb garantieren soll. Begründet insb. von Walter Eucken, Franz Böhm, Leonhard Miksch und Hans Großmann-Doerth.

marktwirtschaftlichen Grundregeln – das etablierte, teurere Unternehmen seinen Preis nach unten anpassen. Voraussetzung hierfür ist jedoch das Vorliegen von Markttransparenz. Ansonsten dürfte es dem Newcomer schwer fallen, den Markt von der Substituierbarkeit der Angebote zu überzeugen. Das etablierte Unternehmen könnte sich das Phänomen der „*Markenloyalität*" zu Nutze machen und auf objektiv gegebenen Wettbewerbsdruck mit noch mehr Werbung reagieren[225]. Sollte dem Verbraucher das günstigere Angebot zur Kenntnis gelangen, dürfte er dennoch – ganz im Sinne der Markenloyalität – die Austauschbarkeit der Produkte bezweifeln[226]. Allein die vergleichende Werbung kann dieser durch Werbung entstandenen künstlichen Produktdifferenzierung durch direkte Leistungsvergleiche wirksam entgegenwirken und so die Intensität des Wettbewerbs fördern.

IV. Stellungnahme

Die Erwartungen der Kommission sind damit durchaus begründet. Die spezifischen Merkmale vergleichender Werbung erlauben es von einer Steigerung der Markttransparenz und einer Förderung des Wettbewerbs auszugehen. Das Stilmittel des Humors dürfte diese Wirkungen mit Blick auf die dargestellten Werbeeffekte des Humors weiter verstärken, insbesondere durch das Erregen von Aufmerksamkeit. Die potentiellen Wirkungen eines Werbevergleichs für die Markttransparenz und die Marktstruktur bleiben theoretischer Natur, wenn es dem Werbenden nicht gelingt im Wettbewerb um die Aufmerksamkeit des Verbrauchers aufzufallen und haften zu bleiben. Damit kann die humorvolle Darstellung eines Werbevergleichs in einigen, natürlich aber nie allen Fällen, die positiven Effekte vergleichender Werbung verstärken.

§ 5 Rechtsprechungshistorie - Humor in der vergleichenden Werbung

A. Allgemeines

Möchte man sich den Grenzen und Möglichkeiten humorvoller Werbevergleiche in Deutschland nähern, so ist dies ohne eine umfassende Durchsicht der Rechtsprechung nicht denkbar. Wie gesehen hat sich ein humorvoller Werbevergleich insbesondere an die Grenzen der §§ 6 II Nr. 2, Nr. 4, Nr. 5 UWG zu halten. Wann überschreitet der humorvolle Werbevergleich aber die Grenze der

225 *Völp*, GRUR 1962, 178 (178).

226 *Haucap*, Werbung und Marketingorg.,1998, S. 95.

unlauteren Herabwürdigung? Und liegt auch keine Herabwürdigung vor, verstößt der humorvolle Werbevergleich – so amüsant er auch sein mag – nicht gegen den Objektivitätsgrundsatz? Es wird deutlich, der Gesetzgeber hat zwar bestimmte Leitplanken gesetzt, die genaue Richtung bestimmt aber die Rechtsprechung. Im Folgenden soll die deutsche Rechtsprechung insbesondere bezüglich ihres Umgangs mit dem Humor in der Werbung untersucht werden; dass es sich dabei nicht in jedem Einzelfall um einen Werbevergleich handelt, da die Gerichte eine unmittelbare oder mittelbare Erkennbarkeit von Mitbewerbern verneinten, ändert nichts an ihrer Bedeutsamkeit für die Untersuchung. Auch in diesen Fällen zeigt sich der Umgang der Rechtsprechung mit dem Humor in der Werbung. Weiterhin möchte der Autor nicht die einzelnen Entscheidungen in ihrer Vollständigkeit darstellen, sondern den Fokus allein auf jene Aspekte legen, die eine rechtliche Auseinandersetzung mit dem Humor in der Werbung darstellt.

B. Rechtsprechungsübersicht

I. Rechtsprechung des BGH

1. BGH, Urt. v. 12.7.2001 - *Preisgegenüberstellung im Schaufenster*[227]

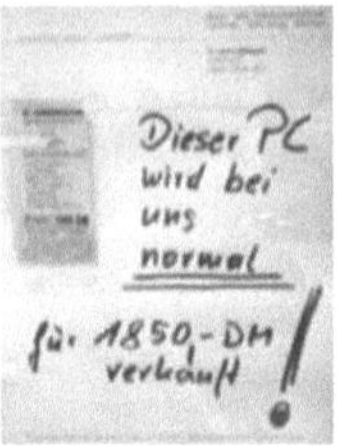

a) Der Sachverhalt
Die Klägerin hatte Anzeigen für einen bestimmten PC mit der Überschrift

> *„PC Sonderaktion- solange der Vorrat reicht"*

geschaltet. Als Preis wurde 1.999 DM angegeben. Diese Anzeigen nahm die Beklagte für eine eigene Werbeaktion zum Anlass. Sie stellte die Anzeige der Klägerin – vergrößert – in ihrem eigenen Schaufenster aus, verbunden mit dem handschriftlichen Hinweis

> *„Dieser PC wird bei uns normal für 1.850 DM verkauft!".*

227 BGH GRUR 2002, 72 ff. – *Preisgegenüberstellung im Schaufenster.*

Die Klägerin sah in dieser Form der Werbung einen unzulässigen Werbevergleich, da ihr Preis herabwürdigend mit dem der Beklagten verglichen würde. Das Landgericht und das Berufungsgericht sahen Klage als unbegründet an. Diese Beurteilung hielt auch der revisionsrechtlichen Nachprüfung durch den BGH stand.

b) Ausführungen des BGH

Im Kern hatte der BGH zu entscheiden, inwieweit es sich bei der Werbemaßnahme der Beklagten noch um einen zulässigen - humorvoll-ironisierende – Preisvergleich handelt bzw. ob gerade die ironischen Anklänge jene besonderen Umständen darstellen, die die Annahme einer unlauteren Herabwürdigung rechtfertigen. In einem Satz stellte der BGH lapidar fest: *„Bei der beanstandeten Schaufensterwerbung der Bekl. handele es sich um vergleichende Werbung*[228]*.“* Zu prüfen war nunmehr, ob dieser Werbevergleich einen unzulässigen herabsetzenden oder verunglimpfenden Werbevergleich nach § 6 II Nr. 5 UWG darstellte. Bei dem konkreten Werbevergleich handelt es sich um einen Preisvergleich. Der BGH machte erneut deutlich, dass nicht jede herabsetzende Wirkung eines Werbevergleichs die Unzulässigkeit zur Folge hat. So liege es im Wesen von Preisvergleichen, die eigenen Preisvorteile herauszustellen und damit gleichfalls die Preise der Konkurrenz herabzuwürdigen. Dies wisse der angesprochene Verkehr auch. Vielmehr empfinde er einen Preisvergleich *„als Ausdruck eines funktionierenden Preiswettbewerbs*[229]*.“* Der BGH verlangt aus diesem Grund besondere Umstände, die zu einem Preisvergleich hinzutreten müssen. Die Revision sieht in der Formulierung, der PC koste bei der Beklagten *„normal“* 1.850 DM und dem Unterstreichen des Wortes *„normal“* eine unlautere Herabwürdigung ihrer Preise. Auch der BGH erkennt die ironischen Anklänge in der Werbung der Beklagten. Indem sie eine Sonderpreisaktion der Klägerin in ihrem eigenen Schaufenster veröffentlicht und mit dem Kommentar versah, bei ihr sei dieser bestimmte PC *„normal“* zu einem niedrigeren Preis zu kaufen, sei eine ironisch-kritisierende Darstellung nicht zu leugnen. Der BGH hatte zu prüfen, ob dies bereits besondere Umstände darstellt, die die Annahme einer unlauteren Herabsetzung oder Verunglimpfung rechtfertigt. Hier war nun nach Auffassung des BGH maßgebend, ob sich der Werbevergleich noch in den Grenzen einer sachlich gebotenen Erörterung hält oder bereits eine pauschale Abwertung der fremden Erzeugnisse darstellt. Diese Bedingungen schlössen keineswegs Humor

228 BGH GRUR 2002, 72 - *Preisgegenüberstellung im Schaufenster.*
229 BGH GRUR 2002, 72 (73) - *Preisgegenüberstellung im Schaufenster.*

als Teil von Werbung – auch vergleichender – aus. Vielmehr stellte das Gericht fest, dass Werbung sogar zu einem nicht unerheblichen Teil von Humor lebt und begleitet wird[230]. Wo hier die Grenze zwischen leiser Ironie und nicht hinnehmbarer Herabsetzung liege, müsse sodann in jedem Einzelfall entschieden werden[231]. Solange der Werbende aber jedenfalls mit ironischen Anklängen lediglich Aufmerksamkeit und Schmunzeln erzeuge, mit ihnen aber keine Abwertung des Mitbewerbers verbunden sei, liege hierin noch keine unzulässige Herabsetzung oder Verunglimpfung[232]. Unter Berücksichtigung all dessen kam der BGH zu dem Ergebnis, dass die ironischen Anklänge der Werbung nicht genügen können, eine unlautere Herabsetzung zu begründen. So habe die Beklagte sachlich und wahrheitsgemäß die Preise für einen bestimmten PC vergleichend gegenübergestellt. Dieser zulässige Preisvergleich[233] werde nicht dadurch unzulässig, dass der wahrheitsgemäße Sachverhalt – die Beklagte biete auch außerhalb einer Sonderaktion einen bestimmten PC günstiger an als der Mitbewerber – mit einer gewissen Ironie dargestellt werde. Insbesondere da die Ironie sich aus dem Darstellen eines neutralen Sachverhalts ergebe und der Werbende dies lediglich aufgreife.

2. Urt. v. 17.1.2002 – *Lottoschein*[234]

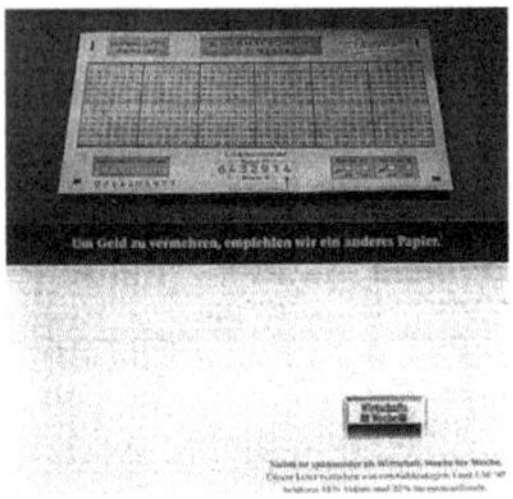

a) Der Sachverhalt

Die Beklagte, ein Verlagsunternehmen, bewarb die *Wirtschaftswoche*" mit einer Werbeanzeige. Abgebildet war ein Lottoschein, unterlegt mit dem Text:

230 BGH GRUR 2002, 72 (74) – *Preisgegenüberstellung im Schaufenster; Eck/Ikas,* WRP 1999, 251 (270).

231 *Tilmann, GRUR 1997, 790 (797).*

232 BGH GRUR 2002, 72 (74) – *Preisgegenüberstellung im Schaufenster*; *Eck/Ikas*, WRP 1999, 251 (270).

233 BGH GRUR Int 1999, 453- *„Vergleichen Sie"*.

234 BGH GRUR 2002, 828 ff. – *Lottoschein.*

„Um Geld zu vermehren empfehlen wir Ihnen ein anderes Papier.“

Die Klägerin, eine Lottospielbetreiberin, fühlte sich durch diese Werbung in unlauterer Weise nach § 6 Abs. 2 Nr. 5 UWG herabgesetzt. Während das Landgericht dem Klagebegehren stattgab, erachtete das Berufungsgericht die Klage als unbegründet. Der BGH sah im Ergebnis zwar ebenfalls keine unlautere Herabsetzung, verneinte aber bereits das Vorliegen eines Werbevergleichs.

b) Ausführungen des BGH

Zunächst verneinte der BGH das Vorliegen eines Werbevergleichs i.S.v. § 6 UWG. Ein Werbevergleich liege vor, wenn die Werbung einen Mitbewerber im Zuge eines Vergleichs unmittelbar oder mittelbar erkennbar machen würde. In diesem konkreten Falle sah der BGH in der Klägerin aber keine Mitbewerberin der Beklagten. Es fehle insoweit an einem konkreten Wettbewerbsverhältnis[235]. Die Anzeige war aus diesem Grund unter dem Gesichtspunkt einer pauschalen Herabsetzung nach §§ 1, 3 UWG zu überprüfen. Hierzu stellte das Gericht zunächst fest, dass Werbung zu einem nicht unerheblichen Teil von Humor und Ironie lebt und begleitet wird.

> *„Solange der Werbende mit ironischen Anklängen nur Aufmerksamkeit und Schmunzeln erzielt, mit ihnen aber - weil der Verkehr die Aussage nicht wörtlich und damit ernst nimmt - keine Abwertung des konkurrierenden Angebots verbunden ist, liegt darin noch keine unzulässige Herabsetzung oder Verunglimpfung[236].“*

Bezüglich einer Herabsetzung durch die Werbeanzeige führte die Klägerin aus, die Anzeige stelle das Lottospiel und damit das Geschäftsmodell der Klägerin als reine Geldverschwendung dar. Die Grenzen der humorvollen Werbung seien damit klar überschritten worden. Der BGH schloss sich dieser Ansicht nicht an. Zum einen *„empfehle“* die Beklagte lediglich *„ein anderes Papier“* zur Geldvermehrung; so werde das Lottospiel nicht als *„sinnlose Geldverschwendung“*[237] dargestellt, sondern nur eine Alternative angeboten. Zum anderen sei festzuhalten, dass die Werbung in nicht unerheblicher Weise vom Humor lebe und die humorvolle Einkleidung einer Werbeaussage zulässig sei. Solange der Werbende mit ironischen Anklängen nur Aufmerksamkeit und Schmunzeln erziele und der angesprochene Verkehr die Aussagen nicht wörtlich und damit ernst nehme, sei eine unzulässige Herabsetzung abzulehnen[238]. Die humorvoll dargestellte

---

235 BGH GRUR 2002, 828 (829) – *Lottoschein.*

236 BGH GRUR 2002, 828 (830) – *Lottoschein.*

237 BGH GRUR 2002, 828 (830) – *Lottoschein.*

238 BGH GRUR 2002, 828 (830) – *Lottoschein.*

Empfehlung eines anderen Papieres entspreche noch keiner unzulässigen Herabsetzung des Angebots der Klägerin.

3. Urt. v. 25.4.2002 – *Die „Steinzeit" ist vorbei!*[239]

a) Der Sachverhalt

Die Klägerin – der Interessenverband der Bayrischen Ziegelindustrie – wandte sich hier auf gerichtlichem Wege gegen den Werbeslogan

> *„Die ‚Steinzeit ist vorbei'"*

eines Herstellers von Häusern in Holzbauweise. Die Klägerin sah hierin eine pauschale Herabsetzung der Bauweise mit Ziegelsteinen. Während das Landgericht die Klage abwies, verurteilte das Berufungsgericht die Beklagte antragsgemäß. Die Revision hiergegen vor dem BGH hatte Erfolg.

b) Ausführungen des BGH

Der BGH stellte zunächst fest, dass hier kein Fall vergleichender Werbung i.S.v. § 2 UWG vorliegt. Es werde kein Mitbewerber unmittelbar oder mittelbar erkennbar gemacht. Es könne nicht davon ausgegangen werden, dass sich hier die Bezugnahme auf einen oder mehrere Mitbewerber förmlich aufdrängt. Die Neigung des angesprochenen Verkehrs, eine allgemein gehaltene Werbeaussage auf bestimmte Mitbewerber zu beziehen sei dabei umso geringer, je größer der Kreis der in Betracht kommenden Mitbewerber sei[240].

Auch eine pauschale Abwertung nach § 1 UWG verneint der BGH. Die Revision rügt die Bewertung der Berufungsinstanz, der angesprochene Verkehr verstehe den Werbesatz dahingehen, die Steinbauweise sei *„genauso antiquiert, überholt und vorbei"*[241] wie die geschichtliche Steinzeit. Vielmehr erkenne der informierte und verständige Verbraucher den *„Sprachwitz"*[242] des Werbesatzes und dass es sich lediglich um ein *„humorvolles Wortspiel"*[243] handele, um die Aufmerksamkeit des Verkehrs zu wecken. Es könne nicht davon ausgegangen werden, dass der informierte Verbraucher dem in Frage stehenden Werbesatz überhaupt eine ernstzunehmende Sachaussage entnehme[244]. Eine pauschale Herabsetzung liege damit aus der Sicht des angesprochenen Verkehrs nicht vor.

---

239 BGH NJW 2002, 3399 – *„Die ‚Steinzeit' ist vorbei!"*
240 BGH NJW 2002, 3399 (3400) – *„Die ‚Steinzeit' ist vorbei!"*
241 BGH NJW 2002, 2399 (3400) – *„Die ‚Steinzeit' ist vorbei!"*
242 BGH NJW 2002, 2399 (3401) - *„Die ‚Steinzeit' ist vorbei!"*
243 Ebda.
244 BGH NJW 2002, 2399 (3401) - *„Die ‚Steinzeit' ist vorbei!"*

1. OLG München, Urt. v. 16.9.1999 – Vergleichende Werbung zwischen Leitungswasser und Mineralwasser[245].

a) Der Sachverhalt

Die Parteien stritten über die Zulässigkeit einer Plakataktion der Münchner Stadtwerke mit dem Werbespruch

> *„Hängen Sie noch an der Flasche? Wir liefern Ihnen frisches Quellwasser direkt ins Haus, den Kasten für 1,7 Pfennige. Zapfen Sie selbst! [..]“*

verbunden mit der Abbildung eines aus einer Flasche hervorgehenden Wasserhahns. Der Fachverband der Deutschen Mineralbrunnen sah in dem Werbetext *„Hängen Sie noch an der Flasche?“* eine unlautere herabsetzende vergleichende Werbung. Das Landgericht wies die Klage ab, dagegen hatte die Berufung Erfolg.

b) Ausführung des OLG

Das OLG München sah den Anwendungsbereich des § 6 UWG als eröffnet an, da die Werbung bestimmte Mitbewerber und die von ihnen angeboten Waren hinreichend erkennbar mache. Der Werbevergleich beziehe sich auf alle Anbieter von in Flaschen abgefülltem Mineralwasser. Die Mitglieder des Fachverbands der Deutschen Minderalbrunnen seien Anbieter von Mineralwasser und würden durch den Werbespruch hinreichend erkennbar gemacht[246]. Der Auffassung der Beklagten, eine nur allgemeine Bezugnahme auf das Produkt Mineralwasser könne nicht genügen, folgte das OLG München nicht. Das Herabsetzen einer ganzen Produktgattung reiche insoweit für das Erkennbar Machen der Anbieter der Produktgattung aus. Das Berufungsgericht hatte somit zu prüfen, ob der Werbevergleich die Voraussetzungen des § 6 Abs. 2 UWG erfüllte. Im Ergebnis sah das Gericht in der vergleichenden Werbung aufgrund der Formulierung *„Hängen Sie noch an der Flasche“* einen unlauteren, die Anbieter von Mineralwasser pauschal herabsetzenden Werbevergleich. Bei der fraglichen Formulierung handele es sich um eine umgangssprachliche Umschreibung für

245 OLG München NJWE-WettbR 2000, 177 ff. – *Vergleichende Werbung zwischen Leitungswasser und Mineralwasser.*

246 OLG München NJWE-WettbR 2000, 177 – *Vergleichende Werbung zwischen Leitungswasser und Mineralwasser.*

Alkoholabhängigkeit. Die geweckten Assoziationen mit *„Sucht"* und *„Abhängigkeit"* seien ausschließlich negativ und beschrieben einen Zustand, den man überwinden möchte[247].

Weiterhin setzte sich das Gericht setzt in seiner Urteilsbegründung auch mit der Auffassung des Beklagten auseinander, bei dem Werbespruch handele es sich um ein Wortspiel. Nach der Rechtsauffassung des Gerichts, ändere dies aber nichts an der herabsetzenden Wirkung der Werbung. Auch ein *„ironisch-plakatives Wortspiel"*[248] dürfe die Grenzen zur Unsachlichkeit nicht überschreiten. Diese Grenze sieht das Gericht offensichtlich als überschritten an.

2. OLG Jena, Urt. v. 28.2.2002 - *Fremdgehen*[249]

a) Der Sachverhalt

Als Parteien standen sich hier Unternehmen aus dem Gebiet der Unterhaltungselektronik gegenüber. Die Klägerin bewarb in einer Zeitungsanzeige zwei Farbfernseher zum Preis von 899 DM bzw. 1999 DM. Daraufhin schaltete die Beklagte ebenfalls eine Anzeige, die jedoch einen Ausschnitt der Werbung der Klägerin zeigte. Überschrieben war die Anzeige des Beklagten mit dem Satz

> *„Fremdgehen kann teuer werden".*

Die Überschrift und der Ausschnitt der Anzeige der Klägerin waren schließlich durch einen Pfeil miteinander verbunden. Unter dem Ausschnitt der Anzeige der Klägerin waren die Angebote der Beklagten für die entsprechenden Farbfernseher - Verkaufspreis 849 DM bzw. 1699 DM – abgebildet. Die Klägerin sah ihre Angebote durch diese Werbung herabgesetzt und verunglimpft. Das Landgericht gab dem Antrag der Klägerin statt, die Berufung hiergegen blieb erfolglos.

b) Ausführungen des OLG

Da die Werbung der Beklagten die Klägerin durch einen Vergleich von Preisangeboten unmittelbar erkennbar mache, liege ein Werbevergleich i.S.v. § 6 UWG vor[250]. Das Gericht hatte damit zu prüfen, ob tatsächlich solche besonderen Umstände vorliegen, die die Annahme einer unlauteren Herabsetzung oder

---

247 NJWE-WettbR 2000, 177 (178) – *Vergleichende Werbung zwischen Leitungswasser und Mineralwasser.*

248 NJWE-WettbR 2000, 177 (178) – *Vergleichende Werbung zwischen Leitungswasser und Mineralwasser.*

249 OLG Jena GRUR-RR 2003, 254 ff. – *Fremdgehen.*

250 OLG Jena GRUR-RR 2003, 254 – *Fremdgehen.*

Verunglimpfung rechtfertigen. Das Gericht wies darauf hin, dass ein Preisvergleich grundsätzlich zulässig sei. Die Unlauterkeit des Werbevergleichs könne sich aber daraus ergeben, dass zu dem grundsätzlich zulässigen Preisvergleich besondere Umstände hinzugetreten seien, die den Vergleich in unangemessener Weise abfällig, abwertend oder unsachlich erscheinen ließen. In dem konkreten Fall sah das Gericht in der Art der Darstellung des Werbevergleichs einen besonderen Umstand im obigen Sinne. Das OLG Jena befand, dass die Überschrift „*Fremdgehen kann teuer werden*" den Mitbewerber in unlauterer Weise herabsetze. Der Einkauf beim Mitbewerber werde mit „*Fremdgehen*" in Zusammengebracht und somit die freie Verbraucherentscheidung für ein Unternehmen negativ gekennzeichnet[251]. Die Vokabel „*Fremdgehen*" stehe umgangssprachlich für einen sexuellen Kontakt zu einer anderen Person als dem festen Partner und enthalte einen „*negativen Beigeschmack*"[252]. Da die Kunden nicht nur generell vor dem „*Fremdgehen*", sondern ausdrücklich vor einem „*Fremdgehen*" bei der Klägerin gewarnt werden, werde die Beziehung zwischen Klägerin und Verbraucher in einen negativen Kontext gesetzt, gleichsam moralisch diskreditiert. Mithin suggeriere die Beklagte durch die Überschrift „*Fremdgehen kann teuer werden*", dass die Angebote der Klägerin generell teurer seien. Zwar könne einem wahrheitsgemäßer Preisvergleich nicht entgegengehalten werden, er stelle das Angebot des Mitbewerbers als generell überteuert dar; in dem konkreten Fall werde im Ergebnis aus der Sicht des angesprochenen Verkehrs durch den Preisvergleich und die Überschrift „*Fremdgehen kann teuer werden*" genau diese Aussage getätigt[253]. Auch die Tatsache, dass es sich bei der Überschrift um ein Wortspiel handelt, führe zu keiner anderen Bewertung. Das Gericht setzt sich nicht etwa mit der Frage auseinander, ob der Verkehr die Aussage überhaupt wörtlich und damit ernst nehme, sondern sieht in der von der Werbung provozierten Reaktion des „*Schmunzelns*"[254] gerade einen Beweis dafür, dass der Verkehr mit dem Wortspiel etwas Negatives assoziiere. Das Schmunzeln erfolge damit „*auf Kosten des Mitbewerbers*"[255] und sei somit unzulässig. Des Weiteren nahm das Gericht auch an dem in der Anzeige abgebildeten Pfeil Anstoß, welcher die Überschrift der Werbung mit den Angeboten der Klägerin verband. So

251 Ebda.
252 Ebda.
253 OLG Jena GRUR-RR 2003, 254 – *Fremdgehen.*
254 OLG Jena GRUR-RR 2003, 254 (255) – *Fremdgehen.*
255 Ebda.

werde nach Auffassung des Gerichts auf die Klägerin *„mit dem Finger gezeigt“*[256], was ebenfalls einer unlauteren Herabsetzung entspreche.

3. OLG Hamburg, Urt. v. 6.3.2003 – *Müsli-Riegel*[257]

a) Der Sachverhalt

Die Klägerin – Herstellerin des Müsliriegels *„CORNY“* – sah sich durch die Werbung der Beklagten für das Produkt *„Kinder Country“* in unlauterer Weise herabgewürdigt. Aus diesem Grund handele es sich somit um einen unzulässigen Werbevergleich. Der im TV ausgestrahlte Werbespot zeigte zwei im Freien sitzende Büroangestellte, die einen überdimensionalen, biegsamen und vor Staub sprühenden Getreideriegel in den Händen halten. In Textform heißt es dazu:

> *„Hätten wir „kinder country“ zäh wie Gummi und staubtrocken gemacht, sollten die Büros besser im Freien sein.“*

Hatte das Landgericht der Klage noch stattgegeben, folgte das Berufungsgericht dieser Auffassung nicht folgen.

b) Ausführungen des OLG

Nach Ansicht des Gerichts handelte es sich bei dem fraglichen TV-Werbespot weder um einen Werbevergleich i.S.v. § 6 UWG, noch um eine – dann denkbare – pauschale Herabsetzung nach §§ 1, 3 UWG. Ein Werbevergleich sei abzulehnen, da es insoweit an einer wenigstens mittelbaren Bezugnahme auf einen oder mehrere Mitbewerber fehle[258]. Der Markt für Müsliriegel stelle sich dabei durchaus nicht so klar strukturiert dar, dass sich bei einem Werbespot über Müsliriegel die Bezugnahme auf die Klägerin geradezu aufdränge[259]. Maßgeblich für die Frage, ob eine Werbeaussage eine pauschale Herabsetzung nach §§ 1, 3 UWG enthält sei, ob sich diese noch in den Grenzen einer sachlich gebotenen Auseinandersetzung halte oder die Konkurrenz pauschal und unsachlich herabwürdigt werde. Die Werbeaussage des Beklagten sei hier humorvoll gestaltet. Die Annahme einer unsachlichen Werbeaussage setze aus diesem Grund zunächst voraus, dass der durchschnittlich informierte und verständige Verbraucher,

---

256 Ebda.

257 OLG Hamburg GRUR-RR 2003, 251 ff. - *Müsli*

258 OLG Hamburg GRUR-RR 2003, 251 – *Müsli.*

259 Der Kläger legte selbst dar, dass ein vielfältiges Angebot an Müsliriegeln bestehe. Und selbst wenn der unterstellte Marktanteil von *„Corny“* Riegeln bei den vorgetragenen 80 % liege, führe dies nach Ansicht des Senats noch nicht dazu, *„dass der Verkehr die Gattung Müsliriegel gleichsam mit dem Produkt der Klägerin gleichsetzt.“*, GRUR-RR 2003, 251 (252).

auf dessen Sichtweise es für die Beurteilung des Verkehrsverständnisses ankomme, der humorvollen Darstellung überhaupt eine ernsthafte Sachaussage entnehme[260]. Nach Ansicht des OLG Hamburg muss dies verneint werden. Die Klägerin nehme an der Darstellung des Getreideriegels Anstoß. Eben diese Darstellung sei aber derart unrealistisch und übertrieben, dass der Verkehr nach verständiger Würdigung hierin nur noch eine Karikatur eines fiktiven Fantasieprodukts erkennen könne. Letztlich würde der angesprochene Verkehr den übergroßen und staubtrockenen Getreideriegel als Behelf ansehen, Aufmerksamkeit für die eigentliche Werbebotschaft zu erlangen[261]. Eine Herabsetzung sei somit abzulehnen.

4. OLG Frankfurt, Urt. v. 25.11.2004 - Vergleich mit einem Stachelschwein[262]

a) Der Sachverhalt

Der Ausgangspunkt des Rechtsstreits waren hier zwei TV-Werbespots für feuchtes Toilettenpapier. Die Werbespots verbanden die Frage

> *„Fühlen sich manche feuchten Toilettenpapiere nicht ein bisschen steif an?“*

mit der Darstellung eines Stachelschweins bzw. den Bürsten einer Autowaschanlage. In beiden Werbepots wurde ausdrücklich ein Vergleich mit einem *„herkömmlichen Produkt auf Papierbasis“* vorgenommen. Das Landgericht wertete diese Form der Werbung als einen unzulässigen Werbevergleich nach § 6 Abs. 1, 2 Nr. 5 UWG. Das Berufungsgericht bestätigte dieses Urteil.

b) Ausführungen des OLG Frankfurt

Das OLG Frankfurt sah die beiden lauterkeitsrechtlich zu überprüfenden Werbespots im Anwendungsbereich der vergleichenden Werbung gemäß § 6 Abs. 1 UWG. Dabei war höchstens die Frage ungewiss, ob die werblichen Äußerungen einen oder mehrere Mitbewerber unmittelbar oder mittelbar erkennbar machen. Das OLG verwies hierzu auf die Rechtsprechung des BGH, wonach sich eine Bezugnahme förmlich aufdrängen müsse. Dabei sei die Neigung der Mitbewerber, eine allgemein gehaltene Werbeaussage mit einzelnen Mitbewerbern in Beziehung zu bringen umso geringe, je größer der Kreis der in Betracht

260 BGH GRUR-RR 2003, 251 (252) – *Müsli.*

261 BGH GRUR-RR 2003, 251 (252, 253) – *Müsli.*

262 OLG Frankfurt GRUR-RR 2005, 137 ff. – *Vergleich mit Stachelschwein.*

kommenden Mitbewerber sei[263]. Das OLG sah in dem vorliegenden Fall – auch durch die ausdrückliche Bezugnahme auf ein *„herkömmliches Produkt auf Papierbasis"*[264] – eine mittelbare Identifizierung des Ast. Dieser besitze auf dem relevanten Markt für feuchtes Toilettenpapier eine derart starke Stellung, dass seine Produkte zuweilen als Bezeichnung für die gesamte Warengattung benutzt würden. Der Ast. werden demzufolge durch die fraglichen Werbespots mittelbar erkennbar gemacht[265]. Mit der Annahme einer vergleichenden Werbung hatte das Gericht nun zu entscheiden, ob die Werbespots auch den Anforderungen des § 6 Abs. 2 UWG genügen. Konkret stand die hinreichende Berücksichtigung von § 6 Abs. 2 Nr. 2 und Nr. 5 UWG in Zweifel. Das Vorliegen von § 6 Abs. 2 Nr. 2 UWG – der Vergleich muss sich objektiv auf eine oder mehrere wesentliche, relevante, nachprüfbare und typische Eigenschaften beziehen - bejahte das Gericht in knappen Worten: Die Werbung beziehe sich durchaus auf eine nachprüfbare Eigenschaft i.S.v. § 6 Abs. 2 Nr. 2 UWG[266]. Das OLG verweist insoweit lediglich auf das Urteil des BGH *Genealogie der Düfte*[267]. Einen größeren Wert legte das Gericht auf die Auseinandersetzung mit der Frage, ob die Werbespots möglichweise eine unlautere Herabsetzung des identifizierten Mitbewerbers darstellten. Der BGH wiederholt an dieser Stelle seine in dem Urteil *Preisgegenüberstellung*[268] aufgestellten Voraussetzungen für eine unlautere Herabsetzung im Falle humorvoller vergleichender Werbung. Die diesbezüglich entscheidende Frage der Abgrenzung zwischen *„leiser Ironie und nicht hinnehmbarer Herabsetzung"*[269] sei stets eine Frage sorgfältiger Prüfung in jedem Einzelfall. Für die fraglichen Werbespots bedeute dies, dass die rhetorische Frage *„Fühlen sich manche feuchte Toilettentücher nicht ein bisschen steif (bzw. hart) an?"* verbunden mit der Darstellung

263 OLG Frankfurt GRUR-RR 2005, 137 – *Vergleich mit Stachelschwein;* GRUR 2002 982 (983) – *Die „Steinzeit" ist vorbei.*

264 OLG Frankfurt GRUR-RR 2005, 137 – *Vergleich mit Stachelschwein.*

265 Ebda.

266 OLG Frankfurt GRUR-RR 2005, 137 – *Vergleich mit Stachelschwein.*

267 BGH GRUR 2004, 607 (611 f.) – *Genealogie der Düfte;* Hier hatte der BGH zum einen festgestellt, dass der Begriff der Eigenschaft i.S.d. § 6 II Nr. 2 UWG weit zu verstehen sei. Entscheidend sei, ob der angesprochene Verkehr aus der Angabe eine nützliche Information für die Entscheidung erhalten kann, ob dem Erwerb der angebotenen Ware oder Dienstleistung nähergetreten werden soll. Die Nachprüfbarkeit einer solchen Eigenschaft liege mithin vor, wenn die Aussage jedenfalls einen Tatsachenkern enthält, dessen Richtigkeit durch einen Sachkundigen überprüft werden könne, BGH GRUR 2004, 607 (612).

268 BGH GRUR 2002, 72 (74) – *Preisgegenüberstellung im Schaufenster.*

269 OLG Frankfurt GRUR-RR 2005, 137 (138) – *Vergleich mit Stachelschwein.*

eines Stachelschweins respektive den Bürsten einer Autowaschanlage, die Grenze zur unlauteren Herabsetzung überschreite[270]. Die TV-Werbespots würden die Konkurrenzprodukte in unangemessener Weise abfällig, abwertend oder unsachlich erscheinen lassen. Der durchschnittlich informierte, situationsadäquat aufmerksame und verständige Durchschnittsverbraucher gehe zwar sicherlich nicht davon aus, die Konkurrenzprodukte seien tatsächlich so steif wie die Stacheln eines Stachelschweins und so hart wie die Bürsten einer Waschanlage; gleichwohl wolle die humorvolle Darstellung des Werbevergleichs nicht allein Aufmerksamkeit und Schmunzeln erzeugen, sondern vielmehr in der Quintessenz den Gebrauch der Konkurrenzprodukte als *„unangenehm"*[271] darstellen. Dabei beinhalte der Werbespot sowohl eine sachliche Kernaussage, als einen humorvollen Teil. Nach Auffassung des Gerichts können diese beiden Teile bei der lauterkeitsrechtlichen Bewertung aber nicht getrennt werden, da der angesprochene Verkehr den Werbespot auch nur in seiner Gesamtheit wahrnehme[272]. Die satirische und überzeichnete Darstellung eines sachlichen Werbevergleichs führe hier dazu, dass im Ergebnis die Konkurrenzprodukte aus der Sicht des angesprochenen Verkehrs unlauter nach § 6 Abs. 2 Nr. 5 UWG herabgewürdigt würden.

5. OLG Hamburg, Urt. v. 25.5.2004 – *„Babes und Zicken"*[273]

a) Der Sachverhalt

Folgender Sachverhalt lag dem Rechtsstreit hier zugrunde: Die Antragsgegnerin - zugleich Herausgeberin der Männer-Zeitschrift *„Mens Health"* - hatte bei einer Marktforschungsagentur eine Studie in Auftrag gegeben, die sich mit dem *„projektiven Männerbild"* von fünf Männerzeitschriften auseinandersetzen sollte. Dabei wurde auch die von der Antragsstellerin verlegte Zeitschrift „FHM" untersucht. Die Ergebnisse der Studie waren zum einen auf einer für die Anzeigenwirtschaft bestimmten Seite im Internet abrufbar und ist zum anderen von der Antragsgegnerin gegenüber Werbeagenturen und Marketingabteilungen verwendet worden.

In dem Abschnitt der Studie zum „FHM-Mann" hieß es u.a.:

> *„Der FHM-Mann ist ein trotziger Bursche: Will sich nicht waschen, will nicht kochen, will nicht verreisen, will nicht arbeiten. Sex will er schon, aber nur ohne Gezicke. [..] Das Männerbild der FHM zeigt der sozialen Moderne fröhlich den Mittelfinger und sagt: „Ich Tarzan, Du Jane"."*

---

270 Ebda.

271 Ebda.

272 OLG Frankfurt GRUR-RR 2005, 137 – *Vergleich mit Stachelschwein.*

273 GRUR-RR 2004, 259 ff. – *„Babes und Zicken".*

Die Klägerin hielt diese Werbung sowohl für unlauter nach § 6 Abs. 2 Nr. 2 als auch nach § 6 Abs. 2 Nr. 5 UWG. Das Landgericht aber lehnte den Erlass einer einstweiligen Verfügung ab, da mit überwiegender Wahrscheinlichkeit keine wettbewerbswidrige vergleichende Werbung vorläge. Die Berufung vor dem OLG Hamburg blieb ebenfalls erfolglos.

b) Ausführungen des OLG Hamburg

Das OLG Hamburg prüfte zunächst die Frage, ob in dem konkreten Fall überhaupt eine Wettbewerbshandlung vorlag. Das Verwenden der Studie gegenüber Anzeigenkunden müsse demnach objektiv eine Handlung darstellen, die geeignet sei, dem Absatz oder Bezug zum Nachteil eines anderen zu begünstigen subjektiv mit der Absicht vorgenommen worden sein, den eigenen oder fremden Wettbewerb zu fördern. Das OLG Hamburg bestätigte dem Antragssteller das Vorliegen einer solchen Wettbewerbshandlung. Das einer Männerzeitschrift zugeschriebene Männerbild sei mit überwiegender Wahrscheinlichkeit objektiv dazu geeignet, das Anzeigengeschäft der betreffenden Zeitschrift zu beeinflussen. Auch könne hier die Absicht den eigenen oder fremden Wettbewerb zu fördern nicht ernsthaft bezweifelt werden, wenn die Studie auf dem Titelblatt der Zeitschrift der Antragsgegnerin beworben wird und die Antragsgegnerin sich auch noch zu ihrer Stellung als Auftraggeberin der Studie bekennt. Die Antragsgegnerin mache sich die Studie damit zu Eigen und habe sie *„ebenso zu verantworten wie z.B. eine von ihr selbst konzipierte Werbung.*[274]" Da das Produkt der Antragsstellerin – die Zeitschrift „FHM" - im Zuge eines Vergleichs unmittelbar erkennbar gemacht werde, liege auch eine vergleichende Werbung nach § 6 UWG vor. Der Werbevergleich verstößt nach Auffassung des OLG Hamburg auch nicht gegen § 6 Abs. 2 Nr. 2 UWG. Hierzu führte das Gericht aus, bei dem in den Studien dargestellten Männerbild handele es sich um eine *„Eigenschaften"* der Zeitschriften. Es gehe bei dem Vergleich des Männerbildes um einen Vergleich der Leserschaft der jeweiligen Zeitschrift[275]. Weiterhin müssen die verglichenen Eigenschaften auch *„nachprüfbar"* sein. Insoweit sei es ausreichend, wenn die verglichenen Eigenschaften einen Tatsachenkern beinhalten. Auch erfordere das Merkmal der Nachprüfbarkeit nicht zwingend, dass der Verbraucher selbst in der Lage sei, die fragliche Eigenschaft nachzuprüfen. In dem vorliegenden Fall sei eine Nachprüfbarkeit gegeben, da die konkreten

---

274 GRUR-RR 2004, 259 – *„Babes und Zicken".*

275 GRUR-RR 2004, 259 (260) – *„Babes und Zicken".*

Hefte genannt würden, die der Studie zugrunde lägen[276]. Ausführlich nimmt das OLG Hamburg nun zu dem Merkmal der Objektivität[277] Stellung. Das Gericht betonte an dieser Stelle, dass aber das Erfordernis der Objektivität nicht bereits dann verletzt sei, wenn der Vergleich Wertungen enthalte. Die entscheidende Frage sei hier vielmehr, ob der Vergleich trotz der *„zugespitzten und ironisierenden Formulierung"* noch als *„objektiv"* gewertet werden könne[278]. An dieser Stelle verwies das Gericht nun auf das Grundrecht der Meinungsfreiheit nach Art. 5 Abs. 1 S. 1 GG[279]. Die Studie falle in den Schutzbereich der Meinungsäußerungsfreiheit. Werde in einer bestimmten Meinungsäußerung ein wettbewerbswidriges Verhalten gesehen, so müsse geprüft werden, ob eine Einschränkung der Meinungsfreiheit gerechtfertigt sei und ob die angegriffene Äußerung als so schwerwiegend angesehen werden müsse, dass sie eine hinreichende Gefahr für das Funktionieren des Leistungswettbewerbs darstelle. Unter Beachtung dieser verfassungsrechtlichen Vorgaben kam das OLG Hamburg nunmehr zu dem Ergebnis, dass die fragliche Studie von der Meinungsfreiheit gedeckt sei und es nicht als überwiegend wahrscheinlich angesehen werden könne, dass durch die Verwendung der Studie gegenüber den Anzeigenkunden ein funktionierender Leistungswettbewerb gefährdet sei[280]. Maßgeblich für das Gericht waren insoweit insbesondere folgende Erwägungen:

Die Studie werde von dem angesprochenen Verkehr als Ganzes zur Kenntnis genommen. Einzelne Aussagen verlören an Gewicht, da sich aus der Gesamtheit der Studie ergebe, dass weder die tatsächliche Leserschaft der „FHM" noch die Qualität der Redaktion untersucht worden sei. Außerdem zeige sich als durchgängige Methode, dass die Männerbilder der verschiedenen Zeitschriften mit ironisch-sarkastischer Überspitzung bewertet werden, was das Gericht ebenfalls als mildernden Umstand ansieht. Schließlich wurde noch der Untersuchungsgegenstand – das Männerbild verschiedener Zeitschriften – berücksichtigt und eine Gefährdung des Leistungswettbewerbs letztlich abgelehnt[281].

---

276 Ebda.

277 Zum Zeitpunkt der Entscheidung wurde dieses Merkmal noch i.S. eines Sachlichkeitsgrundsatzes verstanden - BGH GRUR 1999, 69 (71).

278 GRUR-RR 2004, 259 (260) – *„Babes und Zicken".*

279 GRUR-RR 2004, 259 (262) – *„Babes und Zicken".*

280 GRUR-RR 2004, 259 (262) – *„Babes und Zicken".*

281 Ebda.

Schließlich verstoße die Verwendung der Studie auch nicht gegen § 6 Abs. 2 Nr. 5 UWG. Wiederum müsse eine etwaige Wettbewerbswidrigkeit hinter dem Schutz der Meinungsäußerungsfreiheit zurückstehen[282].

6. OLG Frankfurt, Urt. v. 10.3.2005 – *„Na..auch T-Aktionär?"*[283]

a) Der Sachverhalt

Gegenstand des Verfahrens war eine Werbung eines Telekommunikationsanbieters. Dieser Vergleich seiner Tarife mit denen der Klägerin unter der Überschrift vergleichen: *„Na...auch T-Aktionär?"* Die Klägerin beanstandete diese Werbung u.a. unter dem Aspekt der unlauteren Herabsetzung oder Verunglimpfung. Das Landgericht wies die Klage ab, die Berufung vor dem OLG Frankfurt hatte dagegen Erfolg.

b) Ausführungen des OLG

Das OLG Frankfurt hatte sich somit mit der Frage auseinanderzusetzen, ob es sich durch die Verbindung der Überschrift *„Na...auch T-Aktionär?"* mit dem grundsätzlich zulässigen Preisvergleich um eine herabsetzende vergleichende Werbung gemäß § 6 Abs. 2 Nr. 5 UWG handelte. Nach Meinung des Gerichts knüpfe die Aussage *Na...auch T-Aktionär?"* an die bekannte Tatsache an, dass zahlreiche Aktionäre der Klägerin ihre Aktien zu einem deutlich höheren Stückpreis erworben und aus diesem Grunde z.T. herbe wirtschaftliche Verluste hinzunehmen hatten[284]. Da die Beklagte neben dieser Überschrift einen für die Klägerin unvorteilhaften Preisvergleich von Telefontarifen veröffentlichte, sei die Hauptaussage der Werbung, der Telefonkunde der Klägerin befinde sich in einer vergleichbar unvorteilhaften Position wie zahlreiche Aktionäre der Klägerin. Diese Form der vergleichenden Werbung stellt nach Auffassung des OLG Frankfurt eine unlautere Herabsetzung gemäß § 6 Abs. 2 Nr. 5 UWG dar. Zwar überschreite weder der Preisvergleich die Grenzen des § 6 Abs. 2 Nr. 5 UWG, noch genüge die zusätzliche Verwendung ironischer Anklänge für eine Unlauterkeit der Werbung. Die Grenze zwischen *„leiser Ironie und nicht hinnehmbarer Herabsetzung"*[285] sei hier jedoch überschritten worden, da die Telefontarife und der Aktienkurs des Unternehmens sachlich in keinem direkten Zusammenhang stünden. Der ironische Zusatz stelle gerade keine humorvolle Darstellung des

---

282 GRUR-RR 2004, 259 (263) – *„Babes und Zicken"*.

283 OLG Frankfurt GRUR-RR 2005, 355 ff. – *„Na...auch T-Aktionär?"*.

284 OLG Frankfurt GRUR-RR 2005, 355 – *„Na...auch T-Aktionär?"*.

285 BGH GRUR 2002, 72 (74) – *Preisgegenüberstellung im Schaufenster.*

Preisvergleichs dar, sondern schlicht einen „Seitenhieb" ohne Bezug zu den verglichenen Leistungen[286].

7. OLG Hamburg, Urtl v. 23.1.2003 – *Gurgelndes Auto*[287]

a) Der Sachverhalt

Eine Krankenkasse warb in einer Rundfunkwerbung mit folgendem Vergleich:

> „*Manche Krankenkassen hören sich so an*" – es folgte das Geräusch eines nicht anspringenden Autos. Daraufhin hieß es „*Aber nur eine so*" – Geräusch eines „Formel-1 Auto".
> „*BKK Mobil Oil – die einzige Krankenkasse mit voller Leistung. Nur 11 % Beitrag.*"

Das Landgericht gab der Klage statt. Das Urteil des Landgerichts wurde durch das Berufungsgericht abgeändert.

b) Ausführungen des OLG Hamburg

Das Berufungsgericht hatte sich mit der Frage auseinanderzusetzen, ob der Vergleich von Krankenkassen mit einem Formel-1 bzw. mit einem „*gurgelnden*" und nur schwerlich anspringenden Auto, eine pauschale Herabwürdigung der Konkurrenz darstellt. Diesbezüglich verwies das Berufungsgericht auf die Sichtweise des informierten und situationsadäquat aufmerksamen Durchschnittsverbrauchers. Dieser sei es gewohnt, dass Werbung mit

> „*Aufmerksamkeit erheischenden Witzchen, Bildern und Gags daherkommt [..], um sich aus der auf ihn einprasselnden Unzahl von Werbebotschaften abzuheben [..]*".[288]

Auch wisse er, dass solche Witze nicht zwingend etwas mit der Lebenswirklichkeit zu tun haben müssen. Vor diesem Hintergrund könne nicht davon ausgegangen werden, dass der Durchschnittsverkehr der fraglichen Werbepassage eine ernst gemeinte Sachaussage entnehme, alle Konkurrenten der werbenden Krankenkasse taugen nichts. Vielmehr werde der Verbraucher erkennen, dass es sich bei dieser Passage um eine „*satirische Überzeichnung*"[289] handele, die nur versuche die Aufmerksamkeit des Verkehrs auf die geringen Beiträge der Krankenkasse zu lenken.

---

286 OLG Frankfurt GRUR-RR 2005, 355 (356) – „*Na…auch T-Aktionär?*".
287 OLG Hamburg, Urt. v. 23.1.2003, 5 U 176/02 – *Gurgelndes Auto.*
288 OLG Hamburg, Urt. v. 23.1.2003, 5 U 176/02, Tz. 36 – *Gurgelndes Auto.*
289 Ebda.

C. Stellungnahme

Die lauterkeitsrechtliche Bewertung humorvolle Werbung durch die Gerichte zeigt ein sehr gemischtes Bild und eine nur schwer zu übersehende Rechtslage. Übereinstimmend wird jedenfalls darauf hingewiesen, dass die Werbung zu einem nicht unerheblichen Teil von Humor und Ironie lebt. Ob besondere Umstände vorliegen, die eine unlautere Herabsetzung rechtfertigen, richtet sich danach, ob in dem jeweiligen Einzelfall die Grenze zwischen leiser Ironie oder feinem Humor und einer nicht mehr hinnehmbaren Herabsetzung überschritten ist. Wo diese Grenze verläuft ist maßgeblich abhängig von der Sichtweise des durchschnittlich informierten, situationsadäquat aufmerksamen und verständigen Durchschnittsverbrauchers. Solange der Verkehr die humorvolle oder ironische Werbeaussage nicht als Sachaussage ernst nimmt, wertet er diese lediglich als Aufhänger um Aufmerksamkeit zu erzeugen und damit gerade nicht als unlautere Herabsetzung. Aus diesem Grund kamen der BGH in seinem Urteil *„Die Steinzeit ist vorbei“*[290] und das OLG Hamburg in seinen Entscheidungen *„Gurgelndes Auto“*[291] und *„Müsli-Riegel“*[292] zu dem Ergebnis, dass die humorvollen Passagen der jeweiligen Werbung keine unlautere Herabsetzung darstellen. Der informierte Verbraucher erkennt vielmehr den humoristischen Ansatz und sieht hierin keine ernst zu nehmende Sachaussage, sondern lediglich ein Stilmittel, um Aufmerksamkeit zu wecken.

Auf der Ebene der Oberlandesgerichte stellt das OLG Hamburg aber eher eine Ausnahme dar[293]. In den Verfahren *„Fremdgehen“*[294], *„Münchner Trinkwasser“*[295] sowie *„Vergleich mit Stachelschwein“*[296] kamen die jeweiligen Oberlandesgerichte vielmehr zu dem Ergebnis, dass in diesen Fällen die bissig-humorvollen Werbeslogans *„Fremdgehen kann teuer werden“* oder *„Hängen Sie immer noch an der Flasche“* einen *„negativen Beigeschmack“* haben und die Grenzen dessen, was noch als *„witziges Wortspiel“* verstanden werden kann, überschritten ist. Im Falle des sachlichen Vergleichs von Toilettenpapier wird sogar ausdrücklich darauf hingewiesen, dass eine strikte Unterteilung in einen eher scherzhaften Teil

---

290 BGH GRUR 2002, 982 – *„Die ‚Steinzeit‘ ist vorbei“.*

291 OLG Hamburg, Urt. v. 23.1.2003, 5 U 176/02 – *Gurgelndes Auto.*

292 BGH GRUR-RR 2003, 251 ff. - *Müsli*

293 Im Falle des Werbespots der TAZ konnte aber auch das OLG Hamburg nicht mit dem liberalen Verständnis des BGH mithalten.

294 BGH GRUR-RR 2002, 254 ff. – *Fremdgehen.*

295 NJWE-WettbR 2000, 177 ff. – *Vergleichende Werbung zwischen Leitungswasser und Mineralwasser.*

296 GRUR-RR 2005, 137 ff. – *Vergleich mit einem Stachelschwein.*

einerseits und einen sachbezogenen Teil andererseits ausscheiden müsse. Zwar sei nicht davon auszugehen, dass der angesprochene Verkehr die Aussage insoweit wörtlich nehme, die Konkurrenzprodukte seien so hart wie die Stacheln eines Stachelschweins; gleichwohl würden die Konkurrenzprodukte durch den humorvollen Einstieg aber *„negativ dargestellt“*[297].

Aus der Sicht der Werbepraxis kann diese Rechtsprechung nur als willkürlich empfunden werden. Es bleibt das Geheimnis der jeweiligen Gerichte, warum der informierte Verbraucher erkennen soll, dass der Vergleich einer Krankenkasse mit einem schlecht anspringenden Auto nicht als ernst zu nehmende Sachaussage begriffen werden darf, Vergleiche von Toilettenpapier mit einem Stachelschwein oder der Slogan *„Fremdgehen kann teuer werden“* aber *„negative Assoziationen“* weckt. Und warum geht der BGH davon aus, der informierte Verbraucher nimmt den Werbespruch *„Die Steinzeit ist vorbei“* nicht als ernst zu nehmende Sachaussage wahr, während das OLG München die Werbeüberschrift *„Hängen Sie noch an der Flasche“* als unangemessen unsachlich begreift? Und schließlich: Warum heißt es in den Urteilen zu *„Gurgelndes Auto“*, *„Die Steinzeit ist vorbei“* oder auch *„Lottoschein“*, dass der Verbraucher den humorvollen Teil der Werbung als Aufhänger begreift, Aufmerksamkeit zu erzielen, während das OLG Frankfurt in seinem Urteil *„Vergleich mit Stachelschwein“* wert darauf legt festzustellen, dass der angesprochene Verkehr von dem sachlichen und scherzhaften Teil einen *„einheitlichen Gesamteindruck“* gewinnt?

Diese widersprüchliche Rechtsprechung beruht zum einen sicherlich auf der Tatsache, dass die Grenze zwischen *„leisem Humor“* und einer nicht hinnehmbaren Herabsetzung äußerst dehnbar ist; zum anderen muss bezweifelt werden, ob - insbesondere auf der Ebene der Oberlandesgerichte - das Leitbild des informierten Verbrauchers sowie das Grundrecht der kommerziellen Meinungsäußerungsfreiheit angemessen berücksichtigt wird. So ist es bezeichnend, wenn das OLG Jena in seiner Entscheidung *„Fremdgehen“* gerade in der *„Reaktion des Schmunzelns“*[298] einen Beweis für negative Assoziationen auf Seiten des Verkehrs erkennt. Dies widerspricht sogar der zurückhaltenden ständigen Rechtsprechung, die in dem Erzeugen von Aufmerksamkeit und Schmunzeln ausdrücklich noch keine Abwertung des Mitbewerbers erkennen will[299]. Der BGH zeigte sicherlich auch in der Vergangenheit ein liberaleres Verständnis. Die Entscheidung der Obersten Richter in *„Gib mal Zeitung“* stellt insoweit aber dennoch einen Einschnitt hin zu einer „humorvolleren“ Spruchpraxis dar.

---

297 GRUR-RR 2005, 137 (138) - *Vergleich mit einem Stachelschwein.*

298 GRUR-RR 2003, 254 (255) – *Fremdgehen.*

299 BGH GRUR 2002, 72 ff. – *Preisgegenüberstellung im Schaufenster.*

3. Kapitel
BGH Urteil v. 1.10.2009 - „Gib mal Zeitung“

„Es ist unmöglich witzig zu sein ohne ein bisschen Bosheit. Die Bosheit eines guten Witzes ist der Widerhaken, der ihn haften lässt.“
(Richard Binsley Sheridan, 1751-1816)

„Was darf Satire? Alles.“
(Kurt Tucholsky, dt. Schriftsteller 1890-1935)

§ 6 Das Urteil[300]

- Der 1. Teil des Werbespot als „Storyboard“ -

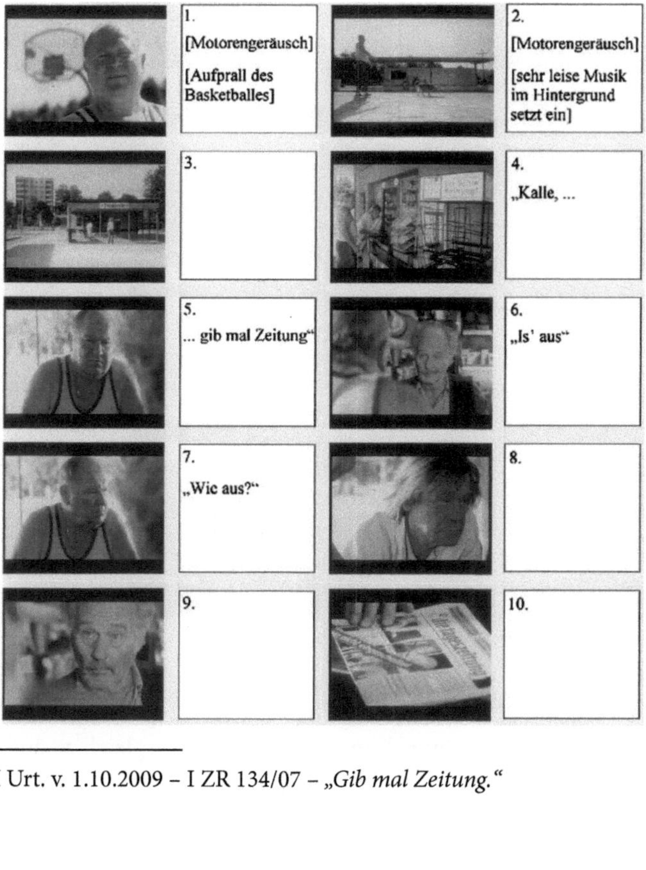

300 BGH Urt. v. 1.10.2009 – I ZR 134/07 – *„Gib mal Zeitung.“*

A. Allgemeines

Mit dem Werbespot *„Gib mal Zeitung“* der Tageszeitung taz bekam der BGH erneut Gelegenheit, sich zu einem humorvollen Werbevergleich zu äußern. Dieses Urteil verdient eine nähere Betrachtung, da der BGH zum einen beachtenswerte

Akzentverschiebungen vorgenommen hat und zum anderen deutlicher als zuvor seine Beurteilungsmaßstäbe kenntlich macht.

B. Der Sachverhalt[301]

In dem Verfahren standen sich als Kläger der Springerkonzern und als Beklagte die Tageszeitung taz gegenüber. Konkret wehrte sich der Springerkonzern als Herausgeber der BILD - Zeitung gegen einen Kinowerbespot der taz. Der strittige Werbespot besteht aus zwei Teilen: Zu Beginn wird ein als „Trinkhalle" bezeichneter Zeitungskiosk in einer recht trostlosen Gegend gezeigt. Neben dem Kiosk ist deutlich ein leerer, mit dem Bild - Logo versehener Zeitungsständer zu sehen. Ein mit Jogginghose und Unterhemd bekleideter, ungepflegt aussehender Kunde verlangt von dem Kioskinhaber: „Kalle, gib' mal Zeitung". Der Kioskinhaber antwortet ebenso einsilbig mit: „Is' aus". Daraufhin erwidert der Kunde: „Wie aus?". Während dieser Unterhaltung ist als stetige Erinnerung der leere BILD-Zeitungsständer zu sehen. Der Kioskinhaber schiebt dem Kunden die Zeitung taz zu. Der Kunde entgegnet daraufhin: „Wat is' dat denn?". Nach einem kurzen, ungehaltenen Durchblättern der Zeitung und einem entsetzten „Mach mich nich' fertig, Du", wirft er sie dem Inhaber unwirsch zurück auf den Ladentisch. Daraufhin holt der Kioskinhaber eine BILD Zeitung unter dem Ladentisch hervor. Nach einer kurzen Pause brechen beide in schallendes Gelächter aus. Der Spot endet mit dem Satz: *„Die taz ist nicht für jeden. Das ist ok."* Im zweiten Teil des Werbespots nähert sich der Kunde erneut der „Trinkhalle". Dieses Mal ist der BILD- Zeitungsständer gut gefüllt. Der Kunde sagt nun aber: „Kalle, gib' mal taz." Der Inhaber und ein Dritter schauen sich verdutzt an und sind offensichtlich zu erstaunt, um reagieren zu können. Jetzt bricht der Kunde in schallendes Gelächter aus, in das die beiden anderen dann auch herzhaft einstimmen. Wiederum endet die Werbung mit *„Die taz ist nicht für jeden. Das ist ok."* Während das Landgericht der Klage des Springerkonzerns stattgab und die Berufung hiergegen vor dem OLG Hamburg erfolglos blieb, gab der BGH dem Revisionsantrag statt und verneinte damit das Vorliegen einer wettbewerbswidrigen Werbung.

C. Die Ansicht der Vorinstanzen[302]

Das Landgericht und das Berufungsgericht gaben der Klage des Springerkonzerns statt. Der Werbespot verstoße gegen § 6 Abs. 2 Nr. 5 UWG, da er den

301 Vgl. www.youtube.de/Gib mal Zeitung.

302 OLG Hamburg ZUM-RD 2008, 350 – *Gib mal Zeitung.*

Mitbewerber - namentlich die BILD-Zeitung - in unlauterer Weise herabsetze. Zwar lebe die Werbung zu einem nicht unerheblichen Teil von Humor und Ironie, die Werbung sei jedoch dann unlauter, sobald sie die Grenze zwischen leiser Ironie und nicht hinnehmbarer Herabsetzung überschreite[303]. Der Werbespot der taz gehe weit über die Grenze *„ironischer Anklänge"* und *„leisen Schmunzelns"* hinaus[304]. Dabei setze die Werbende nicht den Mitbewerber selbst oder sein Produkt auf unlautere Weise herab. Vielmehr bestehe das Unlautere der Werbung darin, dass sie einen BILD-Zeitungsleser auftreten lasse, *„dessen Habitus und ausgeprägte geistige Schlichtheit"* stellvertretend für die gesamte Leserschaft der BILD-Zeitung aufgenommen werde[305]. Das OLG gesteht zwar zu, die Werbung zeige nur *„einen"* Leser der BILD-Zeitung, es werde jedoch deutlich, dass die Verallgemeinerung durchaus das Ziel des Werbespots ist. Es sei doch gerade die Aussage des Werbevergleichs, dass der typische Leser der BILD-Zeitung der intellektuell anspruchsvolleren taz sprachlich und inhaltlich nicht gewachsen sei. Diese Botschaft werde durch die Schrifteinblendung *„Die taz ist nicht für jeden"* nochmals herausgestellt[306]. Die Frage wie die Werbung zu beurteilen gewesen wäre, wenn die BILD-Zeitung tatsächlich weit überwiegend nur von Personen wie dem dargestellten Kunden gelesen würde, stellte sich nach Ansicht des OLG nicht. Das Gericht könne aus eigener Sachkunde die Feststellung treffen, das die BILD - Zeitung durchaus in allen Schichten Leser finde[307]. Damit stelle die werbende taz die BILD - Zeitung unrechtmäßiger Weise in eine *„anspruchslose Ecke"*[308].

Zu keiner anderen Bewertung kommt das Gericht auch unter Beachtung des Art. 5 GG[309]. So stellt das Berufungsgericht durchaus nicht in Abrede, dass der in der Werbung dargestellte Kunde der BILD - Zeitung in der Realität tatsächlich vorkommt. Auch fördere die BILD -Zeitung durch Aufmachung und Inhalt durchaus selbst die Ansicht, das Angebot richte sich überwiegend an die ungebildeteren Schichten der Gesellschaft. Für die lauterkeitsrechtliche Bewertung des Werbevergleichs seien diese Umstände jedoch irrelevant. Die Grenzen einer zulässigen Auseinandersetzung mit der BILD – Zeitung seien im Rahmen vergleichender Werbung nun einmal deutlich enger gesteckt als zum Beispiel

---

303 BGH GRUR 2002, 72 ff. – *Preisgegenüberstellung im Schaufenster.*
304 OLG Hamburg ZUM-RD 2008, 350 (353) – *Gib mal Zeitung.*
305 OLG Hamburg ZUM-RD 2008, 350 (353) – *Gib mal Zeitung.*
306 OLG Hamburg ZUM-RD 2008, 350 (354) – *Gib mal Zeitung.*
307 Ebda.
308 Ebda.
309 Ebda.

im Falle journalistischer Tätigkeit[310]. Ebenso ändere auch die humorvolle und künstlerische Darstellung der Werbebotschaft nichts an der Unzulässigkeit des Werbevergleichs. Zwar erstrecke sich der Schutz der Meinungsfreiheit auch auf kommerzielle Meinungsäußerungen sowie Wirtschaftswerbung, die einen wertenden Inhalt hat[311], auch verlange eine der Bedeutung und Tragweites des Art. 5 Abs. 1 S. 1 GG gerecht werdende Auslegung des § 6 Abs. 2 UWG eine konkrete Gefahr für das Schutzgut des Leistungswettbewerbs; je weniger eine Äußerung allerdings zur öffentlichen Meinungsbildung beitrage, desto weniger schutzwürdig müsse diese sein[312]. Ein öffentliches Informationsinteresse konnte das OLG Hamburg hier jedoch nicht erkennen. Vielmehr gefährde die vergleichende Werbung durch eine pauschale Herabwürdigung eines Mitbewerbers das lauterkeitsrechtliche Schutzgut des funktionsfähigen Leistungswettbewerbs[313]. Nach der Rechtsauffassung des OLG Hamburg handelt es sich bei dem fraglichen Kinowerbespot damit um eine unzulässige vergleichende Werbung.

D. Ausführungen des BGH[314]

I. Vergleichende Werbung, § 6 UWG

1. Allgemeines

Ohne viele Worte bejahte der BGH zunächst das Vorliegen eines werblichen Vergleichs i.S.v. § 6 UWG. Der Werbespot stelle einen für den Verkehr erkennbaren Bezug zwischen zwei Mitbewerbern her und vergleiche unmittelbar die Leserschaft und damit auch mittelbar den Inhalt der Zeitungen taz und BILD. Der BGH hatte nunmehr festzustellen, ob auch die Zulässigkeitsvoraussetzungen des § 6 Abs. 2 UWG gegeben waren.

2. Unlautere Herabsetzung - § 6 Abs. 2 Nr. 5 UWG

Das Gericht versäumte es auch in dieser Urteilsbegründung nicht, festzuhalten, dass eine Herabsetzung i.S.v. § 6 Abs. Nr. 5 UWG mehr verlange als eine kritische Gegenüberstellung der Vor- und Nachteile der verglichenen Produkte. Vergleichende Werbung sei vielmehr nur dann herabsetzend, wenn zu den dem Werbevergleich wesenseigenen nachteiligen Wirkungen für den

310 OLG Hamburg ZUM-RD 2008, 350 (353) – *Gib mal Zeitung.*

311 BVerfG NJW 2001,591 - *Benetton I*; BVerfG NJW 2003,1303 - *Benetton II*; BVerfG WRP 2001,1160 – *Therapeutische Äquivalenz.*

312 OLG Hamburg ZUM-RD 2008, 350 (354) - *„Gib mal Zeitung."*

313 OLG Hamburg ZUM-RD 2008, 350 (355) - *„Gib mal Zeitung."*

314 BGH GRUR 2010, 161 ff. – *„Gib mal Zeitung."*

Mitbewerber, besondere Umstände hinzutreten, die ihn als unangemessen abfällig, abwertend oder unsachlich erscheinen lassen[315]. Es sei zu prüfen, ob sich die vergleichende Werbung noch in den Grenzen einer sachlich gerechtfertigten Aufklärung aufhalte oder ob sie bereits eine pauschale Abwertung der Leistungen des Mitbewerbers darstelle[316]. Im vorliegenden Fall hatte der BGH diese Abwägungsentscheidung nunmehr bei Vorliegen eines humorvollen, bissig-ironischen Werbevergleichs zu treffen. Diesbezüglich stellte der BGH erneut[317] fest, dass die Maßgabe einer sachlichen Erörterung keineswegs den Humor aus der Werbung fernhalten solle. Vielmehr müsse im Gegenteil festgehalten werden, dass die Werbung zu einem nicht unerheblichen Teil von Humor und Ironie lebe[318]. Nach Auffassung des BGH ist der informierte und adäquat aufmerksame Verbraucher zunehmend an pointierte Aussagen in der Werbung gewöhnt und empfindet sie als Ausdruck eines lebhaften Wettbewerbs[319]. Dies müsse nun auch unmittelbare Folgen für den Maßstab haben, der an humorvolle Werbevergleiche angelegt werde. Der BGH führte insofern aus, ein humorvoller oder ironischer Werbevergleich könne sich durchaus auch dann innerhalb der Grenzen des lauteren Wettbewerbs abspielen, wenn er sich nicht auf feinen Humor und leise Ironie beschränkt. Vielmehr stelle ein humorvoller Werbevergleich oder eine ironische Anspielung erst dann eine unzulässige Herabsetzung dar, wenn die Werbung wörtlich und damit ernst genommen[320] oder der Mitbewerber und seine Leistungen dem Spott oder der Lächerlichkeit preisgegeben werden. Die Begrenzung auf *„leisen Humor“* und *„ironische Anklänge“*[321] sei mit dem Leitbild des informierten und adäquat aufmerksamen Durchschnittsverbrauchers nicht mehr vereinbar. Auf den konkreten Fall bezogen bedeutete dies: Der BGH widersprach der Annahme des Berufungsgerichts, der Werbevergleich erwecke bei

---

315 BGH GRUR 2008, 443 (444), Rn. 18 – *Saugeinlagen;* BGH GRUR 2002, 72 (73) -*Preisgegenüberstellung im Schaufenster;* BGH GRUR 1999, 501 (503) – *Vergleichen Sie; Eck/Ikas* WRP 1999, 251 (269); *Köhler* in Köhler/Bornkamm, a.a.O., § 6, Rn. 76.

316 BGH GRUR 2008, 443 (444) Rn. 18 – *Saugeinlagen; Koos* in Fezer, a.a.O., § 6, Rn. 243.

317 BGH GRUR 2002, 72 (74) – *Preigegenüberstellung im Schaufenster.*

318 BGH GRUR 2002, 72 (74) – *Preigegenüberstellung im Schaufenster.*

319 BGH GRUR 2010, 161 (164), Rn. 20.

320 Das Kriterium des „Nicht wörtlich und damit ernst nehmen“ entspricht der vom deutschen Gesetzgeber nicht umgesetzten Bestimmung - Art 5 III 2 – der UGP-RL. Hier heißt es im Rahmen des Verbots unlauterer Geschäftspraktiken: *„Die übliche und rechtmäßige Werbepraxis, übertriebene oder nicht wörtlich zu nehmende Behauptungen aufzustellen, bleibt davon unberührt.“*

321 BGH GRUR 2010, 161 (164), Rn. 20.

dem angesprochenen Verkehr den Eindruck, die gesamte Leserschaft der BILD - Zeitung entspreche dem gezeigten Leser. Der Verkehr gehe nicht davon aus, dass die *„typischen"* Leser der BILD - Zeitung alle *„primitiv und dumm"* seien. Vielmehr werde der informierte Durchschnittsverbraucher die Werbeaussage gerade nicht wörtlich und damit auch nicht ernst nehmen. Nunmehr könne aber auch eine Werbeausssage, die der angesprochene Verkehr nicht ernst nehme, eine unlautere Herabsetzung darstellen, wenn der Mitbewerber dem Spott und der Lächerlichkeit preisgegeben werde[322]. Auch dies verneinte der BGH jedoch. Im Gegensatz zum Berufungsgericht geht der BGH nicht davon aus, dass der BILD - Zeitungsleser aus der Sicht des angesprochenen Verkehrs pauschal als primitiv und dumm herabgewürdigt werde. Vielmehr verwies er auf die Darstellung des BILD - Zeitungslesers im zweiten Teil des Werbespots: Nunmehr verlangt der Kunde eine taz, obwohl - deutlich sichtbar - der Bild – Zeitungsständer gut gefüllt ist. Dieses Mal ist es an dem Kioskinhaber verblüfft zu sein. Der Kunde bricht in schallendes Gelächter aus, in das der Kioskinhaber einstimmt. Nach Ansicht des BGH soll dieses Gelächter nun nicht zum Ausdruck bringen, wie Fernliegend das Bestellen einer taz für den Kunden sei, sondern vielmehr seine Freude, seinerseits dem Kioskinhaber einen Streich gespielt zu haben. Der BGH versteht den BILD - Zeitungsleser im zweiten Teil des Spots in gewisser Weise als *„gewitzt"*[323] und verneint aus diesem Grunde auch eine pauschale Herabwürdigung der gesamten Leserschaft der BILD - Zeitung. Der informierte Durchschnittsverbraucher erkenne vielmehr in der Werbung eine humorvolle Überspitzung, mit der die Aufmerksamkeit der Werbeadressaten geweckt werden solle. Die taz habe lediglich auf humorvolle Weise deutlich machen wollen, dass sie sich nicht an den Massengeschmack richte, gleichsam *„nicht für jeden"* sei. Eine pauschale Herabwürdigung sei demnach abzulehnen. Schließlich sieht der BGH dieses Ergebnis auch vor dem Hintergrund der Meinungsfreiheit nach Art. 5 Abs. 1 Satz 1 GG, Art. 10 Abs. 1 Satz1 EMRK als geboten an, ohne dies freilich näher auszuführen.

3. Objektivitätsgebot - § 6 Abs. 2 Nr. 2 UWG

Die vergleichende Werbung muss des Weiteren auf objektive Art und Weise wesentliche, relevante, nachprüfbare und typische Eigenschaften vergleichen. Zunächst prüfte der BGH, ob der Werbevergleich überhaupt *„Eigenschaften"* i.S.v. § 6 Abs. 2 Nr. 2 UWG vergleicht. Der BGH führte hierzu aus, die in dem

322 BGH GRUR 2010, 161 (164), Rn. 20.
323 BGH GRUR 2010, 161 (164), Rn. 22.

Werbespot verglichene Struktur der Leserschaft sei eine nützliche Information für die Kaufentscheidung der Verbraucher. Die Charakterisierung der Leserschaft biete Rückschlüsse auch auf den Inhalt der verglichenen Zeitungen[324]. Ferner sei die Struktur der Leserschaft sowohl eine wesentliche, relevante, typische und auch nachprüfbare Eigenschaft. Im Hinblick auf die Wesentlichkeit, Relevanz und Typizität genügte dem Gericht die schlichte Feststellung als Begründung aus[325]. Etwas ausführlicher beschäftigte sich das Gericht dagegen mit dem Qualifikationsmerkmal der Nachprüfbarkeit. Wie bereits angesprochen, beinhaltet der Werbespot der taz nach Auffassung des BGH im Kern die Aussage, dass die taz schlicht *„nicht für jeden"* sei, sich vielmehr an ein anderes Leserspektrum als die BILD – Zeitung richte[326]. Nach Auffassung der Karlsruher Richter entspricht dies einer Tatsachenbehauptung. Mögliche Unterschiede in der Leserschaft einer Zeitung können durch das Instrument der Marktforschung ausreichend bewiesen werden. Der Vergleich sei schließlich auch objektiv, da er nicht auf subjektiven Einschätzungen des Werbenden, sondern auf objektiven Gegebenheiten beruhe[327].

4. Unlautere Rufausnutzung - § 6 Abs. 2 Nr. 4 UWG

Als letzten Prüfungspunkt sprach der BGH die Möglichkeit einer unlauteren Beeinträchtigung oder Rufausnutzung eines fremden Kennzeichens des Mitbewerbers an. Dabei lehnte das Gericht das Vorliegen einer unlauteren Beeinträchtigung des fremden Kennzeichens ohne viele Worte ablehnen, da insoweit auf die Ausführungen zu der Frage einer möglichen unlauteren Herabsetzung des Mitbewerbers nach § 6 Abs. 2 Nr. 5 UWG verwiesen werden könne. Eine unlautere Rufausnutzung könne wiederum nicht bereits mit dem bloßen Verweis auf das fremde Kennzeichen (BILD) vorliegen. Es müssen vielmehr besondere Umstände vorliegen. Der Ruf eines fremden Kennzeichens werde auf unlautere Weise ausgenutzt, wenn dessen Verwendung im Rahmen einer vergleichenden Werbung bei den angesprochenen Verkehrskreisen eine Assoziation zwischen dem Werbenden und dem Mitbewerber in der Weise hervorrufe, dass diese den Ruf der Erzeugnisse des Mitbewerbers auf die Erzeugnisse des Werbenden übertragen[328]. In der hier in Frage stehenden Werbung werden die verglichenen

---

324 BGH GRUR 2010, 161 (164), Rn. 23; ebenso OLG Hamburg GRUR-RR 2004, 259 (260); *Ohly* in Piper/Ohly, a.a.O., § 6 Rn. 48.

325 BGH GRUR 2010, 161 (165), Rn. 29.

326 BGH GRUR 2010, 161 (165), Rn. 28.

327 BGH GRUR 2010, 161 (165), Rn. 30.

328 BGH GRUR 2010, 161 (166), Rn. 33.

Zeitungen jedoch deutlich voneinander abgegrenzt[329]. Der Werbevergleich diene nicht dazu, an dem guten Ruf der BILD – Zeitung zu partizipieren, eine unlautere Rufausnutzung liege damit nicht vor.

II. Markenrecht - §§ 14 Abs. 2 Nr. 2, Nr. 3 MarkenG

Schließlich setzte sich der BGH in wenigen Worten mit einem Verstoß gegen das Markengesetz auseinander, namentlich mit einem Verstoß gegen die §§ 14 Abs. 2 Nr. 2 und Nr. 3 MarkenG. Unabhängig von den markenrechtlichen Dimensionen der Benutzung der Marke „BILD" stellt der BGH jedenfalls fest, dass eine nach § 6 Abs. 2 UWG zulässige vergleichende Werbung niemals eine markenrechtliche Verletzung darstellen könne[330]. Konsequenterweise hatte er hier somit einen markenrechtlichen Verstoß abzulehnen.

§ 7 Kritische Würdigung der BGH - Entscheidung

A. Allgemeines

Die Ausführungen des BGH sind nunmehr einer kritischen Würdigung zu unterziehen. Das Gericht hat mit diesem Urteil die Grenzen humorvoller Werbevergleiche präzisiert und erweitert. Dies ist zu begrüßen. Dessen ungeachtet ergeben sich bei einem genaueren Blick durchaus Punkte, die kritisch hinterfragt werden können.

B. Anwendungsbereich der vergleichenden Werbung – „Mitbewerber"?

Die Eröffnung des Anwendungsbereichs der vergleichenden Werbung setzt u.a. voraus, dass es sich bei dem erkennbar gemachten Unternehmen um einen *„Mitbewerber"* im Sinne des Mitbewerberbegriffs gemeinschaftsrechtlicher Provenienz handelt. Der BGH bejaht dies mit der Begründung, sowohl die Klägerin als auch der Beklagte würden Tageszeitungen verlegen[331]. Damit hebt das Gericht ganz maßgeblich auf die Branchengleichheit der beteiligten Unternehmen ab. Diese Argumentation ist nicht unstrittig. Teile der Literatur halten ihr entgegen, der reduzierte Blick auf die Branchengleichheit widerspreche dem europäischen Mitbewerberbegriff. Der Hintergrund dieser Auffassung lohnt durchaus eine nähere Betrachtung: Der EuGH verlangt eine Substituierbarkeit

329 Ebda.

330 EuGH GRUR 2008, 698 ff., Rn. 45 und 51 – *O2 Holdings/Hutchinson;* GRUR 2009, 756 (761), Rn. 54 – *L'Oreal/Bellure.*

331 BGH GRUR 2010, 161 (164), Rn. 12.

der angebotenen Waren oder Dienstleistungen; sie müssen jedenfalls *„in gewisser Weise"* die gleichen Bedürfnisse befriedigen können[332]. Neben der Festlegung auf das Merkmal der Austauschbarkeit nahm der europäische Gerichtshof in seiner *De Landtsheer* Entscheidung auch ausführlich auf die Kriterien Bezug, die bei der Beurteilung des Substitutionsgrades zugrundezulegen sind. Abzustellen ist hiernach auf den augenblickliche Zustand des Marktes, die Verbrauchsgewohnheiten und ihre Entwicklungsmöglichkeiten, den Teil des Gemeinschaftsgebiets in dem die Werbung verbreitet wird, auf die besonderen Merkmale der Ware sowie auf das Image, das der Werbende ihnen geben will[333]. Tatsächlich sprechen die *„besonderen Merkmale der Ware"*[334] und das *„Image"*[335], das der Werbende der Ware geben will, im Falle der Werbung der taz gegen die Annahme einer Mitbewerberstellung der BILD-Zeitung. Die werbende taz grenzt ihre Zeitung scharf von der BILD-Zeitung ab; der Werbespot verfolgt gerade nicht das Ziel, den Werbeadressaten die taz als Alternative zur BILD-Zeitung anzubieten. Vielmehr möchte die taz ihrer Zeitung offensichtlich ein Image geben, das sie klar und eindeutig von der BILD-Zeitung unterscheidet. Aus der Sicht des angesprochenen Verkehrs spricht die konkrete Werbeaussage eher gegen die Annahme einer Substituierbarkeit. Da es ferner allgemein anerkannt ist, dass Unternehmen aus völlig unterschiedlichen Branchen allein aufgrund der Werbeaussage als Mitbewerber angesehen werden können[336], erscheint der gezogene Umkehrschluss, auch Unternehmen derselben Branche können aufgrund der konkreten Werbeaussage - trotz ihrer auf dem relevanten Markt objektiv gegebenen Mitbewerberstellung – lauterkeitsrechtlich eine eben solche verlieren, zunächst konsequent[337]. Bereits ein zweiter Blick lässt jedoch einige Zweifel an dieser vermeintlich konsistenten Argumentation entstehen: Lehnt man die Mitbewerberstellung ab, ist der Anwendungsbereich der vergleichenden Werbung nicht eröffnet. Dies bedeutet zwar nicht zwangsläufig eine Befreiung von lauterkeitsrechtlichen Vorgaben – so kann die Werbung aufgrund einer unlauteren Herabsetzung gegen § 4 Nr. 7 UWG verstoßen –, der ausdrücklich für Werbevergleiche konzipierte Katalog des § 6 Abs. 2 UWG wäre jedoch nicht anwendbar. Dies erscheint insbesondere vor dem Hintergrund problematisch, als der § 6 Abs. 2 UWG gemäß der Gesetzesbegründung einen Ausgleich zwischen den

332 GRUR 2007, 511 (513), Rn. 30 – *De Landtsheer.*
333 GRUR 2007, 511 (514), Rn. 42 - *De Landtsheer.*
334 GRUR 2007, 511 (514), Rn. 42 - *De Landtsheer.*
335 Ebda.
336 BGH GRUR 1972, 553 – *„Statt Blumen ONKO-Kaffee."*
337 *Köhler* WRP 2010 571 (572).

Interessen des Werbenden und des erkennbar gemachten Vergleichsunternehmens herzustellen sucht[338]. Es wäre sehr bedenklich, wenn es allein im Ermessen des Werbenden liegen würde, ob er sich den zusätzlichen Voraussetzungen des § 6 Abs. 2 UWG unterwirft oder eben nicht. Genau das wäre aber die Konsequenz obiger Ansicht, denn desto stärker er sich in dem konkreten Werbevergleich von dem fraglichen Mitbewerber abgrenzt, desto weniger vermittelt die Werbung die Austauschbarkeit der verglichenen Waren oder Dienstleistungen und desto eher muss eine Austauschbarkeit der Leistungen aus der Sicht des Verkehrs abgelehnt werden. Dieses Ergebnis erscheint fragwürdig und ist mit Blick auf die Rechtsprechung des EuGH auch durchaus nicht zwingend. Zuzugeben ist lediglich, dass der EuGH tatsächlich davon spricht, bei der Überprüfung einer Substituierbarkeit sei *auch* auf das Image abzustellen. Dennoch ist dieses Merkmal lediglich als Eines unter Mehreren zu verstehen. Die Entscheidung *De Landtsheer* erfolgte aufgrund eines Vorlageverfahrens. Das vorlegende Gericht wollte u.a. wissen, ob für die Feststellung eines Wettbewerbsverhältnisses ein Kriterium wie die Substituierbarkeit relevant sei und ob insofern *„entweder“* auf eine abstrakte Beurteilung der Warengattungen *„oder“* auf besondere Eigenschaften und das durch den Werbenden gegebene Image der Waren und Dienstleistungen abzustellen sei[339]. Der EuGH führte diesbezüglich aus:

> *„Da die Austauschbarkeit von Produkten zudem im Wesentlichen auf den Kaufentscheidungen der Verbraucher beruhen, müssen, [..] zusätzlich zu einer abstrakten Beurteilung der Warengattungen im Rahmen der Beurteilung des Substitutionsgrades auch die konkreten Merkmale der beworbenen Produkte als relevante Gesichtspunkte berücksichtigt werden. Dies gelte erst recht für das Image, das der Werbende seinen Waren geben will [..]“*[340].

Hier gilt es nun zweierlei im Blick zu behalten: Während das vorlegende Gericht *„entweder“* von einer abstrakten Beurteilung der Warengattung *„oder“* von der Berücksichtigung der besonderen Eigenschaften und des Images der Waren oder Dienstleistungen als maßgebliche Kriterien für die Beurteilung der Substituierbarkeit ausgeht, spricht der EuGH ausdrücklich davon, dass *„zusätzlich zu einer abstrakten Beurteilung der Warengattungen [..] auch die konkreten Merkmale der beworbenen Produkte [..] berücksichtigt werden“*[341]. Es kann also nicht davon ausgegangen werden, dass der EuGH einem Mitbewerberbegriff das Wort reden wollte, der sich allein nach der konkrete Werbung des Werbenden richtet.

338 Begr. Reg.-Entw. BT-Drucks. 14/2959, S. 11.
339 GRUR 2007, 511 (513), Rn. 26 – *De Landtsheer.*
340 GRUR 2007, 511 (514), Rn. 40, 41 – *De Landtsheer.*
341 GRUR 2007, 511 (514), Rn. 40 – *De Landtsheer.*

Insoweit ist die Urteilsbegründung eindeutig. Weiterhin sollte immer auch der rechtliche und tatsächliche Hintergrund eines Urteils mit in die Bewertung einfließen. Es ist seit längerer Zeit – auch in Deutschland – anerkannt, dass die Zugehörigkeit zu unterschiedlichen Branchen eine Mitbewerberstellung nicht per se ausschließt[342]. Diesen Umstand greift der EuGH nun auf wenn er festhält, dass auch die konkreten Merkmale eines Produkts und insbesondere das Image für die Beurteilung einer Substituierbarkeit wichtig sind. Der in Teilen der Literatur[343] hieraus abgeleitete Schluss, somit sei auch innerhalb derselben Branche eine lauterkeitsrechtliche Mitbewerberstellung nicht zwingend, überzeugt nicht. Vielmehr scheint es, als werde eine Einzelfallentscheidung des EuGH auf unzulässige Weise fortentwickelt. Sowohl die zitierte Entscheidung des BGH *„Statt Blumen ONKO Kaffee“*[344], als auch die Entscheidung *De Landtsheer,* beruhten auf der Intention der Gerichte, das Erfordernis eines Wettbewerbsverhältnisses extensiv auszulegen. Aus dem achten Erwägungsgrund der Richtlinie ergibt sich, dass der Begriff der vergleichenden Werbung möglichst breit zu fassen ist[345]. Lässt man es aber bereits genügen, dass eine pointiert kritisierende vergleichende Werbung die lauterkeitsrechtliche Mitbewerberstellung verhindert, dann steht dies im Widerspruch zu der Intention der Rechtsprechung und der Richtlinie, möglichst alle Arten vergleichender Werbung abzudecken. Das Ziel der Rechtsprechung, durch einen Verzicht auf die Fixierung der Branchengleichheit, den Anwendungsbereich des Instituts der vergleichenden Werbung möglichst zu erweitern, würde geradezu in sein Gegenteil verkehrt.

Auf den Fall *„Gib mal Zeitung“* bezogen bedeutet dies: Es ist zweifellos die Absicht der *taz* sich ein Image zu geben, dass sich deutlich von jenem der BILD – Zeitung unterscheidet. So reibt sich die taz geradezu am Stil und der Berichterstattung der BILD – Zeitung. Dennoch handelt es sich sowohl bei der taz als auch bei der BILD um Tageszeitungen. Die abstrakte Beurteilung der Warengattungen sowie die konkreten Merkmale beider Tageszeitungen dürften aus der Sicht des Durchschnittsverkehrs dafür sprechen, dass die verglichenen Zeitungen wenigstens *„in gewisser Weise“* austauschbar sind. Beide Tageszeitungen befriedigen ein jedenfalls ähnliches Informationsbedürfnis des Verbrauchers.

342 GRUR 1972, 553 – *„Statt Blumen ONKO-Kaffee.“*

343 Insb. *Köhler,* WRP 2010, 571 (572).

344 Ebda.

345 Erwägungsgrund 8 RL 2006/114/EG.

C. § 6 Abs. 2 Nr. 5 UWG – unlautere Herabsetzung

I. Allgemeines

Die bissig-humorvolle Werbung der taz stellt nach Auffassung des BGH keine unlautere Herabsetzung gemäß § 6 Abs. 2 Nr. 5 UWG dar. Der Gerichtshof hat mit dieser Entscheidung die Grenzen humorvoller Werbevergleiche unter konsequenter Anwendung des Leitbildes des informierten und situationsadäquat aufmerksamen und verständigen Verbrauchers deutlich ausgedehnt. Die Feststellung des BGH, der Durchschnittsverbraucher sei zunehmend an pointierte Aussagen in der Werbung gewöhnt und empfinde sie als Ausdruck lebhaften Wettbewerbs verdient ebenso wie die Schlussfolgerung, ein humorvoller Werbevergleich könne daher auch dann zulässig sein, wenn er sich nicht auf feinen Humor und leise Ironie beschränkt, uneingeschränkten Beifall. Es wurde Zeit, dem Leitbild des informierten Durchschnittsverbrauchers auch im Rahmen der humorvollen vergleichenden Werbung wenn nicht Leben einzuhauchen, dann doch stärkere Geltung zu verschaffen. Zwar wurde auch in zurückliegenden Urteilen zur humorvollen vergleichenden Werbung auf den informierten Verbraucher rekurriert; der Verweis verkam jedoch zur leeren Phrase, wenn im nächsten Satz demselben Verbraucher allenfalls *„feiner Humor“* und *„leise Ironie“*[346] zugetraut wurde. Die Frage nach dem Verbraucherleitbild ist in erster Linie eine Frage nach der Schutzhöhe. Der EuGH nimmt insoweit als Beurteilungsmaßstab den *„normal informierten, aufmerksamen und verständigen Durchschnittsverbraucher*[347] an. Die Folgen des modernen Verbraucherleitbildes zeigen sich besonders deutlich durch einen Vergleich mit dem vom BGH bis Mitte der 90er Jahre vertretenen Leitbild des *„flüchtigen“* und *„unkritischen“* Verbrauchers, welcher Werbung nur sehr oberflächlich, unreflektiert und wenig informiert wahrnehme[348]. Das deutsche Wettbewerbsrecht hatte somit von einem sehr schutzbedürftigen Verbraucher auszugehen[349]. Folge dieses Leitbildes war ein Ausufern des

---

346 BGH GRUR 2002, 72 (74) – *Preisgegenüberstellung im Schaufenster.*

347 EuGH GRUR Int. 1983, 648 – *Osthoek*; EuZW 1998, 526 (528) – *Gut* Springenheide; WRP 2000, 289 (292) – *Lifting Creme;* GRUR 2003, 604 (607), Rn. 46 – *Libertel*; GRUR Int. 2003, 742 (745 ff.) – *Pippig*; vgl. auch Erwägungsgrund Nr. 18 der UGP-RL 2005/29/EG.

348 BGH GRUR 1957, 128 (130) – *Steinhäger*; GRUR 1982, 564 (566) – *Elsässer Nudeln*; GRUR 1990, 604 (605) – *Dr. S.-Arzneimittel*; GRUR 1992 450 (452 f.) – *Beitragsrechnung*; NJW 1994, 1957 – *Mars-Kondome.*

349 Emmerich spricht von einem *„im Grunde an der Grenze zur Debilität verharrenden, unmündigen, einer umfassenden Betreuung bedürftigen“* Verbraucher in: FS für Gernhuber, 1993, S. 857 (870).

Wettbewerbsrechts sowie die Geringschätzung unternehmerischer Freiheit[350]. Mit der Entscheidung *„Orient-Teppichmuster"*[351] gab der BGH dieses Leitbild auf und orientierte sich nunmehr an dem unionsrechtlichen Durchschnittsverbraucher. Mit der UWG – Reform 2008 wurde erstmals in § 3 Abs. 2 Satz 2 UWG das anzuwendende Verbraucherleitbild auch gesetzlich kodifiziert. Nach diesem europäischen Verbraucherleitbild wird davon ausgegangen, dass die Verbraucher

> *„durchschnittlich über die Qualität und den normalerweise für das Wirtschaftsgut verlangten Preis informiert sind, das Produkt oder die Dienstleistung aufmerksam betrachten und in der Lage sind, aus den gewonnenen Informationen eine überwiegend rational begründete Entscheidung zu treffen.*[352]*"*

Dabei richtet sich die Sichtweise nicht grundsätzlich nach dem Durschnitt aller Verbraucher, sondern nach dem Verständnis der angesprochenen Gruppe, § 3 Abs. 2 Satz 2, 2. Alt. UWG[353]. Im Bereich humorvoller Werbung trauten die deutschen Gerichte dem normativen Verbraucher aber dennoch nicht mehr als *„feinen Humor"*[354] zu. Das Urteil einer unlauteren Herabsetzung schwebte damit wie ein Damoklesschwert über jedem humorvollen Werbevergleich. Eine humorvolle vergleichende Werbung bedient sich häufig der Ironie und der satirischen Überzeichnung. Da die Fachgerichte insoweit aber lediglich *„ironische Anklänge"* bzw. ein *„leises Schmunzeln"* [355] auf Seiten der Adressaten gestatteten, war der Spielraum für die Werbepraxis denkbar eng. Nunmehr stellt ein humorvoller oder ironischer Vergleich erst dann eine unlautere Herabsetzung dar, wenn der Durchschnittsverkehr die Werbung wörtlich und damit ernst nimmt oder sie den Mitbewerber dem Spott oder der Lächerlichkeit preisgibt[356].

II. Methodik des BGH

1. Wörtlich und damit ernst nehmen

Nach der Vorgabe des BGH ist folglich vorab zu prüfen, ob der angesprochene Verkehr die Werbung überhaupt ernst und damit wörtlich nimmt. Im Hinblick

---

350 *Beater*, ZHR 159 (1995), S. 217 (224 ff.).

351 BGH GRUR 2000, 619 – *Orient-Teppichmuster.*

352 *Boesche,* Wettbewerbsrecht, 3. Auflage, 2009, § 1 Rn. 2.

353 *Sosnitza* in Piper/Ohly/Sosnitza, a.a.O., § 2 Rn. 100.

354 BGH GRUR 2002, 72 (74) – *Preisgegenüberstellung im Schaufenster.*

355 Ebda.

356 *Köhler* in Köhler/Bornkamm, a.a.O., § 6 Rn. 76; *Ohly* in: Piper/Ohly, a.a.O., § 6 Rn. 66; Menke in MüKo, a.a.O., § 6 Rn. 203; *Koos* in Fezer, a.a.O., § 6 Rn. 240 f.

auf den Werbespot der taz kommt der BGH zu dem Ergebnis, dass die Werbung zwar durchaus suggeriere, bei dem dargestellten BILD-Zeitungsleser handele es sich um einen typischen Leser der BILD-Zeitung. Diese Werbeaussage nehme der informierte und situationsadäquat aufmerksame Durchschnittsverbraucher aber nicht ernst. Er wisse aus eigener Anschauung, dass die Leserschaft der BILD-Zeitung sich nicht nur auf eine bestimmte Bevölkerungsschicht beschränke. Dem ist beizupflichten. Der informierte Verbraucher nimmt eine Werbung angemessen kritisch wahr und wird – auch aufgrund eigener Lebenserfahrung – die konkrete Werbebotschaft der *taz* nicht ernst nehmen. Da der BGH richtigerweise feststellt, der deutsche Durchschnittsverbraucher habe sich mittlerweile an Humor in der Werbung gewöhnt hat, ist das Ergebnis des BGH eine logische und stringente Schlussfolgerung.

Das Leitbild des informierten Durchschnittsverbrauchers und die nunmehr konsequente Rechtsprechung des BGH werden künftig deutlich häufiger zu der richterlichen Schlussfolgerung führen, der angesprochene Verkehr nehme die ironische oder satirische Übertreibung überhaupt nicht ernst. Für Anhänger frecher und provokanter Werbekampagnen eine gute Nachricht.

2. Dem Spott und der Lächerlichkeit preisgeben

a) „Entkleidung“ der Kernaussage

Nimmt der Durchschnittsverbraucher die Werbeaussage der taz auch nicht ernst, so könnte in der Werbung aber dennoch eine pauschale Herabwürdigung des Mitbewerbers gesehen werden. Der BGH ist hier dahingehend zu verstehen, dass auch ein humorvoller Werbevergleich, der vom Durchschnittsverkehr nicht ernst genommen wird, eine unlautere Herabsetzung darstellen kann. Insoweit ist wohl eine Präzisierung der Rechtsprechung des BGH zu konstatieren. In seinem Urteil *„Die Steinzeit ist vorbei“* hatte der BGH eine unlautere Herabsetzung noch allein mit der Begründung abgelehnt, der Verkehr würde den Slogan überhaupt nicht im Sinne einer Sachaussage ernst nehmen[357]. Die Prüfungsmethode des BGH ist aber vor dem Hintergrund des Leitbildes eines informierten Durchschnittsverbrauchers durchaus nachvollziehbar. Der Verkehr ist zunehmend an humorvolle Werbeaussage gewöhnt und wird diese seltener ernst nehmen. Freilich kann aber auch eine solche Werbung über dasjenige hinausgehen, was ein Mitbewerber sich gefallen lassen muss. Auch unter dem Leitbild eines informierten Verbrauchers muss es möglich sein Grenzen zu ziehen. Aus diesem Grund prüft der BGH - sollte der Verkehr die Werbeaussage nicht

---

357 BGH GRUR 2002, 982 (984) – *„Die Steinzeit ist vorbei“*.

ernst nehmen -, ob die Werbung den Mitbewerber dem Spott oder der Lächerlichkeit preisgibt. In diesem Zusammenhang lässt der BGH nun eine aus dem Presserecht und der Rechtsprechung des Bundesverfassungsgerichts bekannte Methode durchschimmern. Nach seiner Auffassung beinhaltet die Werbung der taz im Kern eine Aussage über die Verschiedenheit der Leserstruktur beider Tageszeitungen. Der informierte Verbraucher erkenne, dass der Werbespot diese sachliche Aussage humorvoll überspitze und damit die Aufmerksamkeit der Werbeadressaten und eben keine pauschale Abwertung des Mitbewerbers bezwecke. Das Gericht *„entkleidet"* damit die humorvolle Werbung. Es misst den Werbespot der taz nicht unreflektiert an den lauterkeitsrechtlichen Maßstäben, sondern trennt zwischen der Kernaussage der Werbung und der humorvollen Übertreibung. Die humorvolle „Einkleidung", also vorliegend die überspitzte Darstellung des typischen BILD – Zeitungslesers, wird nunmehr daraufhin überprüft, ob sie den Mitbewerber dem Spott oder der Lächerlichkeit preisgibt. Aus der Formulierung

> *„der durchschnittlich informierte und verständige Durchschnittsverbraucher erkennt, dass es sich um eine humorvolle Überspitzung handelt, mit der die Aufmerksamkeit der Werbeadressaten geweckt und nicht die BILD-Zeitung oder deren Leserschaft pauschal abgewertet werden soll"*

ergibt sich, dass der informierte Verbraucher nach Ansicht des BGH bei einer humorvollen Einkleidung die Wesensmerkmale des Humors in Rechnung stellt. Humor, Satire und Ironie beinhalten gleichsam wesensimmanent Merkmale der Übertreibung, Überspitzung oder Vereinfachung. Völlig zu Recht sollte die lauterkeitsrechtliche Bewertung der humorvollen Einkleidung aus diesem Grund großzügiger bewerten werden. In Teilen der kommentierenden Lehre zeigt sich jedoch, dass auch diese Methode nicht vor einer restriktiven Interpretation gefeit ist. So stellt sich – insbesondere im Bereich der TV-Werbung – die Frage, was denn überhaupt die Kernaussage der Werbung ist? Die Werbung der taz kann hier erneut beinahe paradigmatisch die Hürden aufzeigen, derer sich humorvolle Werbevergleiche auch künftig zu erwehren haben: Nach Auffassung des BGH ist die Kernaussage des Werbespots der taz, die Leserstruktur der beiden Zeitungen sei schlicht verschieden. Mit der Textzeile *„Die taz ist nicht für jeden"* werde allein die Aussage verbunden, die taz spreche nicht den *„Massengeschmack"* an und wende sich mit ihrem Angebot nicht an potentielle Kunden wie den dargestellten BILD - Zeitungsleser[358]. In der Literatur wird aber mit durchaus bedenkenswerten Gründen auch Gegenteiliges vertreten. So sei die Kernaussage des

---

358 BGH GRUR 2010, 161 (164), Rn. 23.

Werbespots nicht etwa, dass die Zeitungen eine unterschiedliche Leserstruktur aufweisen, sondern vielmehr, dass Intellektuelle die taz kaufen und *„primitive und dumme Proleten“* die BILD-Zeitung[359]. Der Werbetext *„die taz ist nicht für jeden. Das ist ok“* wird folglich so verstanden, dass die *taz* sich eben nicht an die primitiven und dummen Leser der BILD – Zeitung richtet. Bei einer solchen Interpretation würde es bereits an einer Sachaussage fehlen, die der Überspitzung zugänglich wäre. Neben der Tatsache, dass bereits ein Verstoß gegen § 6 Abs. 2 Nr. 2 UWG vorliegen würde, wäre auch eine unlautere Herabsetzung anzunehmen. Zwar könnte wiederum zu bezweifeln sein, ob der Durchschnittsverkehr die Werbeaussage überhaupt ernst nähme, jedoch käme das Gericht nicht umhin zu bejahen, dass der Mitbewerber – in diesem Falle das verlegende Presseunternehmen – pauschal herabgewürdigt würde.

Nun wird es eher die Regel denn die Ausnahme sein, dass humorvolle Werbespots nicht nur einer einzigen Interpretation zugänglich sind. Insoweit gilt es aber Folgendes zu beachten: Es ist eine Tatsache, dass die Leserstrukturen der taz und der BILD sehr verschieden sind[360]. Besteht also jedenfalls die Möglichkeit, der fraglichen Werbung eine Sachaussage zu entnehmen, dann gebietet es der wettbewerbliche Grundsatz *„in dubio pro comparatione“*, die Werbung in dem für sie günstigsten Sinne auszulegen[361]. Darüber hinaus, sollte hier auch die Bedeutung des Grundrechts der Meinungsfreiheit Beachtung finden. Auch das BVerfG hatte im Falle *Benetton* klargestellt, dass es zwar nicht die Aufgabe der Karlsruher Richter sein könne, den Inhalt bestimmter Äußerungen *„abschließend“* zu bestimmen[362], im Falle mehrdeutiger Aussagen stehe den Fachgerichten aber ein *„Deutungsmonopol“* gerade nicht zu[363]. Vielmehr hätten sie sich jedenfalls mit der Mehrdeutigkeit der Aussage zu beschäftigen und ihr Auslegungsergebnis nachvollziehbar zu begründen[364]. Ist eine werbliche Äußerung demzufolge einer

---

359 So *Römermann/Günther*, BB 2009, 137 (139); zustimmend *Köhler* WRP 2010, 571 (573) FN 19.

360 Von den Lesern der BILD-Zeitung haben 43 % einen Hauptschulabschluss, 35 % die mittlere Reife und 4 % die Hochschulreife; 7 % sind Selbstständige, 34 % sind Angestellte oder Beamte und 37 % sind Facharbeiter, Quelle: Wikipedia – „Bild-Zeitung“, Stand: September 2011.

361 Der EuGH stellte in seinem Urteil Toshiba Europe fest, jene an die vergleichende Werbung zu stellenden Anforderungen seien in dem für sie günstigsten Sinn auszulegen, EuGH GRUR 2002, 354 (355) Rn. 37 - *Toshiba Europe.*

362 BVerfG NJW 2001, 591 (593).

363 *Fezer*, NJW 2001, 580 (582).

364 BVerfG NJW 2001, 591 (593).

lauteren und wettbewerbskonformen Auslegung zugänglich, so gebietet es die Bedeutung des Grundrechts der Meinungsfreiheit und insoweit der Grundsatz „*in dubio pro libertate*" von der Zulässigkeit der Äußerung auszugehen.

Geht man letztens mit der Ansicht des BGH konform, dass der informierte Durchschnittsverbraucher in der Lage ist, eine Kernaussage von der humorvollen Übertreibung zu trennen, dann macht die dargestellte Gegenmeinung wohl erneut den Fehler, gerade nicht zwischen der Kernaussage und der humorvollen Einkleidung zu differenzieren. Sicherlich kann man jeder bissigen, ironischen, überspitzt-formulierenden bzw. darstellenden Werbung vorwerfen, aus der Sicht des angesprochenen Verkehrs bleibe die überspitzt formulierte Aussage auch die Kernaussage der Werbung. Es entspricht aber gerade der Vorgabe des BGH, eine Werbeaussage - freilich nur so lange dies auch möglich ist - in einen sachlichen und einen humorvollen Teil zu trennen. Für den Werbespot der *taz* gilt: Der informierte Verbraucher ist sich über die Unterschiedlichkeit der Leserstrukturen der *taz* und der *BILD*-Zeitung bewusst. Diese Tatsache der unterschiedlichen Leserstruktur wird der informierte Verbraucher auch hinter dem Schleier der provokativen Darstellung erkennen. Der Werbespot beinhaltet demnach eine Sachaussage, die wiederum der humorvollen Übertreibung zugänglich ist. Es kann nur als widersprüchlich bezeichnet werden, begrüßt man auf der einen Seite eine liberalere Haltung deutscher Gerichte bei humorvollen Werbevergleichen und zeigt auf der anderen Seite im Rahmen der Auslegung keinerlei Verständnis für das Wesen eines persiflierenden Werbespots[365].

b) Auslegung durch den BGH

Der BGH kommt hier schließlich mit einer falschen Begründung zu einem richtigen Ergebnis. Falsch ist die Begründung, da der BGH eine unlautere Herabsetzung mit einer in der Literatur zu Recht als „*lebensfremd*"[366] kritisierten Interpretation der Werbung ablehnt. So verneint das Gericht im Hinblick auf die humorvolle Einkleidung eine pauschale Abwertung des Mitbewerbers, da die Werbung den dargestellten BILD-Zeitungsleser „*durchaus auch als gewitzt*"[367] darstelle, habe der Kunde doch zuletzt „*die Lacher auf seiner Seite*"[368]. Aufgrund der Darstellung des Kunden als „*gewitzt*" im zweiten Teil des Werbespots könne der Mitbewerber aber nicht mehr einwenden, seine Leserschaft werde pauschal als dumm und primitiv dargestellt. So richtig dieser Kausalzusammenhang auch

365 So *Köhler*, WRP 2010,571 ff; *Römermann/Günther* BetriebsBerater 2009, 137 (139).
366 *Römermann/Günther*, BetriebsBerater 2009, 137 (139).
367 BGH GRUR 161 (164), Rn. 22.
368 Ebda.

ist, die Interpretation des BGH ist beschönigend und realitätsfern. Richtigerweise ist es nämlich auch im zweiten Teil des Spots die Aussage der Werbung, für den „typischen" BILD-Zeitungsleser sei es völlig undenkbar die taz zu kaufen. Zwar nimmt der Kunde den Kioskinhaber im zweiten Teil tatsächlich auf den Arm, der Witz bleibt aber auch weiterhin, dass es für den typischen Kunden der BILD – Zeitung undenkbar sei, die taz zu kaufen. Damit ist die humorvolle Werbeaussage: Intellektuelle lesen die taz, Proleten die BILD - Zeitung. Sieht der BGH den Werbespot der taz im Bereich der zulässigen Grenzen des UWG, muss er diese realistische Interpretation aushalten; dies insbesondere, da hier eine pauschale Herabwürdigung dennoch mit guten Gründen abgelehnt werden kann. So kann die Tatsache allein, dass der Werbende darauf hinweist, auch ungebildete und schlichtere Menschen würden die Bild – Zeitung lesen, noch nicht ausreichen von einer pauschalen Herabsetzung der gesamten Leserschaft auszugehen. Vielmehr ist es eine Tatsache, dass die inhaltlichen Ausrichtungen der verglichenen Zeitungen sehr verschieden sind. Die BILD – Zeitung wird im Gegensatz zur taz auch von Angehörigen einer ungebildeten und intellektuell anspruchsloseren Schicht gelesen. Dies nun anhand eines besonders primitiv dargestellten BILD – Zeitungslesers deutlich zu machen, gibt die BILD – Zeitung bzw. deren Leserschaft noch nicht dem Spott oder der Lächerlichkeit preis[369].

Die Auslegung des BGH kann als Paradebeispiel für den Umgang deutscher Gerichte mit humorvoller vergleichender Werbung angesehen werden. Sogar im Falle eines Gerichtsurteils, welches humorvoller Werbung offensichtlich mehr Freiraum verschaffen möchte wird deutlich, wie sehr humorvolle Werbevergleiche in Deutschland noch in den Kinderschuhen stecken. Statt sich der Boshaftigkeit des Witzes zu stellen, bemüht das Gericht eine lebensfremde Interpretation, um dem Witz seine Schärfe zu nehmen[370]. Damit hat der BGH zwar im Ergebnis die Grenzen für humorvolle Werbung gelockert, seinem Urteil durch die konstruierte Interpretation der Werbung jedoch einen Gutteil seiner Wirkungskraft genommen.

3. Parallelen zum Presserecht

Die an das Presserecht angelehnte Argumentation des BGH sollte positiv gesehen werden, ist doch die Interessenlage im Rahmen humorvoller Werbevergleiche durchaus ähnlich. Es ist allgemein anerkannt, dass die Werbung zu einem

369 „*Köhler* WRP 2010, 571 (575).

370 *„Es ist unmöglich witzig zu sein ohne ein bisschen Bosheit. Die Bosheit eines guten Witzes ist der Widerhaken, der die ihn haften lässt. Richard Binsley Sherdian, 1751-1816 (irischer Dramatiker).*

nicht unerheblichen Teil von Humor, Ironie oder Satire lebt[371]. Ohne eine Berücksichtigung der Besonderheiten des Humors, würde ein humorvoller Werbevergleich in aller Regel an den §§ 6 Abs. 2 Nr. 2, Nr. 4 und Nr. 5 UWG scheitern. Der Humor ist selten objektiv, er ist für die Unterscheidung der Kennzeichen selten notwendig und er setzt den Mitbewerber in aller Regel herab. Auch hier bietet es sich somit an, die Kernaussage und die humoristische Einkleidung voneinander zu trennen und die Werbung in diesem Sinne differenziert zu bewerten. Diese Methode deutet der BGH in seinem Urteil *„Gib mal Zeitung"* an. Natürlich berücksichtigte der BGH auch schon in früheren Urteilen über die Maßgabe der Sichtweise des informierten Durchschnittsverbrauchers die Besonderheiten humorvoller Werbung. In seinem Urteil *„Die Steinzeit ist vorbei"* stellte der BGH z.B. fest, dass der informierte Verbraucher den Wortwitz des Slogans erkenne und aus diesem Grund nicht ernst nehme. Nach der Prüfungsmethodik des BGH in *„Gib mal Zeitung"* hätte der BGH in diesem Fall aber darüber hinaus zu prüfen gehabt, ob die Werbeaussage – auch wenn der Verkehr sie nicht ernst nimmt – den Mitbewerber dem Spott und der Lächerlichkeit preisgibt. Für diesen zweiten Aspekt der Prüfung bietet die *„Entkleidungsrechtsprechung"* des BGH nunmehr ein systematisches Gerüst. Es ist davon auszugehen, dass sich dieses systematische Gerüst positiv auf den Einsatz humorvoller Werbevergleiche auswirkt. Natürlich besteht aus der Sicht der Werbepraxis auch weiterhin die Gefahr, dass das jeweilige Fachgericht das Merkmal einer pauschalen Herabwürdigung zu restriktiv auslegt. Der BGH gibt hier aber eindeutig die Richtung vor: Im Falle einer sachlichen Kernaussage ist die humorvolle Übertreibung im Bewusstsein der Besonderheiten des Humors und der Satire zu bewerten.

D. § 6 II Nr. 2 UWG - Objektivitätsgrundsatz

I. Allgemeines

Nach der Vorschrift des § 6 II Nr. 2 UWG ist ein Werbevergleich unlauter, wenn er nicht objektiv auf eine oder mehrere wesentliche, relevante, nachprüfbare und typische Eigenschaften oder den Preis dieser Waren oder Dienstleistungen bezogen ist. Maßgeblich ist wiederum die Sichtweise des angesprochenen Verkehrs. So eindeutig wie es die Behandlung durch den BGH erscheinen lässt, ist die Beantwortung dieser Frage freilich nicht.

---

371 BGH GRUR 2010, 161 Rn. 20 – *Gib mal Zeitung;* GRUR 2002, 72, 74 – *Preisgegenüberstellung im Schaufenster*; GRUR 2002, 828 (830) – *Lottoschein; Köhler* in Köhler/Bornkamm, a.a.O., § 6 Rn. 172.

II. Eigenschaftsvergleich – „taz ist nicht für jeden" eine nützliche Information?

Es stellt sich zunächst die Frage, inwieweit hier nachprüfbare Eigenschaften verglichen werden: Eigenschaften werden verglichen, wenn sich aus der Angabe nützliche Informationen für die Erwerbsentscheidung der Verbraucher ergeben[372]. Nachprüfbar ist ein solcher Eigenschaftsvergleich, wenn er auf Tatsachen beruht, gleichsam dem Beweis zugänglich ist[373]. Nach Auffassung des BGH ergibt sich für den Verkehr aus dem Werbespot der taz eine nützliche Information über die Leserstruktur der beiden Zeitungen, da die Leserschaft *„Rückschlüsse auf den Inhalt"*[374] zulasse[375]. Nachprüfbar sei der Werbevergleich, da die Aussage *„die taz ist nicht für jeden"*, die taz richte sich also gerade nicht an den Massengeschmack, von Sachverständigen überprüft werden könne[376]. In der Literatur wird diese Ansicht des BGH nicht uneingeschränkt geteilt. So wird dem BGH vorgeworfen er argumentiere widersprüchlich[377]. Zwar verneine er einerseits eine unlautere Herabsetzung mit der Begründung, es sei allgemein bekannt, dass die Leserschaft der Bild - Zeitung nicht ausschließlich aus „Proleten" bestehe, andererseits sehe er in dem Werbevergleich eine nützliche Information über die Leserstruktur der verglichenen Zeitungen[378].

Dieser Konfliktpunkt reißt einen wichtigen Aspekt humorvoller Werbevergleiche an: Während die Rechtsprechung im Rahmen des § 6 Abs. 2 Nr. 5 UWG bereits frühzeitig feststellte, Humor und Ironie seien ein wesentlicher Teil kommerzieller Werbung und es müssten besondere Umstände vorliegen, um eine unlautere Herabsetzung anzunehmen, blieb eine solche Klarstellung im Bereich des § 6 Abs. 2 Nr. 2 UWG bisher aus[379]. Von einer widersprüchlichen Argumentation kann man hier nur sprechen, wenn man es gerade versäumt, den sachlichen Kern der Werbung von der humorvollen Einkleidung zu trennen. Im Falle einer humorvollen Werbeaussage ist dies aber zwingend, möchte man humorvolle Werbevergleiche nicht auf unzulässige Weise beschränken. So ist es gleichsam ein Wesenszug des Humors unsachlich, polemisch oder verzerrend zu sein und es wäre mit der Meinungsäußerungsfreiheit nicht zu vereinbaren,

---

372 BGHZ 158, 36, 33 f. - *Genealogie der Düfte.*

373 WRP 1998, 1065 – *Preisvergleichsliste II.*

374 BGH GRUR 2010, 161 (165) Rn. 27

375 So auch OLG Hamburg GRUR-RR 2004, 259, 260 – *Babes und Zicken;* OLG München GRUR-RR 2003, 373, 374 – *Branchentelefonbuch.*

376 BGH GRUR 2010, 161 (165) Rn. 28.

377 *Römermann/Günther,* BB 2010, 137 (140); *Köhler* WRP 2010, 571 (574).

378 *Römermann/Günther,* BB 2010, 137 (140).

379 *Koos,* WRP 2005, 1096 (1099).

wenn ein Werbevergleich bereits deswegen als unzulässig angesehen würde, weil die Werbeaussage sich den übertreibenden und karikierenden Wesenszügen des Humors bedient. Im vorliegenden Fall hat der BGH richtigerweise den Maßstab des § 6 Abs. 2 Nr. 2 UWG auf die entkleidete Kernaussage der Werbung beschränkt. Die überspitzte Darstellung eines Bild-Zeitungslesers, das humorvolle Aufgreifen von Stereotypen, soll die Kernaussage lediglich pointiert darstellen. Da der Humor und die Ironie wesentliche Bestandteile kommerzieller Werbung sind, hat der Verkehr allein die Kernaussage der Werbung an § 6 Abs. 2 Nr. 2 UWG zu messen. Vor diesem Hintergrund kann die Argumentation des BGH nunmehr auch nicht mehr als widersprüchlich bezeichnet werden. Im Rahmen des § 6 Abs. 2 Nr. 2 UWG hatte der BGH allein zu überprüfen, ob die entkleidete Kernaussage der Werbung nachprüfbare Eigenschaften vergleicht. Die Nachprüfbarkeit und die Nützlichkeit eines Vergleichs der Leserstruktur dürften insoweit unstrittig sein. Zwar nimmt der angesprochene Verkehr die humorvolle Werbeaussage nicht wörtlich und damit nicht ernst, der Kern der Werbung vermag aber durchaus nützliche Informationen zu vermitteln.

III. Objektivität des Vergleichs – Darstellung des BILD-Lesers eine rein subjektive Wertung?

Die Eigenschaften, welche in der Werbung verglichen werden, müssen zum einen wesentlich, relevant, nachprüfbar und typisch, der Vergleich muss außerdem objektiv sein. Hierzu stellt der BGH in einem Satz lapidar fest, die von dem Werbespot getroffene Aussage über die Struktur der Leserschaften beruhe nicht nur auf einer subjektiven Einschätzung, sondern auf objektiven Gegebenheiten. Auch diese Feststellung des BGH erfährt verschiedentlich Kritik[380]: Auch wenn man davon ausgehe, dass mit dem Werbespot die Struktur der Leserschaft der taz und der BILD-Zeitung verglichen werde, so könne die klischeehafte Darstellung des BILD - Zeitungslesers nicht als eine Einschätzung verstanden werden, die auf „*objektiven Gegebenheiten*"[381] beruhe[382]. Dem BGH wird insoweit insbesondere entgegengehalten, die Darstellung des BILD - Zeitungslesers entspringe in hohem Maße rein subjektiven Erwägungen[383]. Mit der Darstellung eines klischeehaften BILD - Zeitungslesers und dem Werbespruch „*die taz ist nicht für jeden*" werde ein Gegensatz zwischen den Leserstrukturen der verglichenen

380 *Köhler,* WRP 2010, 571 (574).
381 BGH GRUR 2010, 161 (165) Rn. 30.
382 *Köhler,* WRP 2010, 571 (574).
383 Ebda.

Zeitungen konstruiert, der mit den Realität nicht übereinstimme. Ein Blick auf die Leserschaft der BILD - Zeitung zeige, dass diese durchaus nicht nur von bildungsfernen Schichten gelesen werde[384]. Der Werbevergleich beruhe damit auf einer subjektiven Wertung und verstoße gegen den Objektivitätsgrundsatz aus § 6 Abs. 2 Nr. 2 UWG[385]. Aber auch in diese Hinsicht ist die Auffassung des BGH zu unterstützen. Die Kritik wird erneut nur ungenügend den Besonderheiten eines humorvollen Werbevergleichs gerecht. Ein Vergleich ist objektiv, wenn die Vergleichsaussage als solche nachvollziehbar ist und nicht allein auf subjektiven Erwägungen beruht[386]. Der Vergleich muss sich auf Tatsachen oder Werturteile mit einem Tatsachenkern beschränken[387]. Die entscheidende Frage ist somit, ob der Vergleich durch Tatsachen gedeckt ist oder auf rein subjektiven Erwägungen beruht. Ebenso ist festzuhalten, dass der Objektivitätsgrundsatz nicht bereits dann verletzt ist, wenn die Schlussfolgerungen des Vergleichs unvollständig oder einseitig sind. Nach neuerer Rechtsprechung des EuGH ist der § 6 Abs. 2 Nr. 2 auch nicht mehr im Sinne eines Sachlichkeitsgebots zu verstehen[388]. Der Werbende kann demnach durchaus eine Auswahl bezüglich der Eigenschaften treffen, die er in seiner Werbung verglichen haben möchte[389]. Nach dem sechsten Erwägungsgrund der Richtlinie 2006/114/EG soll die vergleichende Werbung dazu beitragen *„die Vorteile der verschiedenen Erzeugnisse objektiv herauszustellen.“* Auch die *taz* hat sich hier die Freiheit genommen, ihr Produkt von einer möglichst positiven Seite vorzuzeigen. Mit dem Werbespot und dem Slogan *„die taz ist nicht für jeden. Das ist ok.“* möchte sie herausstellen, dass die *taz* eine im Vergleich zur BILD -Zeitung deutlich intellektuellere Leserschaft besitzt. Und auch wenn diese Aussage nicht die ganze Geschichte erzählt – natürlich hat auch die BILD - Zeitung intellektuell-interessierte Leser - bestehen dennoch auffällige Unterschiede, die auf objektiven Gegebenheiten und eben nicht auf subjektiven Wertungen beruhen. Von den Lesern der taz haben im Schnitt 59 %

384 Von den Lesern der BILD-Zeitung haben 43 % einen Hauptschulabschluss, 35 % die mittlere Reife und 4 % die Hochschulreife; 7 % sind Selbstständige, 34 % sind Angestellte oder Beamte und 37 % sind Facharbeiter. Quelle: Wikipedia – „Bild-Zeitung“ (Stand: 4. August 2011).

385 *Köhler*, WRP 2010, 571 (574).

386 *Ohly* in Piper/Ohly/Sosnitza, a.a.O., § 6, Rn. 50.

387 BGH GRUR 1999, 69, 71 - *Preisvergleichsliste II;* GRUR 2004, 607, 612 - *Genealogie der Düfte; Nordmann* GRUR Int. 2002, 297 (300); *Sack*, WRP 2001, 327 (342).

388 GRUR 2007, 69 Rn. 40 ff – *LIDL Belgium/Colruyt*; *Ohly* in Piper/Ohly/Sosnitza, a.a.O., § 6 Rn. 50; a.A. noch BGH GRUR 99, 69, 71 – *Preisvergleichsliste II.*

389 *Köhler*, WRP 2010, 571 (573); OLG Hamburg GRUR-RR 2001, 33 (36).

die Hochschulreife[390], bei der BILD - Zeitung gerade einmal 4 %[391] (43 % haben einen Hauptschulabschluss und 35 % die mittlere Reife). Die Leserstruktur der beiden Zeitungen ist also tatsächlich sehr verschieden. Die *taz* richtet sich ausschließlich an ein intellektuelles Publikum, die BILD dagegen bedient *auch* einfachere Bevölkerungsschichten. Diese Aussage ist keine subjektive Wertung, sondern eine objektive Tatsache. Dem Werbespot vorzuwerfen, die klischeehafte Darstellung des Kunden der BILD - Zeitung beruhe auf einer nur subjektiven Wertung bedeutet, das Wesen humorvoller Darstellungen erneut zu verkennen. Wiederum würde nicht zwischen dem Aussagekern der Werbung und der humorvollen und übertriebenen, persiflierenden Darstellung des Vergleichs zur Aufmerksamkeitserregung im Wettbewerb unterschieden.

E. § 6 Abs. 2 Nr. 4 UWG

I. Allgemeines

Dem § 6 Abs. 2 Nr. 4 UWG kommt für den Kennzeichenschutz eine bedeutende Rolle zu. Der EuGH hat mittlerweile entschieden, dass im Falle einer zulässigen vergleichenden Werbung keine Kennzeichenrechtsverletzung vorliegen könne[392]. Ein unzulässiger Werbevergleich kann dagegen durchaus – und dies ist nur konsequent – eine kennzeichenrechtliche Verletzungshandlung darstellen. Der Begriff der unlauteren Ausnutzung der Wertschätzung nach § 14 Abs. 2 Nr. 3 MarkenG entspricht nach der Rechtsprechung des EuGH dem Begriff der unlauteren Rufausnutzung nach§ 6 Abs. 2 Nr. 4 UWG[393]. Damit erfüllt der § 6 Abs. 2 Nr. 4 UWG die wichtige Funktion des Kennzeichenrechtsschutzes im Rahmen vergleichender Werbung.

II. „taz“ - Werbespot

Die Ausführungen des BGH zu diesem Aspekt sind wohl unstreitig. So verweist der BGH bezüglich der Rufbeeinträchtigung richtigerweise auf einen Gleichlauf mit § 6 Abs. 2 Nr. 5 UWG[394]. Im Falle humorvoller Werbevergleiche sind die im Zusammenhang mit der Prüfung von § 6 Abs. 2 Nr. 5 UWG entwickelten

---

390 www.taz.de/taz/anz/gifs/TAZ-MA2005-Leserschaft.pdf, Stand: Juli 2011.

391 Wikipedia – „Bild-Zeitung“, Stand: Juli 2011.

392 EuGH GRUR 03, 533, Rn. 50 f – *Pippig Augenoptik/Hartlauer*; EuGH GRUR 08, 698 Rn. 45 – *O2/Hutchison 3G; Ohly* in Piper/Ohly/Sosnitza, a.a.O., § 6 Rn. 19.

393 EuGH GRUR 08, 698 Rdn 36 – *02/Hutchison 3 G*; EuGH GRUR 09, 756 Rn. 64 f – L'Oréal/Bellure.

394 *Köhler* in Köhler/Bornkamm, a.a.O., § 6 Rn. 164; OLG Hamburg MD 2005, 942.

besonderen Beurteilungskriterien auch hier fruchtbar zu machen. Ist eine unlautere Herabsetzung oder Verunglimpfung der Produkte oder Verhältnisse des Mitbewerbers zu diskutieren, steht immer auch die Möglichkeit einer Beeinträchtigung der Kennzeichen in Frage. Auch in diesem Zusammenhang müssen die Besonderheiten des Humors bei der rechtlichen Würdigung Beachtung finden. Der humorvolle Werbevergleich könnte weiterhin den Ruf des Mitbewerbers auf unlautere Weise ausnutzen. Die Verwendung eines Kennzeichens muss bei den angesprochenen Verkehrskreisen zu einer Assoziation zwischen dem Werbenden und dem Mitbewerber in der Weise führen, dass sich der Ruf der Erzeugnisse des Mitbewerbers auf die Erzeugnisse des Werbenden überträgt[395]. Man spricht insoweit von einem Imagetransfer. Im Falle des Werbespots der taz wird ein unlauterer Imagetransfer vom BGH mit Recht verneint, da es der taz ja gerade um eine scharfe Abgrenzung vom Mitbewerber geht. Zwar wird verschiedentlich vertreten, einer vergleichenden Werbung sei ein gewisses Maß an Rufübertragung gleichsam immanent, auch diese Auffassung verlangt jedoch einen *„guten Ruf“*, welcher der Ausnutzung überhaupt zugänglich ist[396]. Die *taz* knüpft hier eindeutig nicht an den guten Ruf der BILD - Zeitung an. Da es damit in diesem Falle bereits an einem Imagetransfer fehlt, hatte sich der BGH nicht mit der schwierigen Frage auseinanderzusetzen, ob hier eine in geringerem Maße rufausnutzende Gestaltung des Vergleichs möglich bzw. notwendig gewesen wäre[397].

F. Fazit

Das Urteil des BGH *„Gib mal Zeitung“* dürfte für frischen Wind bei humorvollen Werbevergleichen sorgen. Das Gericht hat die Grenzen in denen sich ein humorvoller Werbevergleich bewegen kann erkennbar erweitert. So stellt der BGH klar, es sei mit dem Leitbild des informierten und situationsadäquat aufmerksamen Durchschnittsverbrauchers nicht zu vereinbaren, den Einsatz von Humor im Rahmen von Werbevergleichen auf *„feinen Humor“* und *„leise Ironie“* zu beschränken[398]. Vielmehr sei der Durchschnittsverbraucher mittlerweile und in zunehmender Weise an pointierte Aussagen in der Werbung

395 BGH GRUR 2010, 161 (165), Rn. 33; EuGH GRUR 2002, 354 Rn. 52, 57 – *Toshiba Europe.*

396 BGH WRP 2005, 336 (338) – *Bestellnummerübernahme; Menke* in MüKo, a.a.O., § 6 Rn. 180; *Sack* GRUR Int. 1998, 263 (271 f.).

397 *Köhler* in Bornkamm/Köhler, a.a.O., § 6 Rn. 183; siehe insoweit auch Kapitel V.

398 BGH GRUR 2010, 161 (164), Rn. 20.

gewöhnt und empfinde sie als Ausdruck lebhaften Wettbewerbs[399]. Von einer unlauteren Herabsetzung ist somit nunmehr erst dann auszugehen, wenn der humorvolle Werbevergleich den Mitbewerber dem Spott und der Lächerlichkeit preisgibt oder der Verkehr die humorvolle Werbeaussage wörtlich und damit ernst nimmt[400]. Neben dieser Grenzverschiebung lässt der BGH aber auch eine neue Prüfungsmethodik erkennen. So genügt es im Rahmen des § 6 Abs. 2 Nr. 5 UWG nicht, dass der angesprochene Verkehr die Werbeaussage nicht wörtlich und damit ernst nimmt. Ist davon auszugehen, dass der Durchschnittsverbraucher die Werbeaussage nicht ernst nimmt, haben die Fachgerichte weiterhin festzustellen, ob der humorvolle Vergleich den Mitbewerber dem Spott und der Lächerlichkeit preisgibt. Insoweit prüft der BGH, ob die Werbung einer „Entkleidung" zugänglich ist. Es wird deutlich, dass der BGH es als geboten ansieht, humorvolle Werbevergleiche nicht unreflektiert an den lauterkeitsrechtlichen Maßstäben zu messen. Vielmehr ist zunächst die Kernaussage des Werbevergleichs herauszuarbeiten. Ähnlich der aus dem Presserecht bekannten „Entkleidungsrechtsprechung"[401] des BVerfG soll der humorvolle Teil der Werbung großzügiger bewertet werden. Der BGH bietet damit erstmals im Zusammenhang mit humorvollen Werbevergleichen ein systematisches Konzept an. Dies sollte es den Fachgerichten künftig einfacher machen, humorvolle Werbung nicht schablonenartig, aber doch einigermaßen stringent zu bewerten. Des Weiteren schließt das Urteil des BGH im Hinblick auf das *„Informationsgebot"*[402] eine systematische Lücke in der höchstrichterlichen Rechtsprechung. Dem satirischen oder ironischen Vergleich ist eine gewisse Herabsetzung gleichsam wesenseigen. Da Humor und Ironie nach Ansicht des BGH aber einen wesentlichen Bestandteil von Werbung darstellen, ist es insoweit anerkannt, dass die Gerichte das Merkmal der Herabsetzung einschränkend auslegen. Der humorvolle Vergleich stellt nur dann eine unlautere Herabsetzung dar, wenn der Witz vom Verkehr ernst genommen wird oder den Mitbewerber dem Spott und der Lächerlichkeit preisgibt. Eine solche einschränkende Auslegung fehlte bisher im Rahmen des § 6 Abs. 2 Nr. 2 UWG. Nunmehr differenziert der BGH zwischen der Kernaussage und der humorvollen Überspitzung und legt allein an die Kernaussage der Werbung den Maßstab des § 6 Abs. 2 Nr. 2 UWG an. Es wäre widersprüchlich, wenn man im Rahmen des § 6 Abs. 2 Nr. 5 UWG die

399 Ebda.

400 Ebda.

401 BVerfG NJW 1987, 2661; NJW 1992 2073; NJW-RR 2005, 196; GRUR 2006, 255; GRUR 2007, 139.

402 *Köhler in* Köhler/Bornkamm, a.a.O., § 6 Rn. 102.

Besonderheiten des Humors berücksichtigt, nicht aber bei der Überprüfung des § 6 Abs. 2 Nr. 2 UWG. Und es wäre nur schwerlich mit der Bedeutung der kommerziellen Meinungsfreiheit zu vereinbaren, wenn jede humorvolle Vergleichsaussage aufgrund der wesenstypischen Merkmale von Satire und Ironie an dem Informations- und Objektivitätsgebot des § 6 Abs. 2 Nr. 2 UWG scheitern würde.

4. Kapitel
Meinungsäußerungsfreiheit, Art. 5 Abs. 1 Satz 1 GG, Art. 11 GRCh, Art. 10 EMRK

„Wer Verfassungsrecht sät,
wird Verfassungsrechtsprechung ernten“
und *„wer unterschiedliches Verfassungsrecht sät,*
wird unterschiedliche Verfassungsrechtsprechung ernten“[403]
(Udo Steiner, Richter am BVerfG a.D.)

§ 8 Allgemeines

In diesem Kapitel soll untersucht werden, wie sich das Grundrecht der Meinungsäußerungsfreiheit auf die Bewertung der rechtlichen Grenzen humorvoller Werbevergleiche auswirkt. Es ist vorwegzunehmen, dass jedes Verbot eines humorvollen Werbevergleichs freilich eine Beschränkung der freien Meinungsäußerung darstellt. Insoweit dürfte es interessant sein festzustellen, unter welchen Umständen die maßgeblichen Verfassungsgerichte einen solchen Eingriff als gerechtfertigt ansehen. Die Verfassung bildet insoweit den unverzichtbaren Rahmen innerhalb dessen den Fachgerichte ihre Gestaltungsfreiheit zukommt. Die Reichweite des Grundrechtsschutzes wird grundsätzlich bestimmt von der Spruchpraxis des BVerfG. Die gesetzliche Regelung der vergleichenden Werbung beruht nun aber auf einer europäischen Richtlinie. Entsprechend dem Anwendungsvorrang des EU – Rechts könnten damit freilich allein die europäischen Grundrechte, namentlich die EU – Charta, maßgeblich sein. Nur der oberflächliche Betrachter wird diese Differenzierung aufgrund eines weitgehenden Gleichlaufs der Anerkennung grundrechtlicher Rechte auf nationaler und europäischer Ebene für bedeutungslos halten. Eine sorgfältigere Prüfung lässt demgegenüber bald erkennen, dass der nationale und der europäische Grundrechtsschutz verschiedentlich substantiell voneinander abweichen. Dies gilt auch und in besonderer Weise für das Grundrecht der kommerziellen Kommunikationsfreiheit. Das folgende Kapitel analysiert insoweit zum einen die internationale Grundrechtsrechtsprechung im Bereich der Werbung und setzt sich zum anderen mit dem Konflikt eines divergierenden Grundrechtsstandards auseinander.

---

403 *Steiner* in Geis/Lorenz, Festschrift für Maurer (2001), S. 1005 (1014).

§ 9 Grundrechtskonforme Auslegung - Geltung der Grundrechte im Zivilrecht

A. Allgemeines

Bevor jedoch das Grundrecht kommerzieller Äußerungsfreiheit näher beleuchtet wird, ist darzulegen, nach welchen Regeln und in welchen Grenzen die nationalen und europäischen Grundrechte auf das nationale Zivilrecht Einfluss zu nehmen vermögen.

B. Mittelbare Drittwirkung der Grundrechte des Grundgesetzes

Der Art. 1 Abs. 3 GG bindet alle Staatsgewalt an die Grundrechte des Grundgesetzes. Hiernach müssten auch die Zivilgerichte in Zivilrechtsstreitigkeiten die Grundrechte beachten. Nach der klassischen *„geistesgeschichtlichen Grundrechtsidee“*[404] sind Grundrechte jedoch Abwehrrechte des Bürgers gegen den Staat. Auf den zivilrechtlichen Streit Privater, einem Konflikt gleichsam auf Augenhöhe, könnten diese Abwehrrechte damit nicht anzuwenden sein. Nach der berühmten *Lüth* – Entscheidung des BVerfG beinhalten die Grundrechte neben dem Schutz der Freiheitsrechte des Bürgers auch eine *„objektive Wertordnung“*[405] und beeinflussen *„selbstverständlich“*[406] auch das Recht der Privaten. Über das Institut der mittelbaren Drittwirkung entfalten die Grundrechte im Zivilrecht zwar keine direkte Wirkung, sondern vielmehr mittelbar über das einfache Recht, welches im Lichte des Grundgesetzes ausgelegt werden muss[407]. Dabei sind auslegungsbedürftige Begriffe oder Generalklauseln gleichsam die *„Einbruchstelle“*[408] der Grundrechte im Zivilrecht. Die Fachgerichte haben damit die betroffenen Grundrechte bei der Auslegung und Anwendung einer zivilrechtlichen Norm in hinreichender Weise und entsprechend ihrer Bedeutung zu berücksichtigen. Die Grenze der mittelbaren Drittwirkung muss dabei der Wortlaut einer gesetzlichen Vorschrift darstellen[409]. Der konstitutive Grundsatz der Gewaltenteilung muss einer Auslegung contra legem prinzipiell

404 BVerfG NJW 1958, 257 (257) – *Lüth.*

405 BVerfG 1958, 257 (257) – *Lüth.*

406 Ebda.

407 *Steinbeis/Detjen/Detjen,* Grundgesetz, 2009, S. 106; BVerfG 1958, 257 (257) – *Lüth.*

408 Ebda.

409 BVerfG 101, 312 (329) Rn. 52 – *Versäumnisurteil;* BVerfGE 18, 97 (111); 98, 17 (45).

entgegenstehen[410]. Bei einer genaueren Durchsicht der Karlsruher Rechtsprechung ergibt sich jedoch insbesondere mit Blick auf die Wortlautgrenze ein eher unübersichtliches Bild[411]. Aber auch wenn das BVerfG in der Praxis diesen Standard verschiedentlich nicht durchgehalten hat, sollte einer verfassungskonformen Rechtsfortbildung mit Blick auf den Kompetenzbereich des Gesetzgebers auch weiterhin nicht das Wort geredet werden[412].

C. Unionsgrundrechtskonforme Auslegung

I. Unionsgrundrechte - Entwicklungslinien

Der EuGH stellte in früheren Entscheidungen fest, dass eine Überprüfung von Gemeinschaftsrecht an nationalen Grundrechten nicht zulässig sei[413]. Die Möglichkeit von Unionsgrundrechten zog der EuGH noch nicht in Betracht[414]. Häufig wird insoweit die *Solange I* – Entscheidung[415] des BVerfG als entscheidendes Moment für die Entstehung europäischer Grundrechte genannt. Richtigerweise hatte der EuGH aber bereits im Jahre 1969 in seinem Urteil *Stauder*[416] erstmals von einer generellen Grundrechtsgebundenheit des Gemeinschaftsrechts gesprochen. Hiernach hat der EuGH bei der Auslegung der fraglichen Vorschrift *„die in den allgemeinen Grundsätzen der Gemeinschaftsrechtsordnung, deren Wahrung der Gerichtshof zu sichern hat, enthaltenen Grundrechte"* zu beachten[417]. Damit erkannte der EuGH erstmals europäische Grundrechte als ungeschriebene Rechtsgrundsätze der europäischen Gemeinschaft an. In den folgenden Urteilen *Internationale Handelsgesellschaft*[418] und *Nold*[419] entwickelte der EuGH die Gemeinschaftsgrundrechte in dem Sinne weiter, als er klarstellte, dass nicht die nationalen Grundrechte, sondern vielmehr die *„gemeinsamen Verfassungsüberlieferungen der Mitgliedstaaten"*[420] sowie völkerrechtliche Verträge zum Schutz

---

410 *„Das einfache Recht würde zur bloßen Hülle für grundrechtliche Wertungen degradiert", Heinrich,* Formale Freiheit, *S. 126.*

411 BVerfG NJW 1992, 890 (891); E 86, 288; 97, 186 (196).

412 *Voßkuhle,* AÖR 125 (2000), S. 177 (197).

413 EuGH Slg. 1966, 885, 921 – *Ruhrkohlen-Verkaufsgesellschaft.*

414 *Kober,* Grundrechtsschutz in der Europäischen Union, 2008, S. 24.

415 BVerfGE 37, 271 ff – *Solange I.*

416 EuGH 12. 11. 1969, C-29/69 - *Stauder.*

417 EuGH Slg. 1969, S. 414, 425, Rdn. 7 – *Stauder.*

418 EuGH Slg. 1970, 1125, Rdn. 4 – *Internationale Handelsgesellschaft.*

419 EuGH Slg. 1974, 491, Rdn. 13 – *Nold.*

420 EuGH Slg. 1970, 1125, Rdn. 4 – *Internationale Handelsgesellschaft.*

der Menschenrechte wie die EMRK[421] als Rechtsquelle dienen[422]. Insbesondere das Europäische Parlament verfolgte beharrlich einen kodifizierten europäischen Grundrechtekatalog. In einer gemeinsamen Erklärung 1977 verpflichtete sich das Europäische Parlament, der Rat und die Kommission die Grundrechte zu achten[423], 1986 erschienen die Grundrechte erstmals in den europäischen Verträgen, namentlich in der Präambel der Einheitlichen Europäischen Akte, der Vertrag von Maastricht kodifizierte schließlich 1992 die Grundrechterechtsprechung des EuGH in Art. F Abs. 2 EUV. Die Union hatte hiernach *„die Grundrechte, wie sie in der am 4. November 1950 in Rom unterzeichneten Europäischen Konvention zum Schutze der Menschenrechte und Grundfreiheiten gewährleistet sind und wie sie sich aus den gemeinsamen Verfassungsüberlieferungen der Mitgliedstaaten als allgemeine Grundsätze des Gemeinschaftsrechts ergeben“* zu achten[424]. Im Jahre 1999 beschlossen die Staats- und Regierungschefs die Erarbeitung eines Kataloges europäischer Grundrechte[425], 2000 wurde die Charta proklamiert und schließlich mit in Kraft treten des Vertrages von Lissabon im Jahr 2009 ratifiziert. Ebenfalls im Zuge des Vertrages von Lissabon und mit Inkrafttreten des 14. Protokolls zur EMRK im Jahre 2010 wurden die Voraussetzungen für einen Beitritt der EU zur EMRK geschaffen. Zwar ist die Europäische Union bisher der EMRK noch nicht beigetreten, Art. 6 Abs. 2 EUV ermächtigt die EU jedoch, einen solchen Vertrag abzuschließen[426]. Die Union würde sich damit der Kontrolle durch den EGMR unterwerfen.

II. Unionsgrundrechtskonforme Auslegung

Bei den Grundrechten der EU – Charta handelt es sich um europäisches Primärrecht, da sie nach Art. 6 Abs. 1 EUV im Rang den Verträgen gleichstehen[427].

---

421 EuGH Slg. 1974, 491, Rdn. 13 – *Nold;* deutlicher in EuGH Slg. 1979, 3727, Rdn. 14 – *Hauer.*

422 *Ehlers (Hrsg.),* Europäische Grundrechte und Grundfreiheiten, 3. Auflage, 2009, § 1 III 2, Rdn. 29 ff.

423 Gemeinsame Erklärung v. 5. April 1977, ABL 1977 C 103/77.1.

424 Später im Vertrag von Amsterdam (2. Oktober 1997) in Art. 6 Abs. 2 EUV.

425 Unter dem Vorsitz des ehemaligen Bundespräsidenten Prof. Roman Herzog erarbeitete der Europäische Konvent, bestehend aus Beauftragten der Staats- und Regierungschefs, der Kommission, des Europäischen Parlaments sowie der nationalen Parlamente einen „Entwurf einer Charta der Grundrechte der Europäischen Union.“

426 Die offiziellen Gespräche über einen Beitritt der EU zur EMRK wurden am 7.7.2010 eingeleitet.

427 EuGH, Rs. 555/07 v. 19.1.10, Rn. 22; *ders.* in Jarass, GRCh Einl., (2010), Rn. 9.

Den Unionsgrundrechten kommt ebenso wie den Grundfreiheiten eine objektiv-rechtliche Bedeutung zu[428]. Sie strahlen auf das gesamte Unionsrecht aus. Das Recht der Union sowie das mitgliedsstaatliche Recht muss somit unionsgrundrechtskonform ausgelegt und angewandt werden[429]. Die unionsgrundrechtskonforme Auslegung ist dabei Ausfluss des Anwendungsvorrangs des EU – Rechts[430] und entspricht dem Versuch, nationale Vorschriften europarechtskonform zu erhalten. Scheitert die primärrechtskonforme Auslegung, so ist die nationale Norm unanwendbar[431]. Im Gegensatz zu dem Primärrecht der Grundfreiheiten, ist im Hinblick auf die Bindung der Mitgliedstaaten jedoch einschränkend festzuhalten, dass die unionsgrundrechtskonforme Auslegung nach Art. 51 Abs. 1 Satz 1 GRCh *„ausschließlich bei der Durchführung des Rechts der Union"* gilt[432]. Insoweit unterscheiden sich die Grundrechte der Charta entscheidend von den europäischen Grundfreiheiten, die auch im Rahmen rein nationaler Rechtssetzung Geltung beanspruchen[433]. Im Hinblick auf die Grenzen einer unionsgrundrechtskonformen Auslegung gelten die allgemeinen Grundsätze der EU - rechtskonformen Auslegung[434]. Nach der Rechtsprechung des EuGH darf eine EU – rechtskonforme Auslegung dabei insbesondere nicht contra legem angewandt werden[435]. Das nationale Recht muss demnach überhaupt erst Spielräume für eine EU – rechtskonforme Auslegung eröffnen[436]. Ansonsten bleibt es der nationalen Methodenlehre überlassen, die Grenzen der richterlichen Auslegung von einfachen Gesetzen festzulegen[437]. In Deutschland bilden damit der klare Wortlaut und der in den Gesetzesmaterialien zum Ausdruck kommende Wille des Gesetzgebers die zwingende Grenze der EU – rechtskonformen Auslegung[438]. Die deutschen Fachgerichte haben europäisches Recht damit sowohl

428 *Ehlers* in Ehlers, Europäische Grundrechte und Grundfreiheiten, 3. Auflage, 2009, § 14 IV Rn. 39.

429 *Wolf* in Soergel, 13. Auflage, 2005, Einl., Rn. 57.

430 In Deutschland ergibt sich die Pflicht zur EU – rechtskonformen Auslegung aus Art. 32 I S. 1 GG.

431 *Borowsky* in Meyer, GRCh, 3. Auflage, 2010, Art. 53 Rn. 10.

432 EuGH, Slg. 1991, I-2925, Rn. 43; Slg. 1992, I-2575, Rn. 23.

433 *Jarass* (2010), Art. 51 GRCh Rn. 10.

434 *Jarass* (2010), Einl. Rn. 54; *Roth,* EWS 2005, 385 ff.

435 EuGH NJW 2006, 2465 – *Adeneler;* Slg. I 2005, S. 5285, Rn. 44 und 47 – *Pupino.*

436 *Jarass,* EuR 1991, 211 (217).

437 Ebda.

438 Im Rahmen der richtlinienkonformen Auslegung hat der BGH mittlerweile auch eine richtlinienkonforme Rechtsfortbildung über den klaren Wortlaut der Norm hinaus anerkannt (NJW 2009, 412 f.). Ob dies auch für die primärrechtskonforme

richtlinienkonform als auch Unionsgrundrechtskonform auszulegen. Der EuGH nimmt seine grundrechtliche Kontrolle an dieser Stelle im Wege des Vorabentscheidungsverfahrens nach Art. 267 AEUV wahr[439].

§ 10 Rechtsprechungsübersicht - kommerzielle Meinungsäußerungsfreiheit

A. Schutzbereich

I. Art. 5 I S. 1 - Rechtsprechung des BVerfG

1. Allgemeines

a) „Meinung" im Rechtssinn

Die Meinungsäußerungsfreiheit nach Art. 5 Abs. 1 Satz 1 GG umfasst in sachlicher Hinsicht das Recht der freien Rede[440]. Entscheidend ist das Element der Stellungnahme, des Dafürhaltens oder Meinens[441]. Eine Tatsachenmitteilung ist somit keine *„Meinung"* im Rechtssinne, da ihr der subjektiv-wertende Gehalt fehlt[442]. Soweit sie aber *„Voraussetzung zur Bildung von Meinungen ist"*, fällt auch sie in den Schutzbereich des Art. 5 Abs. 1 Satz 1 GG, da dieser die Meinung in ihrer Gesamtheit schützen möchte[443]. Schließlich beschränkt sich der Schutzbereich des Art. 5 GG weder auf eine Darstellung von Meinungen in Wort, Schrift

---

Auslegung gilt, muss abgewartet werden, erscheint jedoch eher fraglich; *Kroll-Ludwigs / Ludwigs*, ZJS 2009, 7 ff. und 123 ff; *Grosche / Höft*, NJOZ 2009, 2294 ff.

439 Die Möglichkeit einer Verfassungsbeschwerde besteht für die Grundrechtsberechtigten auch weiterhin nicht. Dem Grundrechtsberechtigten steht aber zum einen die Möglichkeit einer Verfassungsbeschwerde nach Art. 101 GG zu, sollte das letztinstanzliche Gericht der Vorlagepflicht nicht nachkommen. Eine Vorlagepflicht besteht nach der Rechtsprechung des BVerfG, wenn ein letztinstanzliches Gericht seine Vorlagepflicht grundsätzlich „verkennt", zu einer entscheidungserheblichen Frage des Unionsrechts „einschlägige Rechtsprechung des EuGH noch nicht vorliegt" oder wenn eine vorliegende Rechtsprechung die entscheidungserhebliche Frage „möglicherweise" noch nicht abschließend beantwortet hat, BVerfG EuZW 2001, 255 f.

440 *Herzog* in Maunz/Dürig, Grundgesetz, 60. Auflage, 2010, Art. 5 I Rn. 49.

441 BVerfGE 7, 198 (208); 12, 113 (124 f.); 44, 197 (202); 54, 208 (219).

442 Herzog in Maunz/Dürig, a.a.O., Art. 5 I Rn. 55a.

443 Ständ. Rspr. seit BVerfGE 61, 1 (8); *Jarass* in Jarass/Pieroth, GG, 11. Auflage, 2011, Art. 5, Rn. 4.

oder Bild, noch kann die Verbreitung von Meinungsäußerungen wirksam von dem Schutz der Äußerung von Meinungen getrennt werden[444].

In personaler Hinsicht steht die Grundrechtsfähigkeit, die Fähigkeit, Träger von Grundrechten zu sein, in Frage. Diese Grundrechtsfähigkeit ist im Rahmen des Art. 5 GG zunächst jeder natürlichen Person zuzugestehen[445]. Art. 5 GG normiert ein sog. *„Jedermann"*- und gerade kein *„Deutschen"*- oder *„Bürger"*-Grundrecht. Private Unternehmen sind nach Art. 19 Abs. 3 GG grundrechtsfähig soweit die Grundrechte ihrem Wesen nach auf diese anwendbar sind. Der in Art. 19 Abs. 3 GG verwendete Begriff der *„juristischen Person"* ist dabei nach überwiegender Ansicht *„untechnisch"*[446] zu verstehen. Er bezieht sich sowohl auf Personengesellschaften als auch Personenvereinigungen soweit diese eine gewisse Struktur erkennen lassen und auf Dauer angelegt sind[447]. Da in einer juristische Person des Privatrechts stets die Aktivitäten natürlicher Personen zum Ausdruck kommen, ist der Art. 5 Abs. 1 Satz 1 GG seinem Wesen nach auch auf private Unternehmen anwendbar. Allein Unternehmen mit Sitz im Ausland sind nach dem klaren Wortlaut des Art. 19 Abs. 3 GG nicht grundrechtsfähig.

b) Wirtschaftswerbung

Der Schutzbereich der Meinungsäußerungsfreiheit ist somit denkbar weit. Nichts desto trotz vertrat die Rechtsprechung über einen langen Zeitraum die Auffassung, kommerzielle Meinungsäußerungen dürften nicht in den Schutzbereich des Art. 5 Abs. 1 Satz 1 GG fallen[448]. Das BVerfG sah – um nur ein Beispiel aus der Rechtsprechung zu nennen – in seinem Urteil *„Reklamefahrten"* vom 10.12.1975 *„keinen Anlass"* Beschränkungen der kommerziellen Kommunikation an Art. 5 Abs. 1 Satz 1 GG zu messen, da es *„nur"* um Wirtschaftswerbung gehe[449]. Für eine Schutzbereichserweiterung sah das Gericht auch überhaupt kein Bedürfnis, da kommerzielle Kommuniaktion von dem Wirtschaftsgrundrecht der Berufsfreiheit nach Art. 12 GG geschützt werde. Werbeaussagen hätten in erster Linie die Beeinflussung der Konsumenten und die Absatzsteigerung

444 *Herzog* in Maunz/Dürig, a.a.O., Art. 5 I Rn. 73; *Scheuner,* VeröffVDStRL Heft 22, S. 63

445 *Herzog* in Maunz/Dürig, a.a.O., Art. 5 I Rn. 15.

446 *Epping,* Grundrechte, 4. Auflage, 2009, Rn. 156.

447 BVerfG NVwZ 2009, 441, 442 – *Bayrisches Versammlungsgesetz.*

448 BVerfG GRUR 72,358,360; BVerfGE 32,311 (316 ff.); BVerfGE 33,125 (165 ff.); BVerfGE 36,212 (216); a.A. schon damals: *Lerche,* Werbung und Verfassung, 1967, S. 77 ff.

449 BVerfG NJW 1976, 559 (560) – *„Reklamefahrten".*

im Blick. Damit stehe das Äußern einer Meinung nicht im Vordergrund[450]. Am 19.11.1985[451] rückte das BVerfG mit seiner Entscheidung *„Ärztliche Indikation"* erstmals von dieser Rechtsprechung ab. In dem konkreten Fall hatte sich ein Arzt in verschiedenen Veröffentlichungen werblich geäußert. Im Hinblick auf Art. 5 I S. 2 GG stellte das BVerfG nunmehr fest,

> *„dass das Grundrecht der Meinungsfreiheit auch für Wirtschaftswerbung jedenfalls dann als Prüfungsmaßstab in Betracht kommt, wenn eine Ankündigung einen wertenden, meinungsbildenden Charakter hat oder Angaben enthält, die der Meinungsbildung dienen"*[452].

Die besondere Nähe des konkreten Falles zur Pressefreiheit und die Tatsache, dass es sich nicht um eine Wirtschaftswerbung im herkömmlichen Sinne handelte[453], nahmen der Entscheidung aber etwas von ihrer Wirkungskraft[454]. Wohl auch aus diesem Grund wird allenthalben dem *Benetton I* Urteil des BVerfG eine gleichsam paradigmatische Bedeutung zuerkannt[455]. In jedem Fall vollendete Benetton I einen Wandel in der Verfassungsrechtsprechung hin zu einem Grundrecht der kommerziellen Kommunikationsfreiheit, der mit dem Urteil *„Ärztliche Indikation"* eingeschlagen wurde. In den nächsten Jahren sollte das BVerfG in zahlreichen weiteren Fällen lauterkeitsrechtliche Werbeverbote mit einem Verweis auf die Bedeutung und Tragweite grundrechtlicher Rechte aufheben[456].

---

450 *Kloepfer/Michael,* GRUR 1991, 170 (173); *Wacke* in: Festschrift für Friedrich Schack, 1966, S. 197 (198).

451 BVerfG NJW 1986,1533 – *Ärztliche Indikationsangaben.*

452 BVerfG NJW 1986,1533 (1535) – *Ärztliche Indikationsangaben.*

453 So wurde die Besonderheit in dem konkreten Fall insbesondere darin gesehen, dass eine besondere Nähe zur Pressefreiheit bestand, da die fraglichen Angaben in einem Buch und einer Zeitschrift veröffentlicht wurden, GRUR Int. 2006,965 (967) – *Faßbender.*

454 *Faßbender,* GRUR Int. 2006,965 (967); a.A. *Kloepfer/Michael,* GRUR 1991,170 (173 ff.).

455 *„Das BVerfG hat im Urteil vom 12. 12. 2000 [..] eine Grundsatzentscheidung zur Bedeutung des Grundrechts auf Meinungs- und Pressefreiheit im Wettbewerbsrecht getroffen"*, BVerfG GRUR 2001,1160 ff. – *Therapeutische Äquivalenz.*

456 Siehe auch BVerfG NJW 2001,591 - *Benetton I;* BVerfG NJW 2003,1303 - *Benetton II;* BVerfG WRP 2001,1160 – *Therapeutische Äquivalenz;* BVerfG NJW 2002,1197 – *Tier-und Artenschutz;* BVerfG NJW 2003,277 – *Juve-Handbuch;* BVerfG NJW 2003,2299 - *Müller-Fauré;* BVerfG NJW 2003,2219 – *Anonymer Preisvergleich.*

2. Rechtsprechung des BVerfG

a) Benetton I[457]

Dem Urteil lagen Verfassungsbeschwerden gegen zwei Entscheidungen des BGH zugrunde[458]. Auslöser war eine Werbekampagne des italienischen Modeunternehmens *Benetton*, in welcher gesellschaftliche Missstände und Umweltkatastrophen abgebildet wurden, versehen allein mit dem Schriftzug der Firma *Benetton*. So zeigten die Motive zum Beispiel eine auf einem Ölteppich schwimmende Ölverschmutzte Ente, schwer arbeitende Kinder verschiedener Altersstufen oder ein nacktes menschliches Gesäß auf das die Worte *„H.I.V. positive"* gestempelt worden war. Der BGH sah in dieser Werbung eine sittenwidrige, gefühlsbetone Werbung nach § 1 a.F. UWG[459]. Die Werbung errege Gefühle des Mitleids und der Ohnmacht und führe so zu einer Solidarisierung mit dem Werbenden. Die Meinungsfreiheit sei durch diese Bewertung insoweit nicht betroffen, als dass die fragliche Werbung nur kommerziellen Zwecken diene und zur öffentlichen Auseinandersetzung nichts Wesentliches beitrage. Der deutsche Verlag in dessen Zeitschrift die Anzeigen erschienen, legte gegen zwei der BGH Urteile - *„HIV – Positive"*[460] und *„Ölverschmutzte Ente"*[461] - Verfassungsbeschwerde ein. Das BVerfG sah durch die fraglichen Unterlassungsurteile des BGH die Pressefreiheit betroffen, in welche die Meinungsäußerungsfreiheit eingebettet sei. Den entscheidenden verfassungsrechtlichen Maßstab bildete damit dennoch der Art. 5 Abs. 1 Satz 1 GG. Auf diesem *„gekrümmten Weg"*[462] äußerte sich das BVerfG sodann grundlegend zu dem grundrechtlichen Kommunikationsschutz der Wirtschaftswerbung. Im Hinblick auf den Schutzbereich des Art. 5 Abs. 1 Satz 1 GG führte das Gericht aus:

> *„Der [..] Schutz des Art. 5 I 1 GG erstreckt sich auch auf kommerzielle Meinungsäußerungen sowie reine Wirtschaftswerbung, die einen wertenden, meinungsbildenden Inhalt hat"*[463].

Die Werbefotos der Benetton-Kampagne entsprechen einer Äußerung mit wertendem, meinungsbildendem Inhalt und genießen damit den Schutz des

---

457 BVerfG NJW 2001, 591 – *Benetton I.*

458 BGH GRUR 1995,600 – *H.I.V. Positiv I;* BGH GRUR 1995,598 – *Ölverschmutzte Ente; Wassermeyer* GRUR 2002, 126 ff.

459 BGH GRUR 1995,595 – *Kinderarbeit;* BGH GRUR 1995,598 – *Ölverschmutzte Ente;* BGH GRUR 1995,600 – *H.I.V. positiv.*

460 BGH GRUR 1995, 600 ff. – *„H.I.V. Positiv"*.

461 BGH GRUR 1995, 598 ff. – *„Ölverschmutzte Ente"*.

462 *Ahrens,* JZ 2004,763.

463 BVerfG NJW 2001,591 - *Benetton I.*

Art. 5 Abs. 1 Satz 1 GG. Auch ändere es nichts, dass der Werbende sich mit diesen Themen im Rahmen einer reinen Imagewerbung auseinandersetze[464].

Spätestens mit diesem Urteil des BVerfG war der Wandel vollzogen. Werbende können sich nun im Falle von lauterkeitsrechtlichen Beschränkungen auch auf das Grundrecht der Meinungsfreiheit berufen und die Fachgerichte haben bei jedem lauterkeitsrechtlichen Verbot die konkreten Implikationen für die Meinungsfreiheit angemessen zu berücksichtigen. Das Urteil *Benetton I* beendete die Rechtsansicht, eine wertende Äußerung falle allein deshalb aus dem Schutzbereich der Meinungsfreiheit, da sie in einem kommerziellen Zusammenhang getätigt wurde. Doch auch nach diesem *„Markstein in der Geschichte des Wettbewerbsrechts"*[465] hätten die Folgen für die lauterkeitsrechtliche Rechtsprechung überschaubar bleiben können. So bestand durchaus die Möglichkeit das BVerfG dahingehend zu verstehen, die Schutzbereichserweiterung beziehe sich allein auf Meinungsäußerungen zu gesellschaftlichen oder politisch relevanten Fragen, die - beinahe möchte man sagen *„zufällig"* – in einem kommerziellen Kontext stehen[466]. Dieser restriktiven Auslegung hat das BVerfG wenige Monate später am 1.8.2001 mit der Begründung seiner Entscheidung *„Therapeutische Äquivalenz"*[467] einen Riegel vorgeschoben.

b) „Therapeutische Äquivalenz"[468]

Ausgangspunkt dieses Rechtsstreits war die kommerzielle Anzeige eines Arzneimittelherstellers. Der Werbende behauptete, die therapeutische Äquivalenz seines Produkts gegenüber dem Produkt eines Mitbewerbers sei *„bewiesen"*[469]. Der BGH wertete dies als einen unlauteren Werbevergleich und erließ eine Unterlassungsverfügung. Daraufhin erhob der Bf. Verfassungsbeschwerde. Das BVerfG bestätigte zunächst das Benetton I Urteil und stellte fest, der Schutzbereich des Art. 5 Abs. 1 Satz 1 GG umfasse auch kommerzielle Meinungsäußerungen sowie reine Wirtschaftswerbung, die einen wertenden und meinungsbildenden Inhalt hat[470]. Im Folgenden präzisierte das Gericht jedoch auch die Anforderungen an den verlangten wertenden und meinungsbildenden Inhalt einer kommerziellen Meinungsäußerung oder Wirtschaftswerbung. So erkennt das Gericht in

464 Siehe FN 32.
465 *Fezer*, NJW 2001,580,581.
466 So z.B. *Faßbender*, GRUR Int. 2006,965 (967).
467 BVerfG WRP 2001,1160 – *Therapeutische Äquivalenz.*
468 BVerfG WRP 2001,1160 – *Therapeutische Äquivalenz.*
469 BVerfG WRP 2001,1160 (1160) – *Therapeutische Äquivalenz.*
470 BVerfG WRP 2001, 1160 (1161) – *Therapeutische Äquivalenz.*

der Formulierung, die therapeutische Äquivalent sei bewiesen und der gleichzeitigen Bezugnahme auf eine entsprechende medizinische Studie, eine Äußerung mit wertendem, meinungsbildendem Inhalt. Die Äußerung erschöpfe sich gerade nicht in der reinen Wiedergabe, der Werbende äußere sich vielmehr „*billigend*“[471] zu der wissenschaftlichen Studie.

3. Stellungnahme

Der Art. 5 Abs. 1 Satz 1 GG schützt die Meinungsäußerungsfreiheit, hieran ändert auch die ökonomische Zielrichtung einer Meinungsäußerung nichts. Das BVerfG ist mittlerweile zu der Auffassung gelangt, dass kommerzielle Meinungsäußerungen und reine Wirtschaftswerbung die einen wertenden, meinungsbildenden Inhalt hat, ebenfalls in den Schutzbereich des Art. 5 Abs. 1 Satz 1 GG fallen[472]. Auch für Werbung gilt damit die „*verfassungsrechtliche Kommunikationsfreiheit*“[473]. Wie noch zu zeigen sein wird, dürfte das BVerfG damit einen Konflikt mit dem Europäischen Gerichtshof für Menschenrechte (EGMR) und dem EuGH vermieden haben. Auch diese sehen mittlerweile die wirtschaftliche Rede vom Schutzbereich der Art. 11 GRCh, Art. 10 Abs. 1 EMRK umfasst[474]. Reichlich ungeklärt ist aber auch weiterhin die Einschränkung des BVerfG, allein jene Wirtschaftswerbung als von Art. 5 Abs. 1 Satz 1 GG geschützt anzusehen, die einen „*wertenden, meinungsbildenden Inhalt*“ hat[475]. Verschiedentlich wird dieser Zusatz als Ausschluss werbender Tatsachenäußerungen aus dem Schutzbereich des Art. 5 Abs. 1 Satz 1 GG interpretiert und aus diesem Grund eine vermeintliche Divergenz in der Rechtsprechung des BVerfG festgestellt und auch kritisiert[476]. Es sei doch im Allgemeinen ständige Rechtsprechung des BVerfG, auch jenen Tatsachenäußerungen den Schutz des Art. 5 Abs. Satz 1 GG zukommen zu lassen, die Voraussetzung zur Bildung von Meinungen sind[477].

---

471 BVerfG WRP 2001, 1160 - *Therapeutische Äquivalenz.*

472 BVerfGE 71, 162 (175); 95, 173 (182); 102, 347 (359); ablehnend damals BVerfGE 40, 371 (382); 60, 215,(229 ff.)

473 *Fezer* NJW 2001, 580 (581).

474 *EGMR EuGRZ 1996, 302 – markt intern GmBH und K. Beermann gegen Bundesrepublik Deutschland;* ÖJZ 1994, 636 – *Casado Coca/Spanien;* EuGRZ 1996, 306 ff. – *Jacubowski;* GRUR Int. 1999, 156 ff. – *Hertel vs. Schweiz;* ÖJZ 2004, 397 ff. – *Krone;* EuGH, Slg. 1997, I-3689 – *Familiapress;* Slg. 2004, I-3025 ff. – *Karner;* Slg. 2006, I-11573 – *Deutschland/Parlament und Rat.*

475 Siehe FN 58.

476 *Ahrens* in Harte-Bavendamm/Henning/Bodewig, a.a.O., Einl. F, Rn. 49; *Kübler/Kübler* in FS Peter Ulmer, 2003, S. 921.

477 BVerfGE 61, 1 (8) – *NPD von Europa.*

Die Beschränkung des Grundrechts der Meinungsäußerungsfreiheit auf solche Wirtschaftswerbung, die einen wertenden und meinungsbildenden Inhalt habe, führe zu einer nicht nachvollziehbaren Differenzierung zwischen werbenden und nicht-werbenden Tatsachenbehauptungen[478]. Eine solche Differenzierung innerhalb der Meinungsäußerungsfreiheit wäre tatsächlich unverständlich und mit dem weiten Schutzbereich des Art. 5 Abs. 1 Satz 1 GG erneut nur schwer zu vereinbaren. Die Wirtschaftswerbung ist Teil des Kommunikationsprozesses am Markt und dient der Meinungsbildung auf Seiten der Konsumenten[479]. Es ist nicht ersichtlich, warum bezüglich der Meinungsbildung am Markt erneut Unterschiede gemacht werden sollten. Richtigerweise muss damit auch jede werbende Tatsachenäußerung von Art. 5 Abs. Satz 1 GG geschützt sein, die eine Meinungsbildung über das beworbene Produkt bzw. das werbende Unternehmen ermöglicht. Die Meinungsbildung am Markt sollte konsequenterweise als gleichwertig erachtet werden[480]. Nunmehr ist aber bereits fraglich, ob eine solche Differenzierung überhaupt in die verfassungsrechtliche Rechtsprechung hineingelesen werden kann. Davon ist wohl nicht auszugehen. Dagegen spricht zunächst, dass das BVerfG neben seiner Feststellung, allein Wirtschaftswerbung mit einem wertenden, meinungsbildenden Inhalt falle in den Schutzbereich des Art. 5 Abs. Satz 1 GG, stets auch auf seine Entscheidung *„Standeswidrige Werbung durch Ärzte*“[481] verweist. Hier hieß es aber noch:

> *„dass das Grundrecht der Meinungsfreiheit auch für Wirtschaftswerbung jedenfalls dann als Prüfungsmaßstab in Betracht kommt, wenn eine Ankündigung einen wertenden, meinungsbildenden Charakter hat oder Angaben enthält, die der Meinungsbildung dienen*“[482];

Die Auffassung, das BVerfG habe mit der *Benetton I* Entscheidung werbende Tatsachenäußerungen prinzipiell aus dem Schutzbereich der Meinungsäußerungsfreiheit ausschließen wollen, erscheint vor diesem Hintergrund zweifelhaft[483]. Auch der Umkehrschluss aus der Urteilsbegründung des BVerfG in seiner Entscheidung *„JUVE – Handbuch*“[484] streitet für diese Sichtweise: Das Gericht führte hier aus, die Einordnung einer Äußerung als Werturteil oder Tatsachenbehauptung

---

478 *Ahrens* in Harte-Bavendamm/Henning/Bodewig, a.a.O., Einl. F, Rn. 49; *Kübler/Kübler* in FS Peter Ulme, 2003, S. 921.

479 *Ahrens* in Harte-Bavendamm/Henning/Bodewig, a.a.O., Einl. F, Rn. 49.

480 *Leistner*, Richtiger Vertrag, 2007, S. 307.

481 BVerfG NJW 1986, 1533 – *Standeswidrige Werbung durch Ärzte.*

482 BVerfG NJW 1986,1533 (1535) – *Ärztliche Indikationsangaben.*

483 *Leistner/Facius* in Gloy/Loschfelder/Erdmann, Handbuch des Wettbewerbsrecht, 4. Auflage, 2010, § 14 Rn. 49.

484 BVerfG NJW 2003, 277 – *Juve Handbuch.*

sei für die rechtliche Beurteilung von Eingriffen in das Grundrecht auf Meinungsfreiheit von gleichsam „weichenstellender Bedeutung"[485]. Liege eine Tatsachenbehauptung vor, dann müsse das Ergebnis der Abwägung der betroffenen Rechtsgüter vom Wahrheitsgehalt der Äußerung abhängig gemacht werden[486]. Bewusst unwahre Tatsachenbehauptungen genössen hiernach überhaupt keinen Grundrechtsschutz nach Art. 5 Abs. 1 Satz 1 GG[487]. Jedenfalls impliziter machte das BVerfG damit aber auch deutlich, dass werbende Tatsachenäußerungen nicht prinzipiell aus dem Schutzbereich der Meinungsäußerungsfreiheit ausgeschlossen sind[488].

Unklar bleibt damit aber auch weiterhin, inwieweit sich reine Wirtschaftswerbung sich auf das Grundrecht nach Art. 5 Abs. 1 Satz 1 GG zu berufen vermag. Nach einer Auffassung ist wohl keine Werbeform denkbar, die nicht wenigstens auch einen wertenden, meinungsbildenden Inhalt hat[489]. So besitze Produktwerbung einen meinungsbildenden Charakter, da sie generell ein Produkt zum Kauf empfehle[490] und eine Imagewerbung wertende Elemente, da auch Bilder[491] eine Meinungsäußerung ausdrücken könnten (Rauchen ist „schick", „cool"[492]). Ebenso wird aber auch vertreten, zwar sei der Begriff der *„Meinung"* sicherlich weit auszulegen, bestimmten Werbeformen komme aber unter keinem denkbaren Aspekt ein wertender, meinungsbildender Inhalt zu[493]. Rein informative Wirtschaftswerbung (z.B. Angaben zur PS-Anzahl, Hubraum, Preis etc.), das sog. product placement oder auch das schlichte Nennen einer Marke, seien vielmehr ohne jede Meinungsrelevanz[494]. Die Hoffnung des Werbenden, die Produktinformationen werde die Konsumenten von der Vorzugswürdigkeit seiner Waren oder Dienstleistungen überzeugen, besitze dabei für sich genommen noch kein ausreichend wertendes Element[495]. In die Rechtsprechung des BVerfG kann wohl keine dieser beiden Ansichten hineingelesen werden. Zum einen

485 BVerfG NJW 2003, 277 (278) – *Juve Handbuch.*

486 Ebda.

487 Ebda.

488 *Leistner (*2007), S. 308.

489 *Ohly* in Piper/Ohly Einf. D Rn. 9 *„jede Art der Werbung"; Hatje,* Wirtschaftswerbung und Meinungsfreiheit, 1993, S. 85.

490 *Köhler* in Baumbach/Köhler, 29. Auflage (2011), § 3 Rn. 82.

491 BVerfG GRUR 2001, 170 (173) – *Schockwerbung*; BVerfG GRUR 2003, 442 – *Benetton II.*

492 *Starck* in v.Mangold/Klein/Starck, GG, 5. Auflage, 2005, Art. 5 Rn. 25.

493 Insb. *Säcker* WRP 2004 1199 (1204).

494 Ebda.

495 *Eichmann,* GRUR 1964, S. 57 (60).

geht es sicherlich zu weit, Wirtschaftswerbung prinzipiell eine wertende Stellungnahme zu entnehmen. Hierfür finden sich in den maßgeblichen Urteilen des BVerfG keinerlei Anzeichen. Vielmehr überprüft das BVerfG die jeweilige Werbung explizit auf wertende Elemente und einen meinungsbildenden Inhalt. Dies wäre nachgerade sinnlos, wenn das Gericht der Wirtschaftswerbung per definitionem einen meinungsbildenden Inhalt beimesse. Zum anderen kann aber auch nicht der Auffassung gefolgt werden, eine rein informative Produktwerbung falle prinzipiell nicht in den Schutzbereich der Meinungsfreiheit. Nach der ständigen Rechtsprechung des BVerfG sind Tatsachenäußerungen dann von Art. 5 Abs. 1 Satz 1 GG geschützt, wenn sie Voraussetzung zur Meinungsbildung sind[496]. Fraglich ist damit, ob informative Produktangaben vom BVerfG als Voraussetzung zur Meinungsbildung auf Seiten der Konsumenten angesehen werden. Diese Frage muss derzeit noch als offen gelten, denn dem BVerfG lag bisher schlicht keine reine Produktwerbung zur Entscheidung vor. Nach Ansicht des Autors wäre es aber in jedem Fall wünschenswert, wenn das BVerfG sich hier – in Übereinstimmung mit Art. 10 EMRK – zu einem umfassenden Grundrechtsschutz kommerzieller Kommunikation entschließen könnte. Hierfür soll insbesondere ein weiteres Argument hinzugefügt werden: Der Art. 10 EMRK schützt umfassend die Äußerungsfreiheit. Eine Differenzierung zwischen Meinungs- und Tatsachenäußerung kennt die EMRK nicht. Dieser offene Kommunikationsschutz erscheint umso vorzugswürdiger, desto deutlicher die Abgrenzungsschwierigkeiten werden. So hat das BVerfG im Rahmen der Presse- und Rundfunkfreiheit mit Recht festgestellt, das in aller Regel bereits der Umstand, einen bestimmten Tatsachenbericht zu veröffentlichen, wertende Elemente enthalte, die von der bloßen Berichterstattung nicht getrennt werden könnten[497]. Dieser Gedanke kann sicherlich auch im Rahmen der kommerziellen Werbung fruchtbar gemacht werden. Auch der Werbende trifft durch die Art und Weise der Darstellung, das Weglassen und Hinzufügen, das Herausstellen und Beschweigen Entscheidungen, die zwingend ein wertendes Element enthalten[498].

Im Falle der vergleichenden Werbung kann die Entscheidung zwischen den dargestellten Ansichten aber ohnehin offenbleiben. So beinhaltet auch der reine Tatsachenvergleich wertende, meinungsbildende Elemente. Die Wertung ist ein

---

496 BVerfGE 61, 1 (8).

497 BVerfGE 12, 205 ff. (260); 31, 314 ff. (326); *Herzog* in Maunz/Dürig, GG (2010), Art. 5 Rn. 51; Schmidt-Jortzig in Isensee/Kirchhof, HB Staatsrecht, 3. Auflage, 2007, Bd. VI S. 644 § 141, Rn. 19.

498 *Hatje* (1993), S. 82.

Wesensmerkmal vergleichender Werbung[499]. So ist sowohl die persönlich vergleichende als auch die kritisierende vergleichende Werbung dadurch gekennzeichnet, dass ein Mitbewerber auf die Vorteile des eigenen Angebots gegenüber dem Konkurrenzangebot bzw. auf dessen Nachteile gegenüber dem eigenen Angebot hinweist[500]. Dem anlehnenden Werbevergleich wiederum ist die Wertung wesensimmanent, dass das eigene Angebot gleichwertig zu dem Angebot des Mitbewerbers ist[501].

II. Art. 11 GRCh - EU - Grundrecht

1. Allgemeines

a) Unionsgrundrechte

Der EuGH hat bereits 1969 in seinem Urteil „*Stauder*"[502] von einer generellen Grundrechtsgebundenheit des Gemeinschaftsrechts gesprochen. In dieser Entscheidung stellte er für sich fest, er habe „*die in den allgemeinen Grundsätzen der Gemeinschaftsordnung [..] enthaltenen Grundrechte*" sicherzustellen[503]. Eine Befassung des EuGH mit grundrechtlichen Fragestellungen war nötig geworden, seit der EuGH den absoluten Anwendungsvorrang des Gemeinschaftsrechts vor jeglichem nationalem – auch verfassungsrechtlichem - Recht vertrat[504]. Für das deutsche Verfassungsgericht war eine solche Beschränkung der nationalen Grundrechte auf das rein innerstaatliche Recht nur gangbar, solange der EuGH einen im Wesentlichen vergleichbaren Grundrechtsschutz vorhält. Einen solchen hinreichenden Grundrechtsschutz verneinte das BVerfG noch 1974 in seiner *Solange I* Entscheidung[505] und bejahte ihn schließlich 1986 im *Solange II* Urteil[506]. Das Unionsgrundrecht der Meinungsäußerungsfreiheit ergibt sich nach Art. 6 EUV aus Art. 11 GRCh, aus Art. 10 EMRK sowie aus den gemeinsamen Verfassungstraditionen der Mitgliedstaaten. Seit der Ratifizierung des Lissabon-Vertrages ist die bereits am 7.12.2000 proklamierte Charta der Grundrechte der Europäischen Union rechtsverbindlich. Der Art. 52 Abs. 3 GRCh bestimmt, dass jene Grundrechte der Charta, die Konventionsgrundrechte

---

499 *Kloepfer/Michael,* GRUR 1991, 170 (174); *Eichmann* GRUR 1964, 57 ff.

500 *Sack* in Harte-Bavendamm/ Henning-Bodewig, a.a.O., § 6 Rn. 145.

501 *Kebbedies* (2005), S. 59.

502 EuGH 12. 11. 1969, C-29/69, Stauder.

503 EuGH Slg. 1969, S. 414, 425, Rn. 7 – *Stauder.*

504 EuGH, Slg. 1964, S. 1251 (1269) - *Costa/ENEL.*

505 BVerfGE 37, 271 ff. – *Solange I.*

506 BVerfGE 73, 339 ff. – *Solange II.*

entsprechen, mindestens *„die gleiche Bedeutung und Tragweite"* wie die Rechte der Konvention haben[507]. Welche Rechte einander *„entsprechen"*, wird in der Charta allerdings nicht erwähnt. Die Erläuterungen des *Präsidiums des Konvents* enthalten aber eine Aufzählung sich entsprechender Rechte. Hiernach entspricht der Art. 11 GRCh dem Art. 10 EMRK[508].

Die *„Bedeutung und Tragweite"* eines Grundrechts ergibt sich sowohl aus dem Schutzbereich, als auch aus den Beschränkungsmöglichkeiten des Grundrechts[509]. Der EuGH darf somit bei der Auslegung des Art. 11 GRC nicht hinter das durch den EGMR gewährte Schutzniveau zurückfallen. Auch aus diesem Grund ist die Rechtsprechung des EGMR für den EuGH beachtlich, zumal der Art. 6 EUV auch weiterhin die Beachtlichkeit der EMRK bei der Auslegung der Unionsgrundrechte vorschreibt.

b) „Meinungsäußerung" i.S.v. Art. 11 GRCh

In der deutschen Fassung des Art. 11 I GRCh, 10 I EMRK heißt es: *„Jede Person hat das Recht auf freie Meinungsäußerung."* Die Formulierungen der Grundrechte-Charta sowie der EMRK steht folglich im Einklang mit Art. 5 Abs. 1 Satz 1 GG. Dort steht: *„Jeder hat das Recht, seine Meinung in Wort, Schrift und Bild frei zu äußern."* Auch die Art. 11 Abs. 1 GRCH, 10 Abs. 1 EMRK verknüpfen also offensichtlich den Schutzbereich des Grundrechts mit dem Vorliegen einer *„Meinung"* im Rechtssinne. Die deutschen Fassungen der Art. 11 GRCh, 10 Abs. 1 EMRK sind insofern aber unzutreffend. Vielmehr schließt die Charta und die EMRK neben der Meinungsäußerungsfreiheit auch die Freiheit zur Mitteilung von Informationen und Ideen in den Schutzbereich mit ein[510]. Eine Unterscheidung von Werturteilen und Tatsachenbehauptungen ist für den Umfang des Schutzbereichs unerheblich. Der EGMR schützt damit grundsätzlich auch Tatsachenbehauptungen ohne Bezug zur Meinungsbildung[511]. In der authentischen englischen und französischen Fassung wird dieser weite Kommunikationsschutz auch deutlich sichtbar. Diese Fassungen sprechen von *„freedom of expression"* und von *„Liberté d'Expression"*. Der Schutzumfang erstreckt sich folglich *„auf alle Mitteilungen von Sinngehalt, wie Tatsachen, Meinungen und*

---

507 *Naumann*, EuR 2008, Heft 3, 424.

508 Siehe insoweit im Einzelnen: *Borowsky* in Meyer, a.a.O., Art. 52, Rn. 32.

509 *Naumann*, EuR 2008, Heft 3, 426.

510 *Marauhn* in *Ehlers (Hrsg.)*, 2009, § 4 II 1 Rn. 6.

511 EGMR v. 21.7.2005, No. 23472/03 – *Grinberg v. Russia.*

Unterhaltungsbeiträge"[512]. Ebenfalls geschützt sind auch solche Äußerungen, die verletzen, schockieren oder beunruhigen[513]. Trotz dieser weiten Auslegung der Äußerungsfreiheit war lange umstritten, ob auch die kommerzielle Kommunikation in diesen Schutzbereich fällt. Insbesondere wurde eingewandt, dass im Rahmen der Werbung keine schützenswerte „*geistige Auseinandersetzung*"[514] stattfinde. Auch hier hatte die freie kommerzielle Kommunikation folglich einen langen Weg zu gehen.

2. Kommerzielle Äußerungen

a) Rechtsprechung EGMR

Die Aufnahme von Wirtschaftswerbung in den Schutzbereich von Art. 10 Abs. 1 EMRK war lange umstritten. Die europäische Kommission für Menschenrechte hatte in der Entscheidung „*X. und Association Z*"[515] noch festgestellt, der Schutzbereich des Art. 10 Abs. 1 EMRK sei nicht betroffen, wenn Vertragsstaaten die Rundfunkwerbung untersagen oder beschränken. Einige Jahre später hatte der EGMR im Fall „*X. u. Church of Scientology*"[516] die Möglichkeit der Anwendbarkeit des Art. 10 EMRK auf kommerzielle Äußerungen jedenfalls in Betracht gezogen. Im Rahmen des Rechtsstreits „*Barthold*"[517] ließ der EGMR die Frage, ob Art. 10 Abs. 1 EMRK auch kommerzielle Werbung schützt explizit offen[518]. Dennoch wurde in dieser Entscheidung deutlich, dass kommerzielle Motiv einer Meinungsäußerung nicht mehr zwangsläufig zu einem Ausschluss aus dem Schutzbereich der Äußerungsfreiheit führten[519]. Anlass des Rechtsstreits war ein Zeitungsinterview eines deutschen Tierarztes, das von einem deutschen Fachgericht als berufswidrige Werbung bewertet wurde[520]. Während die deutsche Bundesregierung eine kommerzielle Werbung nicht als durch Art. 10 Abs. 1 EMRK geschützt ansah, bejahte

512 *Marauhn* in Ehlers (Hrsg.), a.a.O., § 4 II 1 Rn. 7; *ebenso Grote/Wenzel* in Grote/ Marauhn (Hrsg.), EMRK/GG, 2006, Kap. 18, Rn. 28.

513 EGMR EuGRZ 1977, 38 Rn. 49 – *Handyside;* NJW 2006, 1255 ff. – *Steel und Morris;* ÖJZ 2007, 618 – *Vereinigung bildender Künstler.*

514 *Ipsen,* Staatsrecht II, 11. Auflage, 2008, Rn. 422.

515 Urt. v. 12.7.1971, 14, 538, Tle Law, Ziff. 2, Rn. 2.

516 EKMR, Beschluss v. 5.5.1979 – 7805/77 - „*X. u. Church of Scientology*".

517 EGMR NJW 1985,2885, 2886 – *Barthold.*

518 „*Der Gerichtshof stellt somit fest, dass Art. EMRK Artikel 10 anwendbar ist, ohne daß im vorliegenden Fall geprüft zu werden braucht, ob Reklame als solche in den Anwendungsbereich dieser Bestimmung fällt*", *vgl.* EGMR NJW 1985,2885, 2886 Rn. 42 – *Barthold.*

519 *Hatje* (1993), S. 55.

520 EGMR NJW 1985,2885 (2886) – *Barthold.*

der EGMR hier im Ergebnis eine Verletzung der Äußerungsfreiheit. Der Schutzbereich des Art. 10 Abs. 1 EMRK sei jedenfalls dann betroffen, wenn die werbenden Aussagen mit den schutzwürdigen Meinungsäußerungen und Informationen ohne klare Abgrenzung voneinander auftreten[521]. Die Frage des Schutzes von Äußerungen wirtschaftlicher Natur durch Art. 10 Abs. 1 EMRK wurde jedoch erst in dem Urteil „*markt intern Verlag gegen Deutschland*"[522] ausdrücklich beantwortet und damit der Wandel endgültig vollzogen. Ausgangspunkt war hier eine Veröffentlichung der „*markt intern GmbH*", einer von Journalisten gegründeten Firma mit dem Ziel, die Interessen des mittelständischen Einzelhandels zu fördern. In der betreffenden Veröffentlichung wurden vermeintliche Geschäftspraktiken eines englischen Versandhandelsunternehmens thematisiert. Der Gerichtshof führte hinsichtlich der Anwendbarkeit des Art. 10 Abs. 1 EMRK aus, der Zeitungsartikel beinhalte zwar „*Informationen kommerzieller Natur*", dennoch könnten solche Äußerungen nicht aus dem Schutzbereich des Art. 10 Abs. 1 EMRK ausgeschlossen werden, beziehe sich dieser doch „*nicht nur auf bestimmte Arten von Informationen oder Ideen oder Ausdrucksformen*"[523].

Im Fall *Groppera*[524] hatte der Gerichtshof der Ansicht der Schweizer Regierung – es bestehe kein Rechtsschutzinteresse des Bf., u.a. weil es sich bei leichter Musik und Werbespots („*commercials*") nicht um „*Nachrichten*" oder „*Ideen*" i.S.v. Art. 10 Abs. 1 EMRK handele – entgegengehalten, es bestehe keine Notwendigkeit, „*irgendwelche Unterscheidungen nach dem Inhalt der Programme zu treffen*"[525]. Die Kommunikationsfreiheit des Art. 10 Abs. 1 EMRK umfasst damit auch künstlerische Ausdrucksformen und „*commercials*". In seiner Entscheidung *Casado Coca*[526] bestätigte der EGMR sodann zum einen, dass kommerzieller Motive einer Äußerungen nichts an ihrer Schutzfähigkeit durch Art. 10 Abs. 1 EMRK ändern könne und zum anderen, dass auch die kommerzielle Werbung eine Äußerung i.S.v. Art. 10 Abs. 1 EMRK ist[527]. Neben dieser erneuten

---

521 EGMR NJW 1985,2885 – *Barthold; Frowein* in Forwein/Peukert, EMRK-Kommentarm 3. Auflage (2009), Art. 10 Rn. 9.

522 EGMR EuGRZ 1996, 302 – *markt intern Verlag GmBH und K. Beermann gegen Bundesrepublik Deutschland.*

523 EGMR EuGRZ 1996, 302 (304) – *Markt intern Verlag GmBH und Klaus Beermann gegen Bundesrepublik Deutschland.*

524 EGMR NJW 1991, 615 – *Groppera Dario AG u.a./ Schweiz.*

525 EGMR NJW 1991, 615 (616) – *Groppera Dario AG u.a./ Schweiz.*

526 EGMR ÖJZ 1994, 636 – *Casado Coca/Spanien.*

527 EGMR ÖJZ 1994, 636 (637) – *Casado Coca/Spanien;* EuGRZ 1996, 302 (304) – *Markt intern Verlag GmBH und Klaus Beermann gegen Bundesrepublik Deutschland.*

Klarstellung, verwirrte der Gerichtshof jedoch mit der Formulierung, die fragliche Anzeige sei mit dem Ziel der *„Ankündigung (advertising)"* veröffentlicht worden, sie stelle *„aber"* Personen die Rechtsbeistand suchen[528] Informationen zur Verfügung, *„die eindeutig von Nutzen"* seien[529]. Diese sicherlich unglückliche Formulierung führt zu der Auffassung, dass der Gerichtshof lediglich nützliche Werbung im Schutzbereich des Art. 10 Abs. 1 EMRK sehe; nur jene Werbung, die einen *„legitimen Zweck"* fördere[530]. Richtigerweise kann diese erneute Differenzierung in die Rechtsprechung des EGMR nicht hineingelesen werden. Eine solche Interpretation des EGMR stünde sowohl im Widerspruch zu der ständigen Rechtsprechung des Gerichtshofs und sogar zu Feststellungen innerhalb der Entscheidung *Casado Coca* selbst. So hat der EGMR einige Zeilen zuvor den *„offenen"* Kommunikationsschutz innerhalb des Art. 10 Abs. 1 EMRK bestätigt indem er feststellte, zwar habe er im Urteil *Barthold* die Frage noch offen gelassen, ob kommerzielle Ankündigungen *(„commercial advertising")* in den Schutzbereich fallen; mittlerweile habe er aber festgelegt, dass der Art. 10 Abs. 1 EMRK sich eben nicht nur auf bestimmte Arten von Nachrichten oder Ideen beschränke[531]. Zudem verweist er in *Casado Coca* ausdrücklich auf seine Urteile *markt intern* und *Groppera*, in denen aber gerade besonderen Wert auf die Feststellung gelegt wurde, dass der Art. 10 Abs. 1 EMRK jede Form von Äußerungen schütze. Vor diesem Hintergrund sollte auch dem Urteil *Casado Coca* vielmehr die Aussage entnommen werden, dass auch die kommerzielle Werbung eine „Information" i.S.v. Art. 10 Abs. 1 EMRK darstellt. Jede Äußerung stellt insoweit eine *„Information oder Idee"* i.S.v. Art. 10 Abs. 1 EMRK dar[532].

b) Rechtsprechung EuGH

Der EuGH äußerte sich bisher zum Schutzbereich der Meinungsäußerungsfreiheit denkbar knapp. Im Hinblick auf die kommerzielle Kommunikation befand er erstmals in der Entscheidung *„Familiapress"*[533], dass ein nationales Verbot, Presseerzeugnisse mit Preisausschreiben zu bewerben, das Grundrecht der Meinungsäußerungsfreiheit einschränke. Seit dem hat er in einigen weiteren Urteilen

528 In der fraglichen Anzeige hatte ein Rechtsanwalt seinen Namen, Beruf, seine Adresse und Telefonnummer veröffentlicht.

529 EGMR ÖJZ 1994, 636 (637) – *Casado Coca/Spanien.*

530 *Nolte,* RabelsZ 63 (1999), S. 507 (510); *Kühling* in Heselhaus/Nowak, a.a.O., § 23, Rn. 26.

531 EGMR ÖJZ 1994, 636 (637) – *Casado Coca/Spanien.*

532 *Grabenwarter,* EMRK, 4. Auflage, 2009, § 23 Rn. 4.

533 EuGH, Slg. 1997, I-3689 (3717) Rn. 26 – *Familiapress.*

in feststellenden Worten im Falle von nationalen Werbebeschränkungen eine Betroffenheit des Grundrechts der Meinungsäußerungsfreiheit festgestellt[534]. Im Fall *Karner* beispielsweise war Ausgangspunkt des Verfahrens das nationale Verbot, Waren als Bestandteil einer Konkursmasse zu bewerben. Auch hier beließ es der EuGH aber bei der lapidaren Feststellung, dass die Meinungsfreiheit in Art. 10 EMRK ausdrücklich anerkannt und eine wesentliche Grundlage einer demokratischen Gesellschaft sei, unter bestimmten Umständen aber auch eingeschränkt werden könne[535]. Im Zusammenhang mit der Tabakwerbeverbots-Richtlinie stellte der EuGH wenigstens noch fest, dass im Rahmen der Presse- und Meinungsfreiheit – nach der Rechtsprechung des EGMR zu Art. 10 Abs. 1 EMRK – auch eine „*ungestörte kommerzielle Kommunikation geschützt sei*"[536].

3. Stellungnahme

Die freie Meinungsäußerung ist nach allgemeiner Ansicht ein konstitutives Merkmal einer freiheitlichen und demokratisch verfassten Gesellschaft. Sowohl der EuGH als auch der EGMR haben erkannt, dass der Schutz der freien Kommunikation nicht auf öffentliche Angelegenheiten beschränkt werden darf. Dies ist zu begrüßen. GA Fennely führte in seinem Schlussantrag zur Tabakwerbeverbot – Richtlinie diesbezüglich überzeugend aus, dass die kommerzielle Kommunikation zwar sicherlich nicht in derselben Weise wie politische, journalistische, literarische oder künstlerische Meinungen zur Erreichung sozialer Ziele beitrage, die Grundrechte seien jedoch nicht nur wegen ihrer sozialen Funktion anerkannt, sondern auch, „*weil sie für die Autonomie, die Würde und die Persönlichkeitsentwicklung erforderlich sind.*"[537]

> *„Die Freiheit der Bürger, wirtschaftliche Tätigkeiten zu fördern, fließt daher nicht nur aus ihrem Recht auf wirtschaftliche Betätigung und im Gemeinschaftskontext der allgemeinen Verpflichtung auf eine auf den freien Wettbewerb gestützte Marktwirtschaft, sondern auch von ihrem ursprünglichen Anspruch als Menschen, Ansichten zu jeder Frage einschließlich der Qualität von Waren oder Dienstleistungen, die sie verkaufen oder erzeugen, auszudrücken und zu empfangen*[538]."

Auf der internationalen Ebene hat sich damit ein „*offener*" Kommunikationsschutz[539] durchgesetzt. Sowohl der EuGH als auch der EGMR differenzieren im

---

534 EuGH, Slg. 2003, I-2489 ff. – *RTL*; EuGH, Slg. 2004, I-3025 ff. – *Karner*.
535 EuGH, Slg. 2004, I-3025 (3070) – *Karner*.
536 EuGH, Slg. 2006, I-11573, Rn. 131 – *Deutschland/Parlament und Rat*.
537 Schlussanträge GA Fennely, EuGH Slg. 2000, I-8423, Rn. 154.
538 Schlussanträge GA Fennely, EuGH Slg. 2000, I-8423, Rn. 154.
539 *Eichholz* über den Kommunikationsbegriff der EMRK in Herabsetzung durch vergleichende Werbung (2008), S. 40.

Rahmen des Schutzbereichs der Meinungsäußerungsfreiheit nicht nach dem Inhalt oder der Zielrichtung der Äußerung.

C. Rechtfertigungsebene

I. Verfassungsrechtliche Rechtfertigung nach Art. 5 Abs. 2 GG

1. Allgemeines

Nach Art. 5 Abs. 2 GG findet die Meinungsäußerungsfreiheit ihre Schranke in den Vorschriften der allgemeinen Gesetze, den gesetzlichen Bestimmungen zum Schutze der Jugend und dem Recht der persönlichen Ehre. Darüber hinaus ist die Meinungsäußerungsfreiheit durch verfassungsimmanente Schranken – also Grundrechte Dritter und andere mit Verfassungsrang ausgestattete Rechtsgüter - begrenzt[540].

2. § 6 UWG als allgemeines Gesetz i.S.d. Art. 5 Abs. 2 GG

Ihre Schranke findet die Meinungsäußerungsfreiheit unter anderem in den allgemeinen Gesetzen i.S.v. Art. 5 Abs. 2 GG. Dabei handelt es sich um solche Gesetze, die sich nicht gegen eine bestimmte Meinung als solche richten, sondern *„vielmehr dem Schutz eines schlechthin, ohne Rücksicht auf eine bestimmte Meinung, zu schützenden Rechtsgutes dienen“*[541]. Im Falle eines Verbots eines Werbevergleichs ist die rechtliche Grundlage des Grundrechtseingriffs § 6 UWG. Eine vergleichende Werbung die unlauter nach § 6 Abs. 2 UWG ist, kann hiernach für unzulässig erklärt werden. Bei § 6 UWG handelt es sich um ein *„allgemeines Gesetz“* i.S.v. Art. 5 Abs. 2 GG. Es dient dem Schutz der Wettbewerber, der Verbraucher, sonstiger Marktteilnehmer sowie der Allgemeinheit und richtet damit nicht gegen eine bestimmte Meinung als solche[542]. Die Einschränkung der Meinungsäußerungsfreiheit ist vielmehr eine gleichsam reflexhafte Folge des Verbots unlauteren Wettbewerbs.

3. Schranken – Schranke der Wechselwirkungslehre

a) Allgemeines

Die aufgrund der Grundrechtsschranke in Art. 5 Abs. 2 GG erfolgende Beschränkung der Meinungsfreiheit, kann jedoch nicht uferlos gelten. Nach der vom BVerfG speziell für Art. 5 Abs. 2 GG entwickelten sog. Wechselwirkungslehre muss das allgemeine Gesetz im Lichte des besonderen Gehalts

---

540 BVerfGE 66, 116 (136).

541 BVerfG NJW 1983, 1181.

542 BVerfG GRUR 2008, 81.

der Meinungsfreiheit ausgelegt werden[543]. Zwar steht das Grundrecht der Meinungsfreiheit unter dem Vorbehalt einer gesetzlichen Vorschrift, diese muss aber ihrerseits *„aus der Erkenntnis der wertsetzenden Bedeutung dieses Grundrechts im freiheitlichen demokratischen Staat ausgelegt und so in ihrer das Grundrecht begrenzenden Wirkung selbst wieder eingeschränkt werden [..]"*[544]. Diese vom BVerfG bezeichnete Wechselwirkung führt damit zu einer Abwägung der Meinungsäußerungsfreiheit mit dem vom jeweiligen Gesetz geschützten Rechtsgut[545]. Im Falle der gesetzlichen Regelung vergleichender Werbung ist damit die Meinungsäußerungsfreiheit des Werbenden mit den Interessen der Mitbewerber, Verbraucher und sonstigen Marktteilnehmer in Einklang zu bringen.

b) Rechtsprechung des BVerfG

aa) Benetton I, II[546]

Das BVerfG hatte zu prüfen, ob der BGH bei seiner wettbewerbsrechtlichen Beurteilung der fraglichen Werbeanzeige der Bedeutung und der Tragweite der Meinungsäußerungsfreiheit ausreichend Rechnung getragen hatte. Dabei beruhte das in Frage stehende Urteil des BGH auf einer Auslegung des § 1 a.F. UWG. Das BVerfG kam hier zu dem Ergebnis, dass es sich bei § 1 a.F. UWG zwar um ein allgemeines Gesetz i.S.d. Art. 5 II GG handele, die konkrete Auslegung des § 1 a.F. UWG durch den BGH der Bedeutung und der Tragweite der Meinungsäußerungsfreiheit aber nicht gerecht werde. So verlange jede Einschränkung in das für eine freiheitliche demokratische Staatsordnung konstituierende Recht der freien Meinungsäußerung die Rechtfertigung durch hinreichend gewichtige Gemeinwohlbelange oder schutzwürdige Rechte und Interessen Dritter[547]. Zwar schütze § 1 a.F. UWG hinreichend gewichtige Gemeinwohlbelange wie die Interessen der Mitbewerber, Verbraucher und der Allgemeinheit, in dem konkreten Fall sei eine Beeinträchtigung dieser Interessen durch die Werbeanzeigen jedoch gerade nicht ersichtlich[548]. Dagegen werde die Meinungsäußerungsfreiheit durch

543 BVerfG 7, 198, 208 – *Lüth-Urteil; Schmidt-Jortzig,* in: Isensee/Kirchhof (Hrsg.), HB des Staatsrechts, 3. Auflage, 2007, § 141 Rn. 42.

544 BVerfG NJW 1958, 257 (258) – *Lüth-Urteil.*

545 So ausdrücklich BVerfGE 21, 239 ff. (243); 24, 278 ff. (282); 25, 44 ff. (55); 27, 71 ff. (85); 27, 104 ff. (109); 28, 191 ff. (202); 34, 202 ff. (225) u.a.m.

546 BVerfG NJW 2001, 591 - *Benetton I;* BVerfG NJW 2003,1303 - *Benetton II.*

547 BVerfG NJW 2001, 591 (592) – *Benetton I.*

548 BVerfG NJW 2001, 591 (593) – *Benetton I.*

das lauterkeitsrechtliche Verbot schwerwiegend beeinträchtigt. Die Werbeanzeigen enthalten gesellschaftlich und politisch relevante Fragen und stehen damit unter dem besonderen Schutz des Art. 5 Abs. 1 Satz 1 GG. Der kommerzielle Kontext der Meinungsäußerung ändere an diesem besonderen Schutz nichts[549]. Die konkreten Anwendung des § 1 a.F. UWG durch das BGH wurde somit der Bedeutung und der Tragweite des Art. 5 Abs. 1 Satz 1 GG in diesem Falle folglich nicht gerecht.

bb) Therapeutische Äquivalenz[550]

Ebenso wie in seinem Urteil *Benetton I* stellte das BVerfG fest, der BGH habe bei der Auslegung der lauterkeitsrechtlichen Norm erneut die Bedeutung und Tragweite der Meinungsfreiheit verkannt. Im Vergleich zur *Benetton I* Entscheidung des Senats verschärfte die 1. Kammer des ersten Senats des BVerfG den von den Fachgerichten bei der Auslegung des Lauterkeitsrechts zu beachtenden Grundrechtsschutz jedoch noch einmal. Nicht nur, dass ein Gemeinwohlbelang vorzuliegen hat, um einen Grundrechtseingriff in Art. 5 Abs. 1 Satz 1 GG zu rechtfertigen und dass der Eingriff in einem angemessenen Verhältnis zu der Bedeutung des Grundrechts stehen muss; nach Auffassung des BVerfG kann eine Eingriff in Art. 5 Abs. Satz 1 GG nur dann gerechtfertigt sein, wenn das Fachgericht eine hinreichend konkrete Gefährdung des Schutzguts darlegen kann[551]. Der BGH hatte die Gefährdung des Schutzguts des Lauterkeitsrechts im konkreten Fall allein damit begründet, dass er auf das Vorliegen der Tatbestandselemente der Fallgruppe der anlehnenden, bezugnehmenden Werbung hingewiesen hatte. Nach Ansicht des BVerfG werde diese Begründung der Bedeutung und Tragweite der Meinungsfreiheit nicht gerecht. Zwar könne eine aus praktischer Erfahrung gewonnene Indizwirkung für die Sittenwidrigkeit und die Gefährdung des Leistungswettbewerbs durchaus bestehen; eine auf den konkreten Fall bezogene Darstellung der Sittenwidrigkeit bleibe aber dennoch erforderlich. Die Fachgerichte haben dazulegen, aus welchen Gründen die fragliche Werbung die Funktionsfähigkeit des Leistungswettbewerbs hinreichend konkret gefährdet. Nur wenn die Gefährdung des Leistungswettbewerbs hinreichend konkret dargestellt wurde, ist schließlich noch die Verhältnismäßigkeit des Eingriffs in die Meinungsäußerungsfreiheit zu überprüfen. In dem Fall *„Therapeutische Äquivalenz“* kam das BVerfG aber bereits aufgrund der fehlenden Darstellung

549 Ebda.

550 BVerfG GRUR 2001, 1058 – *Therapeutische Äquivalenz.*

551 BVerfG GRUR 2001, 1058 (1060) - *Therapeutische Äquivalenz.*

einer konkreten Gefährdung des Schutzguts des UWG zu seiner Verletzung des Art. 5 Abs. 1 Satz 1 GG. Der BGH habe damit die Bedeutung und Tragweite der Meinungsäußerungsfreiheit bei der Auslegung des § 1 a.F. UWG nur unzureichend beachtet.

cc) Tier- und Artenschutz[552]

Vorliegend warb ein Einzelhändler mit der Aussage, keine Naturpelze oder Naturfelle in seinen Kollektionen zu verwenden. Seine Kunden bezeichnete er als *„Tierliebhaber"* und *„Menschen mit Verstand, Herzensbildung und Moral"*. Außerdem ging er in der Werbung auf die Tötung und die Leiden der Tiere in der Intensivzucht und der Forschung ein. Nach Ansicht des BGH handelte es sich hierbei um eine unlautere gefühlsbetone Werbung nach § 1 a.F. UWG. Wiederum kam das BVerfG zu dem Ergebnis, der BGH habe bei der Begründung seiner Entscheidung in nicht ausreichender Art und Weise eine hinreichend konkrete Gefährdung des Schutzguts dargelegt[553]. Es werde nicht näher ausgeführt, auf welche Weise und in welchem Ausmaß die für sittenwidrig erachtete Werbung eine Gefährdung für den an der Leistung orientierten Wettbewerb darstelle. Auch fehle es an einer Auseinandersetzung mit der Frage, warum der Appell an das Mitgefühl überhaupt eine Gefährdung des Leistungswettbewerbs bedeuten müsse. Aufgrund einer wiederum nur formelhaften Behandlung der konkreten Gefahren für das Schutzgut des Leistungswettbewerbs, werde der BGH auch hier der Bedeutung und Tragweite des Art. 5 I GG nicht gerecht. Das Urteil des BGH verletze damit das Grundrecht auf freie Meinungsäußerung.

dd) Anonymer Preisvergleich[554]

Das letzte darzustellende Verfahren vor dem BVerfG betraf eine gerichtliche Untersagung von Preisvergleichen. Die Werbenden hatte anhand einer grafischen Darstellung kenntlich gemacht, um wie viel Prozent die Preise von anonym gehaltenen Konkurrenten höher als die der Werbenden liegen. Der BGH sah hierin eine unlautere Werbung nach § 1 a.F. UWG. Die Verfassungsbeschwerden gegen dieses Urteil wurden vom BVerfG nicht zur Entscheidung angenommen. Das Gericht stellte insofern fest, dass die vom BGH aufgeführten Gründe, namentlich eine fehlende Nachvollziehbarkeit der Vergleiche, das Bestehen einer Missbrauchsgefahr und das Vorspielen einer repräsentativen Marktübersicht, eine

552 BVerfG GRUR 2002,455 (456) – *Tier-und Artenschutz.*

553 Ebda.

554 BVerfG NJW 2003,2229 – *Anonymer Preisvergleich.*

Gefährdung des Schutzguts hinreichend konkret werden lasse[555]. Eine Vernachlässigung der Meinungsfreiheit oder grobe Verkennung ihres Schutzumfangs sei insoweit nicht festzustellen[556].

4. Stellungnahme

Die kommerzielle Kommunikation gehört zum Schutzbereich der Meinungsfreiheit nach Art. 5 Abs. 1 Satz 1 GG. Dies sagt jedoch noch nichts über die Schutzintensität aus. Insoweit ist insbesondere auf zwei Aspekte der verfassungsgerichtlichen Rechtsprechung hinzuweisen:

Das BVerfG hat mit seinem Urteil *„Therapeutische Äquivalenz"* und der Feststellung, ein Fachgericht könne der Bedeutung und Tragweite des Grundrechts der Meinungsfreiheit nur dann gerecht werden, wenn es bei der Anwendung lauterkeitsrechtlicher Fallgruppen eine Gefährdung der lauterkeitsrechtlichen Schutzobjekte konkret dargelegt und begründet[557]. Die Vorgabe der Karlsruher Richter an die Fachgerichte, sich stärker mit dem eigentlichen Schutzobjekt lauterkeitsrechtlicher Fallgruppen auseinanderzusetzen, hat die Schutzintensität der Meinungsfreiheit im Rahmen kommerzieller Äußerungen deutlich gestärkt. Eine schlichte Subsumtion des Einzelfalls unter eine bestimmte Fallgruppe ist insoweit nicht mehr ausreichend. Vielmehr müssen die Fachgerichte nunmehr bei der Anwendung lauterkeitsrechtlicher Werbeverbote in jedem Einzelfall, gleichsam *„situationsrelativ"*[558], abwägen, ob eine hinreichende Gefährdung des Rechtsguts vorliegt.

Liegt eine Gefährdung des Leistungswettbewerbs vor, hat das Fachgericht nunmehr das lauterkeitsrechtliche Schutzgut und das Grundrecht der freien Meinungsäußerung zu gewichten und gegeneinander abzuwägen. Das BVerfG bezeichnet das Grundrecht der freien Meinungsäußerung als *„für die freiheitliche demokratische Staatsordnung schlechthin konstituierend"*[559]. Es bestehe aus diesem Grund grundsätzlich ein Vorrang des Grundrechts der Meinungsfreiheit vor den durch das allgemeine Gesetz geschützten Rechtsgütern[560]. Dieser Vorrang könne jedoch nicht gelten, wenn sich wirtschaftliche Interessen

555 Ebda.

556 Ebda.

557 BVerfG GRUR 2001, 1058 (1060) - *Therapeutische Äquivalenz; Ohly* in Piper/Ohly/Sosnitza, a.a.O., Einf., D, Rn. 7.

558 *Säcker,* WRP 2004, 1199 (1202).

559 BVerfGE 42, 133 (139) – *Wahlwerbung.*

560 BVerfG NJW 1992, 1153 (1154) – *Jacubowski.*

gegenüberstehen[561]. Mit dem Urteil *Benetton I* ist die Frage zu stellen, ob der indizielle Vorrang des Grundrechts der Meinungsfreiheit nunmehr auch für kommerzielle Äußerungen gilt. Die Frage zu stellen heißt, die Frage zu verneinen. Das BVerfG stellte in *Benetton I* lediglich fest, eine Meinungsäußerung zu einem Thema von öffentlichem Interesse könne nicht bereits deswegen ihren Schutz nach Art. 5 Abs. 1 Satz 1 GG verlieren, da sie in einem kommerziellen Kontext stehe[562]. Auch bei Durchsicht der nachfolgenden Verfassungsgerichtsentscheidungen zeigt sich kein Bruch mit der bisherigen Gewichtung von Meinungsäußerungen. Kommerzielle Meinungsäußerungen und reine Wirtschaftswerbung stehen damit zwar im Schutzbereich des Art. 5 Abs. 1 Satz 1 GG, einer Meinungsäußerung zu Themen von öffentlichem Interesse - besteht nun ein kommerzieller Kontext oder nicht – kommt jedoch auch weiterhin ein höheres Gewicht im Rahmen der Interessenabwägung zu[563]. Diese differenzierte Gewichtung innerhalb der Meinungsäußerungsfreiheit verdient Zustimmung. Freilich relativiert das BVerfG mit der Privilegierung politisch - gesellschaftlicher Äußerungen die Schutzbereichserweiterung des Art. 5 Abs. 1 Satz 1 GG auf werbende Äußerungen und natürlich kann man immer einwerfen, eine solche Differenzierung sei willkürlich[564]. Verständlich wird diese Spruchpraxis aber insbesondere bei einer genaueren Analyse der *Benetton I* Rechtsprechung. Das BVerfG hatte hier festgestellt, eine gesellschaftskritische Äußerung dürfe nicht allein deswegen die ihr zugeschriebene konstituierende Bedeutung verlieren, weil sie in einem kommerziellen Kontext stehe[565]. Die kommerzielle Zielrichtung ändere vielmehr nichts an der *„anprangernde[n], gesellschaftskritische[n] Wirkung der Anzeigen"*[566]. Bei der Bewertung einer Werbung sind damit gegeneinander abzuwägen: Auf der einen Seite von Art. 5 Abs. 1 Satz 1 GG geschützte Meinungsäußerungen, die für eine freiheitliche demokratische Ordnung als schlechthin konstituierend angesehen werden[567] und auf der anderen Seite die durch allgemeine Gesetze geschützte Lauterkeit des Leistungswettbewerbs. Vor diesem Hintergrund wird nunmehr auch verständlich, warum einer reinen Wirtschaftswerbung diese Privilegierung nicht zukommen sollte. An dem besonderen Gewicht der Meinungsfreiheit fehlt es, wenn sich das - ebenfalls von

---

561 Ebda.

562 BVerfG NJW 2001,591 - B*enetton I.*

563 *Säcker,* WRP 2004, 1199 (1206); *Krings/Dietlein* in FS für H.Helm, 2002, S. 106.

564 *Eichholz* (2008), S. 52.

565 BVerfG NJW 2001, 591 (593) – *Benetton I.*

566 Ebda.

567 BVerfG NJW 1992, 1153 (1154) – *Jacubowksi.*

Art. 5 Abs. 1 Satz 1 GG geschützte – wirtschaftliche Interesse der Werbefreiheit und das wirtschaftliche Interesse der Marktteilnehmer an einem lauteren Wettbewerb gegenüber stehen. Das Verhältnis der betroffenen Interessen zueinander ist somit der entscheidende Anknüpfungspunkt, der einen unterschiedlichen Grundrechtsschutz innerhalb der Werbung verständlich macht.

II. Rechtfertigungsebene – Unionsgrundrecht, Art. 11 GRCh

1. Allgemeines

Das Unionsgrundrecht der Meinungsäußerungsfreiheit wird freilich ebenfalls nicht vorbehaltlos gewährt. Auch hier stellt sich die Frage, unter welchen Voraussetzungen die Meinungsäußerungsfreiheit eingeschränkt werden kann. Leider fehlt es insoweit aber auch weiterhin an einer systematischen Schrankenregelung. Hieran ändert auch die im Zusammenhang mit dem Lissabon-Vertrag beschlossene Rechtswirksamkeit der Charta der europäischen Grundrechte nichts. Vielmehr beinhaltet die Charta in Art. 52 Abs. 1 GRCh lediglich eine generalklauselartige Schrankenbestimmung[568]. Bei der Auslegung dieser Generalklausel stützte sich der EuGH bisher insbesondere auf die Rechtsprechung des EGMR. Überhaupt ist die Stellung der EMRK in der europäischen Grundrechtsrechtsprechung auch durch den Vertrag von Lissabon weiter gestärkt worden. Dies ergibt sich zum einen aus dem Beitritt der EU zur EMRK (Art. 6 II EU) und zum anderen aus dem bereits angesprochenen Art. 52 Abs. 3 GRCh. Es ist insoweit noch einmal darauf hinzuweisen, dass jene Grundrechte der Charta, die solchen der EMRK entsprechen, *„die gleiche Bedeutung und Tragweite"* wie die Rechte der Konvention haben[569]. Die *„Bedeutung und Tragweite"* eines Grundrechts ergibt sich sowohl aus dem Schutzbereich, als auch aus den Beschränkungsmöglichkeiten des Grundrechts[570]. In den Erläuterungen des *Präsidiums des Konvents* wird ausdrücklich betont, dass die Beschränkung von entsprechenden

568 *„Jede Einschränkung der Ausübung der in dieser Charta anerkannten Rechte und Freiheiten muss gesetzlich vorgesehen sein und den wesentlichen Gehalt [Wesensgehalt] dieser Rechte und Freiheiten achten. Unter Wahrung des Grundsatzes der Verhältnismäßigkeit dürfen Einschränkungen nur vorgenommen werden, wenn sie notwendig [erforderlich] sind und den von der Union anerkannten dem Gemeinwohl dienenden Zielsetzungen oder den Erfordernissen des Schutzes der Rechte und Freiheiten anderer tatsächlich entsprechen."*, Art. 52 I GRCh.

569 *Naumann*, EuR 2008, Heft 3, 424.

570 *Naumann*, EuR 2008, Heft 3, 426.

Unionsgrundrechten nicht über das in der EMRK vorgesehene Maß hinaus gehen dürfe[571]. Aus diesem Grund findet auf jede Einschränkung des Art. 11 GRCh auch die Schrankenbestimmung des Art. 10 II EMRK Anwendung[572]. Und da sich der Gehalt eines Grundrechts weniger in dem Wortlaut, als vielmehr in der konkreten Auslegung und Anwendung zeigt, bedeutet der Verweis auf die *„Bedeutung und Tragweite"* eines Konventionsrechts auch einen Verweis auf die Rechtsprechung des EGMR[573]. Ein umfassenderer und strengerer Schutz bleibt dem EuGH gemäß Art. 52 Abs. 3 Satz 2 GRCh aber auch weiterhin möglich[574]. Der Schutzbereich des Grundrechts kann umfassender, die Schrankenregelung enger interpretiert werden[575]. Die EU-Charta bleibt damit in der Ausgestaltung ihres Schutzniveaus nach oben hin frei und ist gleichzeitig gegen einen unzulänglichen Grundrechtsschutz der EMRK oder ein Absinken des Grundrechtsschutzes der EMRK geschützt[576]. Bis jetzt hat der EuGH die *„Vorreiterrolle des EGMR in Grundrechtsfragen"*[577] weitgehend anerkannt und einen umfassenderen Grundrechtsschutz noch nicht für nötig empfunden. Dies gilt auch für die Schranken des Unionsgrundrechts der Meinungsfreiheit. In Übereinstimmung mit Art. 10 Abs. 2 EMRK sieht der EuGH einen Eingriff in die Meinungsäußerungsfreiheit als gerechtfertigt an, wenn die Maßnahme gesetzliche vorgesehen ist, ein legitimes Ziel der Allgemeinheit verfolgt und in einer demokratischen Gesellschaft notwendig ist[578]. Die weitgehende Orientierung des EuGH an der Straßburger Spruchpraxis sowie die Mindestschutzklausel in Art. 52 Abs. 3 GRCh lassen es sinnvoll erscheinen, zunächst Rechtsprechung des EGMR zu untersuchen.

2. Rechtsprechung des EGMR

a) Gesetzesvorbehalt

Die Beschränkung des Schutzbereichs muss nach Art. 10 Abs. 2 EMRK *„gesetzlich vorgesehen"* sein. Erfasst werden sowohl formelle als auch materielle Gesetze[579].

---

571 Nr. 1 d Erläuterungen des *Präsidiums des Konvents,* CONV 828/1/02 REV 1, 14 f v 18.7.2003.

572 Ebda.

573 Ebda.

574 z.T. wird ein weitergehender Schutz durch den EuGH abgelehnt. Das „Recht der Union" umfasse nur den Gemeinschaftsgesetzgeber, *Borowsky* in Meyer, a.a.O., Art. 52 Rn. 39.

575 *Naumann,* EuR 2008, Heft 3, 430.

576 *Frenz,* Handbuch Europarecht, Bd. 4, 2010, Rn. 71.

577 *Hoffmann-Riehm,* EuGRZ 2002,473 (478).

578 EuGH EuZW 1997,470 Rn. 26 – *Familiapress;* EuZW 2002, 603 Rn. 42 – *Carpenter;* NJW 2003,3185 Rn. 79 – *Schmidberger;* EuZW 2004, 439 Rn. 50 – *Karner.*

579 *Probst,* Art. 10 EMRK, 1996, S. 30.

Im Falle eines Verbots vergleichender Werbung würde hier mit § 6 Abs. 2 UWG eine gesetzliche Regelung vorliegen. Im Hinblick auf diese Voraussetzungen der gesetzlichen Vorschrift hat der EGMR bereits verschiedentlich festgehalten, dass die Gesetze durchaus in einer offenen und unbestimmten Art und Weise gefasst sein können. Die Interpretation und Auslegung solcher Gesetze ist vielmehr zwingend eine Frage der Rechtspraxis[580]. Das lauterkeitsrechtliche Verbot eines Werbevergleichs stellt hiernach eine zulässige gesetzliche Regelung i.S.v. Art. 10 Abs. 2 EMRK dar.

b) Schranken-Schranke

aa) „legitimes Ziel"

Ein Eingriff in den Schutzbereich des Art. 10 Abs. 1 EMRK hat ein legitimes Ziel zu verfolgen. Hierzu gehören nach Art. 10 Abs. 2 EMRK die nationale Sicherheit, die territoriale Unversehrtheit, die öffentliche Sicherheit, die Aufrechterhaltung der Ordnung, das Verhüten von Straftaten, der Schutz der Gesundheit oder der Moral, der Schutz des guten Rufes oder die Rechte anderer, die Verhinderung der Verbreitung vertraulicher Informationen, die Wahrung der Autorität sowie die Überparteilichkeit der Rechtsprechung[581]. Das lauterkeitsrechtliche Verbot eines humorvollen Werbevergleichs kann insofern dem legitimen Ziel dienen, den guten Ruf und die Rechte anderer zu schützen[582].

bb) „Unentbehrlich in einer demokratischen Gesellschaft"

Problematisch ist in aller Regel allein die dritte Stufe der Schrankenprüfung. Die Beschränkung des Art. 10 Abs. 1 EMRK muss *„in einer demokratischen Gesellschaft notwendig sein"*, d.h. durch ein dringendes gesellschaftliches Bedürfnis (*pressing social need/besoin social impérieux)* gerechtfertigt sein und in einem angemessenen Verhältnis zu dem verfolgten legitimen Ziel stehen[583]. Den nationalen Behörden wird bei der Bewertung dieser Frage ein

580 EGMR EuGRZ 1979, 386 - *Sunday Times; EGMR 1985, 170 – Barthold;* EGMR EuGRZ 1996, 302 (305) – *markt intern Verlag GmbH u. Klaus Beermann gegen BRD.*

581 Art. 10 II EMRK; *Mayer-Ladewig* in Mayer-Ladwig, EMRK, 3. Auflage, 2011, Art. 10, Rn. 41 ff.

582 *Probst* (1996) S. 31.

583 EGMR EuGRZ,1996,302 (305) Rn. 32 – *markt intern Verlag GmbH u. Klaus Beermann gegen BRD;* EGMR ÖJZ 1994, 636 (638) Rn. 50 f. – *Casado Coca;* EuGRZ 1996,306 (308) Rn. 26 f. – *Jacubowski;* ÖJZ 2004,397 (398) Rn. 30f. – *Krone Verlag GmbH & Co KG.*

gewisser Beurteilungsspielraum zugestanden (*margin of appreciation/marge d'appréciation*[584]), der aber wiederum der gerichtlichen Kontrolle durch den EGMR unterliegt. Dabei ist der nationale Beurteilungsspielraum bzw. die gerichtliche Prüfungsdichte je nach Art der Äußerung unterschiedlich und für den Fortgang der Prüfung von entscheidender Bedeutung. Bevor nun aber die einzelnen Zusammenhänge aufgezeigt werden, sollte man sich zunächst die Motive hinter dem Konzept des „*margin of appreciation/marge d'appréciation*" vor Augen führen: Es handelt sich bei der EMRK um einen völkerrechtlichen Vertrag zwischen Nationalstaaten. Bei der Auslegung der EMRK geht es damit immer auch um eine Kontrolle der bzw. einen Eingriff in die staatliche Souveränität der Mitgliedsstaaten. Freilich haben sich die Mitgliedstaaten durch ihren Beitritt zur EMRK dieser internationalen Kontrolle freiverantwortlich unterworfen. Die Kompetenzverteilung sollte dennoch aus zweierlei Gründen in einem angemessenen, gleichsam kooperativen Verhältnis stehen: Zum einen, da die Akzeptanz der Straßburger Rechtsprechung durch die Vertragsparteien vor dem Hintergrund einer Vielzahl nationaler Traditionen eine Beschränkung auf die wesentliche Grundrechtskontrolle verlangt[585]. Oder positiv formuliert: Die Wirksamkeit der EMRK kann nur dann funktionieren, wenn sich die völkerrechtliche Kontrolle darauf beschränkt „*gemeinsame Mindestnormen herauszuschälen, um dem innerstaatlichen Schutz der Menschenrechte einen europäischen Rahmen zu geben*"[586]. Zum anderen, da der EGMR sich auch selbst nicht dazu in der Lage sieht, in ausreichendem Maße die nationalen Besonderheiten und Umstände zu berücksichtigen[587]. Die Doktrin des „*margin of aprreciation/marge d'appréciation*" wird vor diesem Hintergrund auch als Ausdruck eines „*judicial self-restraint*" verstanden[588].

Wie bereits angedeutet, ist das Ausmaß dieser richterlichen Selbstbeschränkung nun abhängig von dem im jeweiligen Einzelfall vom EGMR zugestandenen Gewicht des Entscheidungsspielraums der zuständigen Stellen. Wird der nationale Entscheidungsspielraum als weit erachtet, nimmt sich der Gerichtshof auch bei der gerichtlichen Kontrolle zurück und prüft lediglich, ob der Eingriff

---

584 Siehe allgemein zur Dogmatik des nationalen Beurteilungsspielraums gegenüber der EMRK etwa *Eva Brems* in ZaöRV 56 (1996), 240 ff.

585 *"Dieser Ermessensspielraum ist ein notwendiger Faktor der internationalen Zuständigkeit, wenn er auf demokratische Staaten angewandt wird, welche die Vorherrschaft des Rechts akzeptieren"*, *Luzius Wildhaber* EuGRZ 2002,569 (670).

586 Ebda.

587 *Bernhardt* in Beatty, Humen Rights and Judicial Review, 1994, S. 306.

588 *Waldock*, EuGRZ 1979, 599 ff.

in einem angemessenen Verhältnis zu den verfolgten Zielen steht[589] (*justifiable in principle and proportionate)*[590]. Im Rahmen der Verhältnismäßigkeitsprüfung stehen sich hier die von Art. 10 Abs. 1 EMRK geschützte kommerzielle Äußerungsfreiheit auf der einen Seite und der Schutz des guten Rufes und die Rechte Dritter auf der anderen Seite gegenüber.

aaa) „markt intern Verlag GmbH u. Klaus Beermann"[591]

Die Entscheidung *„markt intern GmbH u. Klaus Beermann"*[592] des europäischen Gerichtshofs für Menschenrechte kann als ein ganz entscheidendes Urteil im Hinblick auf die Schutzintensität der kommerziellen Meinungsäußerungsfreiheit nach Art. 10 Abs. 1 EMRK angesehen werden. Der Gerichtshof kam hier zu dem Ergebnis, dass der nationale Beurteilungsspielraum weiter und die Kontrolle durch das Gericht weniger streng ist, wenn es sich um eine Meinungsäußerung im kommerziellen Kontext handelt[593]. Der EGMR begründet die besondere Bedeutung des nationalen Spielraums im Wirtschaftsleben und insbesondere im unlauteren Wettbewerb mit einer besonderen Komplexität und Wechselhaftigkeit dieser Bereiche[594]. Auch könne es nicht die Aufgabe des EGMR sein, eine neuerliche Würdigung der Tatsachen und Umstände des Einzelfalls vorzunehmen. Der europäische Gerichtshof für Menschenrechte müsse seine Kontrolle darauf beschränken, ob ein Eingriff in die Meinungsäußerungsfreiheit im Grundsatz gerechtfertigt und verhältnismäßig war[595]. Allerdings stellte er keine eigenen Erwägungen an, sondern beschränkte sich auf die Prüfung der Frage, ob die Erwägungen der nationalen Behörde jedenfalls nachvollziehbar sind.

Der Gerichtshof kontrolliert somit allein, ob überhaupt eine Abwägung durch das nationale Gericht stattgefunden hat und ob das Ergebnis dieser Abwägung auf nachvollziehbaren Gründen beruht. In dem vorliegenden Fall kam der EGMR auf diese Weise zu dem Ergebnis, dass die – vom BVerfG bestätigte

---

589 *Callies,* EuGRZ 1996,293 (294); *Scheyli,* EuGRZ 2003, 455 (458).

590 EGMR markt intern Rn. 33; Jacubowski Rn. 26; Casado Coca Rn. 50; Doukas S. 194.

591 EGMR EuGRZ 1996,302 ff. – *markt intern*

592 Das Urteil wurde mit 9:9 Stimmen gefällt. Entscheidend war damit allein die Stimme des Präsidenten.

593 Siehe auch EGMR EuGRZ 1996,306 Rn. 26 – *Jacubowski*; GRUR Int. 1999,156 Rn. 47 – *Hertel vs. Schweiz*; EuGRZ 2003,488 Rn. 42 – *Demuth vs. Schweiz.*

594 EuGRZ 1996,302 (305), Rn. 33 – *markt intern.*

595 Ebda.

- letztinstanzliche Entscheidung des BGH den nationalen Beurteilungsspielraum nicht überschreite. Das nationale Gericht habe die maßgeblichen Interessen gegeneinander abgewogen und nachvollziehbar bewertet. Es sei nicht die Aufgabe des EGMR diese Abwägungsentscheidungen durch eigene Erwägungen zu ersetzen[596].

bbb) „Hertel vs. Schweiz“[597]

Dem Urteil „*Hertel vs. Schweiz*“ lag die Veröffentlichung einer wissenschaftlichen Untersuchung über die gesundheitlichen Auswirkungen von Mikrowellen in einer Fachzeitschrift zu Grunde. Auf den Forschungsbericht wies bereits das Titelblatt der Zeitschrift hin. Neben der Abbildung eines Sensenmannes lautete die Überschrift: „*Mikrowellen: Gefahr wissenschaftlich erwiesen!*“.

Das Schweizer Handelsgericht gab auf Grundlage des Gesetzes gegen den unlauteren Wettbewerb dem Antrag auf Unterlassung statt. Der Bf. machte vor dem EGMR eine Verletzung des Art. 10 Abs. 1 EMRK geltend. Wiederum lautete die entscheidende Frage, ob der Eingriff in die Äußerungsfreiheit nach Art. 10 Abs. 2 EMRK gerechtfertigt ist. In Übereinstimmung mit den Urteilen „*markt intern*“ und „*Jacubowksi*“[598] verwies der Gerichtshof diesbetreffend erneut auf die Doktrin des „*margin of appreciation/marge d'appréciation*“. Die nationalen Behörden haben bei der Prüfung, ob der Eingriff tatsächlich „*notwendig*“ ist, ob also ein „*dringendes gesellschaftliches Bedürfnis*“ hierfür besteht, einen Einschätzungsspielraum. Ebenfalls bestätigte der EGMR seine Spruchpraxis, wonach der Einschätzungsspielraum in wirtschaftlichen Angelegenheiten eine besondere Bedeutung erlange. Allerdings müsse dieser Einschätzungsspielraum dort begrenzt werden, wo es nicht um rein „*wirtschaftliche*“ Aussagen gehe („*purley commercial statements/le discours strictement commercial*“), sondern um eine Teilnahme an einer Diskussion, die das Allgemeininteresse berühre. In dem vorliegenden Rechtsstreit verneint der Gerichtshof eine solche rein wirtschaftliche Aussage. Vielmehr beteilige sich die Werbung an einer Diskussion von allgemeinem Interesse, namentlich einer Diskussion um die öffentliche Gesundheit. Das nationale Ermessen sei in diesen Fällen enger zu ziehen und im Rahmen der gerichtlichen Kontrolle sei „*sorgfältig*“ („*attentif*“) zu prüfen, ob die gerichtliche Maßnahme verhältnismäßig ist.

596 EuGRZ 1996,302 (205), Rn. 37 – *markt intern.*
597 EGMR GRUR Int. 1999,156 ff. – *Hertel vs. Schweiz.*
598 EGMR EuGRZ 1996, 306 ff. – *Jacubowski.*

ccc) „Krone Verlag GmbH & CoKG“[599]

Schließlich ist noch auf ein neueres Urteil des EGMR hinzuweisen. Gegenstand des Verfahrens war das gerichtliche Verbot eines Werbevergleichs. Die *„Neue Kronen Zeitung“* verglich in der Werbung ihre eigenen Abonnementspreise mit denen der *„Salzburger Nachrichten“*. Ein österreichisches Gericht erließ in letzter Instanz ein Unterlassungsurteil, da das Werbeinserat u.a. irreführend sei. Es handele sich bei den *„Salzburger Nachrichten“* im Gegensatz zu der *„Neue Kronen Zeitung“* um eine *„Qualitätszeitung“*[600]. Dieser Unterschied sei für einen fairen Vergleich der Preise relevant und den Konsumenten möglicherweise nicht bewusst[601]. Auch dieses Urteil landete schließlich vor dem EGMR. Der EGMR hielt an seiner Spruchpraxis fest und wiederholte, den nationalen Behörden müsse bei der Beurteilung der Notwendigkeit eines Eingriffs ein Ermessensspielraum zukommen und dieser sei besonders *„im komplexen und fließenden Bereich des unlauteren Wettbewerbs“* wichtig. Im Rahmen der gerichtlichen Kontrolle dieses Ermessensspielraums, namentlich der Verhältnismäßigkeitsprüfung, ging der EGMR nunmehr aber über seinen in *markt intern* vertretenen Standard deutlich hinaus. So stellte der Komplexität des unlauteren Wettbewerbs zum Trotz durchaus eigene Erwägungen im Rahmen der Abwägung an: Der Gerichtshof stellte insoweit fest, dass das von dem österreichischen Fachgericht aufgestellte Gebot, bei Preisvergleichen den Konsumenten Informationen über die Qualitätsstufe der verglichenen Produkte zur Verfügung zu stellen, weitreichende Konsequenzen für die die Werbeform der vergleichenden Werbung haben würde. Die Ansage des nationalen Gerichts, die *„Neue Kronen Zeitung“* hätte den Konsumenten auf die Unterscheide in der Berichterstattung hinweisen müssen, sei ein so umfassendes Informationsgebot, dass damit das Wesen von Preisvergleichen (*„the very essence of price comparison“)* beeinträchtigt werde. Die Gerichtsentscheidung sei somit eine unverhältnismäßige Maßnahme. Das nationale Gericht habe seinen Ermessensspielraum überschritten, ein *„notwendiger“* Eingriff i.S.v. Art. 10 Abs. 2 EMRK liege damit nicht vor.

c) Stellungnahme

Die Auslegung des Merkmals der *„Notwendigkeit“* eines Eingriffs ist von maßgebender Bedeutung für die Schutzintensität der Meinungsäußerungsfreiheit. Für den Bereich der kommerziellen Kommunikation lassen sich nach Sichtung der Straßburger Rechtsprechung folgende Punkte feststellen:

---

599 EGMR ÖJZ 2004,397 ff. – *„Krone Verlag GmbH & CoKG“*.

600 EGMR ÖJZ 2004,397 (398) – *„Krone Verlag GmbH & CoKG“*.

601 Ebda.

aa) Nach der Doktrin des *„margin of appreciation/marge d'appréciation"* hat der Beurteilungsspielraum bei den weniger gewichtigen Äußerungen besonders umfassend zu sein. Der EGMR stellte insoweit fest, dass dem nationalen Beurteilungsspielraum im Bereich des Wirtschaftslebens ein besonderes Gewicht zukommen muss. Der Gerichtshof begründet die besondere Bedeutung des nationalen Ermessens im Wirtschaftsleben und insbesondere im unlauteren Wettbewerb mit einer besonderen Komplexität und Wechselhaftigkeit dieser Bereiche[602]. Die gerichtliche Kontrolle des nationalen Beurteilungsspielraums beschränkt sich nach der Doktrin des *„margin of appreciation/marge d'appréciation"* bereits auf die Frage, ob der nationale Eingriff grundsätzlich gerechtfertigt und insgesamt verhältnismäßig war[603]. Nunmehr beließ es der EGMR im Falle von kommerziellen Äußerungen jedoch nicht nur bei dem Zugeständnis eines weiten Beurteilungsspielraums der nationalen Gerichte und einer reinen Verhältnismäßigkeitsprüfung, sondern er enthob sich des Weiteren des Rechts einer eigenen Abwägungsentscheidung und Gewichtung der entgegenstehenden Interessen[604]. Der europäische Gerichtshof ließ es im Rahmen der Verhältnismäßigkeitsprüfung ausdrücklich genügen, dass das nationale Gericht überhaupt eine Abwägung in vernünftiger Weise vorgenommen hat[605]. Damit verkommt die Einbeziehung kommerzieller Äußerungen in den Schutzbereich der Meinungsäußerungsfreiheit nach Art. 10 EMRK – um es überspitzt auszudrücken – zur grundrechtlichen Floskel. Der weite Beurteilungsspielraum der Nationalstaaten und eine fehlende Kontrolle dieses Beurteilungsspielraums durch eine eigene Verhältnismäßigkeitsprüfung des EGMR macht eine effektive Grundrechtskontrolle in diesem Bereich nachgerade unmöglich[606].

bb) Der weite Beurteilungsspielraum im Bereich des Wirtschaftslebens wurde durch das EGMR Urteil *„Hertel vs. Schweiz"*[607] einschränkend konkretisiert. Handelt es sich bei der kommerziellen Äußerung um einen Beitrag zu einer Debatte von öffentlichem Interesse, dann muss der Einschätzungsspielraum

---

602 EuGRZ 1996,302 (305), Rn. 33 – *markt intern.*

603 *Scheyli,* EuGRZ 2003, 455 (458).

604 *Callies,* EuGRZ 1996, 293 (295).

605 EGMR, EuGRZ 1996, 302 (306), Rn. 37 – markt intern; *Callies* EuGRZ 1996, 293 (295); *Scheyli* EuGRZ 2003, 455 (459).

606 Siehe insoweit auch die Sondervoten einiger Richter am EGMR, EuGRZ 1996, 302 (306); das Urteil erging nach einer 9:9 Abstimmung allein aufgrund der Stimme des Präsidenten.

607 EGMR GRUR Int. 1999, 156 ff. – *Hertel vs. Schweiz.*

hiernach – im Vergleich zu rein kommerziellen Äußerungen – als enger verstanden wurde. Es entspricht der ständigen Straßburger Rechtsprechung, den Beurteilungsspielraum der nationalen Behörden bei Äußerungen zu Themen von öffentlichem Interesse enger zu ziehen und die gerichtliche Kontrolle durch den EGMR schärfer anzuwenden. Der EGMR stellte mit diesem Urteil klar, dass ein kommerzieller Kontext nichts an dieser Bewertung ändern kann. So müsse der nationale Ermessenspielraum *„begrenzt"*[608] werden und die gerichtliche Kontrolle habe *„sorgfältig"* *(„attentif")*[609] zu erfolgen. Im Gegensatz zu rein kommerziellen Äußerungen erschöpft sich die Verhältnismäßigkeitsprüfung im Falle von kommerziellen Meinungsäußerungen folglich nicht in einer Plausibilitätskontrolle.

cc) Das *„Krone Verlag GmbH & CoKG"*[610] Urteil könnte einen Wendepunkt in der Straßburger Spruchpraxis darstellen. Obwohl es sich um eine rein kommerzielle Äußerung handelt *(„purely commercial")* – namentlich um einen Preisvergleich – begnügt sich der Gerichtshof nicht mit einer *„formellen"*[611] Verhältnismäßigkeitsprüfung. Vielmehr stellt er auch eigene Erwägungen an. In Übereinstimmung mit seiner früheren Spruchpraxis[612] hätte der EGMR hier lediglich zu prüfen gehabt, ob das nationale Gericht überhaupt eine Abwägung zwischen den auf dem Spiel stehenden Interessen vorgenommen hat und ob das Ergebnis dieser Abwägung nachvollziehbar ist. Auch der denkbare Einwand, der Gerichtshof komme hier lediglich zu dem Ergebnis einer nachvollziehbaren Abwägung der nationalen Stellen, kann nicht überzeugen. Die Abwägungsentscheidung des nationalen Gerichts, dem guten Ruf des Mitbewerbers im konkreten Fall den Vorzug vor der Äußerungsfreiheit des Werbenden zu geben, ist in jedem Fall nachvollziehbar. Die Befürchtung, die Konsumenten seien sich der Unterschiedlichkeit der verglichenen Produkte nicht bewusst und können aus diesem Grund den Preisvergleich nicht angemessen einordnen ist – insbesondere auch mit Blick auf die vergangene Rechtsprechung des EGMR - durchaus plausibel. Oder um es mit den Worten des EGMR zu sagen:

---

608 EGMR GRUR Int. 1999, 156 (160) Rn. 47 - *Hertel vs. Schweiz.*

609 ebenda

610 EGMR ÖJZ 2004,397 ff. – *„Krone Verlag GmbH & Co.KG".*

611 *Callies,* EuGRZ 1996, 293 (295).

612 EGMR EuGRZ 1996,302 – *„Markt Intern Verlag GmbH"*; EuGRZ 1996, 306 ff. - *Jacubowski*; EuGRZ 2003, 488 ff. - *Demuth.*

„Es liegt auf der Hand, dass die Meinungen darüber auseinander gehen können [..]. Jedoch sollte der Europäische Gerichtshof für Menschenrechte im konkreten Fall nicht seine eigene Bewertung an die Stelle derjenigen der nationalen Gerichte setzen, wenn diese Gerichte basierend auf nachvollziehbaren Gründen, die mit dem Eingriff verbundenen Beschränkungen als unentbehrlich angesehen haben“[613].

Mit Rücksicht auf den weiten Ermessensspielraum und die beschränkte Kontrolle hätte der EGMR nunmehr feststellen können, die Abwägungsentscheidung des nationalen Gerichts sei jedenfalls nachvollziehbar. Stattdessen stellten die Straßburger Richter fest, der Eingriff in die Werbefreiheit sei zu weitgehend und das von dem nationalen Fachgericht aufgestellte umfassende Informationsgebot widerspreche dem *„Wesen des Preisvergleichs“*. Im Ergebnis vertritt der EGMR damit die Auffassung, ein grundsätzliches Verbot vergleichender Werbung oder auch nur eine Beschränkung des Wesens des Werbevergleichs stelle prinzipiell eine Verletzung der Meinungsäußerungsfreiheit nach Art. 10 Abs. 1 EMRK dar. Vor dem Hintergrund eines jahrzehntelangen Verbots vergleichender Werbung in der nationalen Rechtsprechung ist dieses gerichtliche Fazit, insbesondere aus deutscher Sicht, bereits interessant. Der Werbevergleich gehört damit zu dem Maß an Meinungsfreiheit, das die Mitgliedstaaten der EMRK in jedem Fall gewährleisten müssen. Ebenfalls kommt man nicht umhin festzustellen, dass der EGMR die Abwägungsentscheidung eines nationalen Gerichts durch eigene Erwägungen ersetzt hat. Der EGMR vertritt die Auffassung, ein Werbeverbot, dass das Wesen eines Preisvergleichs beeinträchtige, könne nicht verhältnismäßig und damit auch nicht *„in einer demokratischen Gesellschaft notwendig“* sein. Der EGMR setzt damit seine eigenen Bewertungen über die Grenzen der kommerziellen Meinungsäußerungsfreiheit an die Stelle derjenigen des nationalen Gerichts. Bestätigt sich diese Rechtsprechung, dann gibt der EGMR rein formelle Verhältnismäßigkeitsprüfung im Falle reiner Wirtschaftswerbung auf und bricht damit mit seiner Spruchpraxis seit dem Urteil *markt intern*. Bisher hatte der EGMR die reine Wirtschaftswerbung zwar innerhalb des Schutzbereichs des Art. 10 Abs. 1 EMRK gesehen, bei der Schrankenprüfung eine eigene Verhältnismäßigkeitsprüfung jedoch nicht vorgenommen. Den Vertragsstaaten wurde bei der Beschränkung kommerzieller Meinungsäußerungen weitgehend freie Hand gelassen und auf einen effektiven Grundrechtsschutz diesbezüglich verzichtet[614]. Der EGMR hat ein Mindestniveau an Grundrechtsschutz für die Vertragsstaaten der EMRK zu gewährleisten. Mit dem Anerkenntnis des EGMR, dass auch

613 EGMR EuGRZ 1996, 302 (306) - *„Markt Intern Verlag GmbH“*.
614 EGMR EuGRZ 1996,302 ff. (Sondervoten) – *„Markt Intern Verlag GmbH“*.

kommerzielle Äußerungen in den Schutzbereich des Art. 10 EMRK fallen, ging der Gerichtshof die Verpflichtung ein, auch diesbezüglich ein Mindestniveau an Grundrechtsschutz zu gewährleisten. Dieser Aufgabe wurde er in realiter nicht gerecht. Eine diesbezügliche Änderung in der Rechtsprechung wäre insofern zu begrüßen. Eine Differenzierung zwischen kommerziellen Meinungsäußerungen und reiner Wirtschaftswerbung hat insofern bei der Gewichtung der betroffenen Interessen stattzufinden. Im Falle einer reinen Wirtschaftswerbung ist somit auch weiterhin den Vertragsstaaten ein weiter Beurteilungsspielraum zuzugestehen. Die nationale Maßnahme muss jedoch verhältnismäßig sein; dabei sollte rein kommerziellen Äußerungen ein geringeres Gewicht zukommen, als z.B. gesellschaftskritische Meinungsäußerungen (in einem kommerziellen Kontext).

Das Eintreten für eine eigene Verhältnismäßigkeitsprüfung des EGMR auch im Rahmen rein kommerzieller Äußerungen sollte jedoch nicht verwechselt werden mit einer Ausweitung des innerhalb der Vertragsstaaten geltenden grundrechtlichen Mindeststandards. Es ist durchaus zweifelhaft, ob die vergleichende Werbung zu dem von den Vertragsstaaten der EMRK bereitzustellenden grundrechtlichen Mindeststandard gehören sollte. Auch ist fraglich, ob es der Akzeptanz des Gerichtshofs und des völkerrechtlichen Vertrages der EMRK langfristig dienlich ist, die Entscheidungsfreiheit der Vertragsstaaten und die nationale Rechtsprechung durch völkerrechtliche Vorgaben so weit einzuschränken. Geht die *Krone* Entscheidung systematisch also in die richtige Richtung, kann das konkrete Ergebnis der Verhältnismäßigkeitsprüfung nicht überzeugen.

3. Rechtsprechung des EuGH

a) Gesetzesvorbehalt

Im Hinblick auf die gesetzliche Beschränkbarkeit von Unionsgrundrechten ist nach der Rechtsprechung des EuGH zweierlei zu beachten: Zum einen hat die gesetzliche Vorschrift so präzise formuliert zu sein, dass die Betroffenen ihr Verhalten jedenfalls nach der Einholung „*sachkundigen Rats*“ anpassen können[615]. Zum anderen stellte der EuGH in seinem Urteil zur Tabakwerbeverbot Richtlinie fest, dass nur ein rechtmäßiger Rechtsakt der Union oder eines Mitgliedstaates Unionsgrundrechte in zulässiger Weise beschränken könne[616].

---

615 EuGH, Slg. 2001, I-01611, Rn. 42 – *Connolly.*

616 EuGH, Slg. 2000, I-08498, Rn. 118 – *Deutschland/Rat und Parlament;* In dem fraglichen Fall verneinte der EuGH die Notwendigkeit auf eine mögliche Verletzung der Meinungsfreiheit einzugehen, da bereits die gesetzliche Grundlage der Maßnahme gegen die Kompetenzvorschriften der EG verstieß.

b) legitimes Ziel

Das erforderliche *„legitime Ziel"* einer jeden gesetzlichen Grundrechtsbeschränkung ist einer steten Fortentwicklung durch die Rechtsprechung zugänglich. Bisher hat der EuGH den Verbraucherschutz[617], die Lauterkeit des Handels[618], die Durchsetzung der Grundfreiheiten[619], beamtenrechtliche Treuepflichten[620], die Aufrechterhaltung der Meinungsvielfalt[621] und die Unionsgrundrechte (z.B. der Gesundheitsschutz[622]) als legitime Ziele sub specie Grundrechtsbeschränkung anerkannt.

c) Interessenabwägung

aa) Allgemeines

Die beschränkende Maßnahme muss schließlich *„in einem angemessenen Verhältnis zu dem verfolgten legitimen Ziel stehen"*[623]. Bei der Durchsicht der maßgeblichen EuGH Rechtsprechung zeigt sich, dass der Gerichtshof – wie bereits angedeutet – keine Verhältnismäßigkeitsprüfung nach deutschem Verständnis durchführt[624].

bb) RTL[625]

Dem Vorlageverfahren vor dem EuGH ging ein Rechtstreit zwischen der *„RTL Television GmBH"* und der *„Niedersächsische Landesmedienanstalt für privaten Rundfunk"* vor deutschen Verwaltungsgerichten voraus. RTL hatte verschiedene Filme ausgestrahlt und jeweils mit vier Werbeblöcken unterbrochen. Dies verstieß nach Ansicht des Landesrundfunkausschusses gegen den Rundfunkstaatsvertrag. Das Berufungsgericht legte dem EuGH verschiedene Fragen im Zusammenhang mit der Richtlinie 89/552/EWG zur Vorabentscheidung vor. Der Gerichtshof hatte sich im Zusammenhang mit der Anzahl der Werbeunterbrechungen, u.a. auch mit der Einschränkbarkeit des Grundrechts der freien Meinungsäußerung auseinanderzusetzen. Im Hinblick auf die Verhältnismäßigkeit

---

617 EuGH ZUM 2003, 949 ff. – *RTL;* Slg. 1991, I-64007, Rn. 27 - *Stichting Collective.*

618 EuGH EuZW 2004, 439 – *Karner.*

619 EuGH, Slg. I-05659 Rn. 78 – *Schmidberger.*

620 EuGH, Slg. 2001, I-01611 – *Connolly.*

621 EuGH, Slg. 1997, I-03689, Rn. 24 ff. – *Familiapress.*

622 EuGH, Slg. 2006, I-11573, Rn. 155 f. – *Deutschland/Parlament und Rat.*

623 EuGH EuZW 2004,439 (441) – *Karner.*

624 *Pünder* in Ehlers, a.a.O., § 16.2 II 4 Rn. 28; *Classen,* EuR 2008,627 (631).

625 EuGH ZUM 2003, 949 – *RTL.*

der Beschränkung der Meinungsfreiheit sprachen für den EuGH zwei Argumente für eine gerechtfertigte Einschränkung nach Art. 10 Abs. 2 EMRK:

Zum einen die Tatsache, dass die Beschränkung der Anzahl von Werbeunterbrechungen sich nicht gegen den Inhalt, sondern lediglich die Anzahl von Werbebotschaften richtet und zum anderen, dass den nationalen Behörden insbesondere im Bereich der Werbung ein gewisser Ermessensspielraum zukomme[626].

cc) Karner[627]

Gegenstand dieses Rechtsstreits war das österreichische Verbot, Verkaufs- als Konkursware zu bezeichnen, wenn die Ware zum fraglichen Zeitpunkt nicht mehr Bestand der Konkursmasse ist. Damit möchte der österreichische Gesetzgeber die Verbraucher vor dem möglichen Irrtum bewahren, die Produkte allein aufgrund der Auflösung der Konkursmasse für besonders günstig zu halten. Der EuGH hatte das legitime Ziel des lauteren Wettbewerbs gegen die kommerzielle Äußerungsfreiheit abzuwägen. Wiederum orientierte sich der Gerichtshof maßgeblich an der Rechtsprechung des EGMR. So strich auch er einen Ermessensspielraum der nationalen Behörden bei der Abwägung der betroffenen Interessen heraus[628]. Ferner sei dieser Ermessensspielraum bei rein kommerziellen Äußerungen und im Bereich des so komplexen und wandelbaren Lauterkeitsrechts von besonderer Bedeutung. Trage die fragliche Äußerung nichts zu einer Debatte von allgemeinem Interesse bei und erfolge sie in einem Kontext, in welchem den Staaten ein gewisser Ermessensspielraum zugestanden werde, beschränke sich die Kontrolle des EuGH auf die die Frage, *„ob der Eingriff in einem angemessenen Verhältnis zu den verfolgten Zielen“* stehe[629]. Im Rahmen der Rechtfertigung übernimmt der EuGH damit beinahe wortlautgetreu die Ausführungen des EGMR[630]. Lediglich im Hinblick auf die Prüfungsdichte der Verhältnismäßigkeitsprüfung wird der Gleichlauf mit der Rechtsprechung des EGMR durch die Formulierung „Trägt die Ausübung der Meinungsfreiheit nichts zu einer Debatte von allgemeinem Interesse bei und erfolgt sie darüber hinaus in einem Kontext, in dem die Staaten einen gewissen Entscheidungsspielraum haben, beschränkt sich die Kontrolle auf die Prüfung, ob der Eingriff

---

626 EuGH ZUM 2003, 949 (953) – *RTL.*

627 EuGH EuZW 2004, 439 – *Karner.*

628 Bereits in der Entscheidung *“RTL Television”* angedeutet, EuGH ZUM 2003, 949 (953).

629 EuGH EuZW 2004,439 (441) Rn. 51 – *Karner.*

630 EuGH EuZW 2004, 439 (441) Rdnr. 50 f. – *Karner.*

in einem angemessenen Verhältnis zu den verfolgten Zielen steht“ nicht ausreichend deutlich[631]. Von einem substantiellen Unterschied in der Rechtsprechung beider Gerichtshöfe ist aufgrund dieses Unterschieds in der Formulierung aus mehrerlei Gründen nicht auszugehen. Wie bereits angesprochen orientiert sich der EuGH auf der Ebene der Rechtfertigung des konkreten Eingriffs an der Spruchpraxis des EGMR.

> *„Trägt die Ausübung der Meinungsfreiheit nichts zu einer Debatte von allgemeinem Interesse bei und erfolgt sie darüber hinaus in einem Kontext, in dem die Staaten einen gewissen Entscheidungsspielraum haben, beschränkt sich die Kontrolle auf die Prüfung, ob der Eingriff in einem angemessenen Verhältnis zu den verfolgten Zielen steht. Dies gilt namentlich für den Gebrauch der Meinungsfreiheit im Geschäftsverkehr, besonders in einem Bereich, der so komplex und wandelbar ist wie die Werbung[632].“*

Die eindeutige Anlehnung an die Ausführungen des EGMR in diesem Bereich sowie der explizite Verweis des EuGH in seiner Urteilsbegründung auf die Entscheidung des EGMR *markt intern*[633] lässt keine ausreichenden Gründe dafür ersichtlich werden, dass der EuGH im Hinblick auf die Verhältnismäßigkeitsprüfung von der reinen Nachvollziehbarkeitskontrolle des EGMR abweicht. Damit beschränkt der EuGH seine Kontrolle im Falle von Wirtschaftswerbung ebenfalls auf eine reine Evidenzprüfung[634].

d) Stellungnahme

Die Verhältnismäßigkeitsprüfung des EuGH ist in aller Regel äußerst knapp und lässt die Erwägungsgründe des Gerichtshofs häufig nur schwerlich erkennen. Dies gilt auch für die Beurteilung von Äußerungen im geschäftlichen Verkehr. Erkennbar wird aber jedenfalls eine weitgehende Orientierung an Art. 10 EMRK und der Spruchpraxis des EGMR. Dieser allenthalben hingenommene bzw. sogar begrüßte Zustand europäischer Grundrechtsrechtsprechung sollte durchaus vermehrt Kritik hervorrufen. Der EuGH sollte anerkennen, dass eine weitgehende Auslagerung seiner Grundrechtsrechtsprechung an den EGMR in keiner Weise den unterschiedlichen Aufgaben beider Gerichte gerecht wird. Während der EGMR auf der Grundlage der EMRK lediglich einen Mindeststandard des Grundrechtsschutzes innerhalb der 47 (!) Mitgliedsstaaten zu gewährleisten versucht, ist der EuGH aufgrund des Vorrangs des Unionsrechts gegenüber

631 EuGH EuZW 2004, 439 (441) Rdnr. 51 – *Karner.*

632 Rn. 51.

633 Siehe insoweit EuZW 2004, 439 (441) Rdnr. 51 – *Karner.*

634 *Pünder* in Ehlers, a.a.O., § 16.2 II 4 Rn. 29.

jeglichem nationalen Recht und damit auch gegenüber nationalen Grundrechten[635], im Falle zwingenden Unionsrechts gleichsam an die Stelle nationaler Grundrechtegerichte getreten ist. Im Zuge einer weiter voranschreitenden europäischen Integration ist es nicht mehr hinnehmbar, wenn der EuGH den so wichtigen Grundrechtsschutz gleichsam an den EGMR auslagert[636].

III. Zusammenfassung

Der Grundrechtsschutz des deutschen BVerfG auf der einen sowie des EuGH und EGMR auf der anderen Seite offenbaren im Bereich der Werbefreiheit deutliche Unterschiede. Es muss wohl als Wesensmerkmal des europäischen Grundrechtsschutz bezeichnet werden, dass auf der Schutzbereichsebene ein weitgehender Gleichlauf, im Rahmen der konkreten Schutzintensität jedoch große Unterschiede zu verzeichnen sind. Während nach der Rechtsprechung des BVerfG ein Werbeverbot nach Maßgabe des Art. 5 Abs. 1 Satz 1 GG nur dann gerechtfertigt sein kann, wenn unter Berücksichtigung der Bedeutung des Grundrechts der Meinungsfreiheit eine Gefährdung des Rechtsguts hinreichend konkret[637] und der Eingriff mit Blick auf das verfolgte legitime Ziel verhältnismäßig ist[638], orientiert sich der EuGH an der eher niedrigen Prüfungsdichte des EGMR. Der im Bereich der kommerziellen Werbung den nationalen Stellen zugestandene umfassende Beurteilungsspielraum beschränkt die Verhältnismäßigkeitsprüfung auf eine reine Plausibilitätskontrolle. Wie sich insoweit die deutlich strengere Rechtsprechung des EGMR im Falle „*Krone*" auf die Spruchpraxis des EuGH auswirkt muss abgewartet werden.

§ 11 Anwendungsbereich der Unionsgrundrechte

A. Kollisionsnormen der EU - Charta

Die Charta der europäischen Grundrechte gilt nach Art. 51 GRCh grundsätzlich für Maßnahmen der Organe und Einrichtungen der Europäischen Union. Hierbei handelt es sich um eine Selbstverständlichkeit. Die Mitgliedsstaaten sind an die Grundrechtecharta lediglich bei der Durchführung des Rechts der Union gebunden. Eine Durchführung des Rechts der Union liegt zweifellos immer im

---

635 EuGH, Slg. 1964, S. 1251 (1269) – *Costa/ENEL;* Slg. 1970, S. 1125, Rn. 3 f. – *Internationale Handelsgesellschaft.*

636 *Hoffmann-Riehm* EuGRZ 2002, 473 (478).

637 BVerfG GRUR 2001, 1058 (1060) - *Therapeutische Äquivalenz.*

638 BVerfG 2001, 591 (592) – *Benetton I.*

Falle einer *„agency situation“*[639] vor. Die Maßnahme des Mitgliedstaates muss auf Initiative des EU – Rechts vorgenommen worden sein. Hiernach liegt bei der Anwendung einer EU – Verordnung oder der Umsetzung einer EU – Richtlinie zweifellos eine Durchführung von EU – Recht vor. Fraglicher ist die Situation im Falle der Anwendung einer bereits in deutsches Recht umgesetzten Richtlinie. Sind die europäischen Grundrechte betreffend der Auslegung einer nationalen Rechtsnorm weiterhin vorrangig zu beachten?[640] Ist nicht nationales Recht prinzipiell nach Art. 1 Abs. 3, Art. 20 Abs. 3 GG an die Grundrechte des Grundgesetzes gebunden?[641] Eine alleinige Auslegung am Maßstab der nationalen Grundrechte[642] würde jedoch mit der Einheit des europäischen Rechts konfligieren. Zwingende Vorgaben des Richtliniengebers könnten durch eine grundrechtskonforme Anwendung des umgesetzten nationalen Rechts möglicherweise umgangen werden. Insbesondere in der lauterkeitsrechtlichen Literatur wird insoweit – ausdrücklich auch im Rahmen des § 6 UWG - auf das *Solange II* Urteil des BVerfG verwiesen[643]. Europäisches Recht sei hiernach allein an den Europäischen Grundrechten sowie der Rechtsprechung des EuGH zu messen. Weitgehend ausgeblendet wird von diesen Stimmen jedoch, dass in dem Verfahren Solange II allein eine Entscheidung über das Verhältnis von unmittelbar geltenden EU - Recht und deutschen Grundrechten getroffen wurde[644]. Im Gegensatz zu unmittelbar geltendem Primärrecht oder auch europäischen Verordnungen wirkt eine Richtlinie aber nur mittelbar und ist zunächst in nationales Recht umzusetzen. Der Verweis der Literatur auf das *Solange II* Urteil des BVerfG kann hier demzufolge nicht ausreichen. Die Wirkung der Unionsgrundrechte auf das nationale Recht wurde in diesem Urteil gerade nicht behandelt. Die hier maßgebliche Frage bleibt damit, ob auch im Falle der Anwendung einer in nationales Recht umgesetzten Richtlinie das Recht der Union i.S.v. Art. 51 GRCh durchge-

---

639 *Weiler*, Constitution of Europe, 1999, S. 126; EuGH Slg. 1989, 2609 – *Wachauf.*

640 J. Bergmann, Neuerungen beim EU-Grundrechtsschutz, 2010, S. 7, http://uvsvereinigung.files.wordpress.com/2010/05/bergmann-eu-grundrechtsschutz-3-2010.pdf.

641 *Scholz* in Merten/Papier, HB der Grundrechte VI/2, 2009, § 170 Rn. 40; BVerfG 95, 173 (181).

642 *Blumenwitz* NJW 1989, 621, 625; *Jürgensen/Schlender,* AÖR 121 (1996), 200 (211 f.).

643 *Köhler* in Köhler/Bornkamm, a.a.O., Einl. UWG, 3.13; *Ohly* GRUR 2004, 889 (892); *Ahrens* in Harte-Bavendamm/Henning-Bodewig, a.a.O., Einl. F Rn. 109; *Krings/Dietlein* in FS für H. Helm, 2002, S. 101, 109.

644 *Horsch* in Umbach/Clemens/Dollinger, BVerfGE – Mitarbeiterkommentar, 2. Auflage, 2005, S. 91 f.

führt wird. Der EuGH lässt sich durch nationale Verfassungsvorgaben wie Art. 1, Art. 20 Abs. 3 GG nicht weiter beirren und verweist – wenig überraschend – auf einen absoluten Geltungsvorrang der europäischen Grundrechte - Charta[645]. Dieser sehr weitgehenden Auslegung des Anwendungsbereichs der EU – Charta hat sich das BVerfG bisher nicht angeschlossen. Vielmehr möchte es differenzieren zwischen zwingenden und überschießenden Teilen einer Richtlinienumsetzung[646]. Erscheint diese Differenzierung vor dem Hintergrund der Klarheit und Einfachheit des europäischen Ansatzes zwar sicherlich schwerfälliger, so kommt doch auch der Anhänger einer möglichst einfachen Kompetenzverteilung nicht umhin festzustellen, dass Art. 1 Abs. 3, Art. 20 Abs. 3 GG keine andere Spruchpraxis erlauben[647]. Für das zwingend und 1:1 umzusetzende Richtlinienrecht kann dagegen nichts anderes gelten als für unmittelbar geltende Maßnahmen; ein solches Recht ist gleichsam *„verlängerter Arm des Unionsrechts“*[648] allein an den Grundrechte der Union sowie der Rechtsprechung des EuGH zu messen.

Ist der Anwendungsbereich der Grundrechtecharta nach Art. 51 GRCh nunmehr eröffnet, könnte jedoch auch weiterhin eine parallele Anwendbarkeit über eine Schutzniveauklausel in Art. 53 GRCh denkbar sein[649]. Nach Art. 53 GRCh darf *„keine Bestimmung dieser Charta [..] als eine Einschränkung oder Verletzung der Menschenrechte“* ausgelegt werden, die *„in dem jeweiligen Anwendungsbereich [..] durch die Verfassungen der Mitgliedstaaten anerkannt werden.“* Die nationalen Grundrechte könnten somit ein Mindestschutzniveau bei der Auslegung der Grundrechte der Charta definieren. Eine solche Anwendung der Norm würde freilich erneut in hohem Maße mit der Einheit der europäischen Rechtsordnung konfligieren und faktisch zu einer – vom Konvent sicherlich nicht beabsichtigten – *„Renationalisierung des Grundrechtschutzes“*[650]. Richtigerweise beinhaltet

---

645 EuGH – Rs. 2/92, Slg. 1994, I- 955, Rn. 16; Rs. C-74/95 u. C-129/95, Slg. 1996, I-6609, Rdn. 25 f. – *„X“*; ebenso *Kühling* in v. Bogdandy/Bast, Europ. Verfassungsrecht, 2. Auflage, 2009, S. 682.

646 In seiner Entscheidung Emissionhandel I führt das BVerfG diesbezüglich aus: *„Auch eine innerstaatliche Rechtsvorschrift, die eine Richtlinie in deutsches Recht umsetzt, wird insoweit nicht an den Grundrechten des Grundgesetzes gemessen, als das Gemeinschaftsrecht keinen Umsetzungsspielraum lässt, sondern zwingende Vorgaben macht“*, BVerfGE 118, 79 Rn. 67, 69 – *Treibhausgas – Emissionsberechtigungen; vgl. auch BVerfG NJW 1990, 974; NVwZ 1993, 883; NJW 2001, 1267.*

647 Rengeling/Szczekalle, Grundrechte in der EU, 2004, § 4 Rn. 312.

648 *Kühling* in Calliess/Ruffert, EUV/EGV, 4. Auflage, 2011, Art. 51 Rn. 11.

649 *Seidel*, EuZW 2003, 97; *Griller* in Duschanek/Griller, a.a.O., S. 171.

650 *Callies*, EuZW 2001, 261 (267); *Everling* führt insoweit aus: *„Es wäre geradezu absurd, wenn diese bisher als erfüllt angesehene Voraussetzung [Solange-II: Anmerk.*

Art. 53 GRCh im Gegensatz zu Art. 53 EMRK deswegen auch eine Mindestschutzklausel. Die Formulierung *„in dem jeweiligen Anwendungsbereich"* macht vielmehr deutlich, dass mit Art. 53 GRCh gerade keine allgemeine Mindestschutzklausel eingeführt werden sollte[651]. Erforderlich ist insoweit vielmehr gerade ein Überschneiden der jeweiligen Anwendungsbereiche. Insoweit stellt Art. 53 GRCh lediglich klar, dass die nationalen oder internationalen Grundrechtsbestimmungen durch die Einführung der Grundrechtecharta in ihrem jeweiligen Anwendungsbereich nicht beeinträchtigt bzw. verdrängt werden[652]. Damit liegt nach der Kollisionsnorm des Art. 51 GRCh lediglich in jenen Bereichen eine gleichsam *„doppelte Grundrechtsbindung"*[653] vor, in denen das Unionsrecht den Mitgliedstaaten einen gewissen Spielraum bei der Umsetzung einer europäischen Rechtsnorm zubilligt.

B. Fazit

Im Rahmen vergleichender Werbung nach § 6 UWG sind nach den Grundsätzen der EU – Charta sowie der Rechtsprechung des EuGH und des BVerfG allein die Unionsgrundrechte anwendbar[654]. Bei § 6 UWG handelt es sich um die Umsetzung einer vollharmonisierten Richtlinie, ohne jeden Ermessensspielraum[655]. Die Rechtsprechung des BVerfG ist nur insoweit beachtlich, als sie nicht im Widerspruch zu der Rechtsprechung des EuGH steht. Dies wird in realiter in der deutschen Rechtsprechung häufig verkannt[656]. Der Anwendungsvorrang des EU – Rechts steht jedoch unter dem Vorbehalt, dass auf europäischer Ebene ein

---

Verf.] deshalb verneint würde, weil die Union ihren Grundrechtsschutz durch die Charta ausbaut und verfestigt", *Everling* EuZW 2003, 225.

651 *Borowsky* in Meyer, a.a.O., Art. 53 Rn. 5; *Jarass*, a.a.O., Art. 53 Rn. 1 ff.

652 Ebda.

653 *Ehlers* in Ehlers, a.a.O., § 14 V 2 Rn. 51.

654 z.B. *Köhler* in Köhler/Bornkamm, a.a.O., § 6, Rn. 9; *Ohly* GRUR 2004, 889 (893); *Ahrens* JZ 2004, 763 (774); ders. In Harte-Bavendamm/ Henning-Bodewig, Einl. F Rn. 109; *Faßbender*, GRUR Int. 2006, 965 (977); a.A. BVerfG GRUR 2008, 81 (83) – Pharmakartell; OLG Hamburg NJW-RR 2004, 1270 – *Babes und Zicken;* OLG Hamburg GRUR – RR 2005, 129 – *Inlandsferngespräche*; außerdem *Kießling/Kling* WRP 2002, 615 ff.; *Säcker* WRP 2004, 1199 (1206).

655 Siehe § 2.

656 BVerfG GRUR 2008, 81 (83) – *Pharmakartell*; OLG Hamburg GRUR-RR 2005, 129 (131).

im Wesentlichen vergleichbarer Grundrechtsschutz gewährleistet wird[657]. Dies könnte im Hinblick auf den geschäftlichen Verkehr fraglich sein.

§ 12 Der fehlende effektive Grundrechtsschutz des EuGH im geschäftlichen Verkehr am Beispiel der vergleichenden Werbung

A. Einführung

Der EuGH vertritt seit Jahrzehnten die Auffassung eines absoluten Anwendungsvorrangs[658] jeglichen Gemeinschaftsrechts[659], seit seinem Urteil *Internationale Handelsgesellschaft* auch ausdrücklich gegenüber nationalem Verfassungsrecht[660]. Das BVerfG hat sich seit *Solange II* seiner Prüfungs- und Verwerfungskompetenz im Falle von EU – Recht enthoben, solange ein im Wesentlichen vergleichbarer Grundrechtsschutz auf europäischer Ebene gewährleistet wird. Dieser mit Blick auf ein funktionierendes europäisches Rechtssystem notwendige Anwendungsvorrang konfligiert mit einer in zahlreichen Urteilen des EuGH erkennbar gewordenen Auffassung, den Grundrechtsschutz insbesondere im geschäftlichen Verkehr vornehmlich den nationalen Gerichten und dem EGMR zu überlassen. Der Gerichtshof betont den Beurteilungsspielraum der nationalen Stellen und beschränkt die Überprüfung am Maßstab der Grundrechte auf eine reine Evidenzkontrolle[661]. Während also auf der einen Seite die Überprüfung des Vollzugs von Unionsrecht am Maßstab nationaler Grundrechte mit Rücksicht auf die Einheit der europäischen Rechtsordnung ausgeschlossen ist, weigert sich der EuGH diese entstandene Lücke im Grundrechtsschutzsystem effektiv zu schließen. Der Präsident des EuGH Vasilois Skouris stellte auf dem 62. Deutschen Anwaltstag fest, der Gerichtshof wolle sich auch künftig nicht zu einem Gericht für den Grundrechtsschutz entwickeln. Dieser sei vielmehr *„sehr gut aufgehoben bei den nationalen Verfassungsgerichten und beim EGMR.“*[662] Auch habe der EuGH tatsächlich *„wichtigeres zu tun“*, namentlich die Einheit des Rechts zu gewährleisten. Für Kritiker der Grundrechtsschutzrechtsprechung des EuGH sind

657 BVerfG NJW 1987, 577, 582 – *Solange II.*

658 Ein Anwendungsvorrang führt im Gegensatz zu einem Geltungsvorrang nicht zu einer Nichtigkeit kollidierender nationaler Vorschriften. Sie bleiben schlicht unangewendet.

659 EuGH, Slg. 1964, S. 1251 (1269) – *Costa/ENEL.*

660 EuGH, Slg. 1970, S. 1125, Rn. 3 f. – *Internationale Handelsgesellschaft.*

661 EuGH EuZW 2004, 439 – *Karner.*

662 EuZW 2011, 493.

diese Aussagen die ausdrückliche Bestätigung für eine grundsätzliche Kritik am europäischen Grundrechtsschutz: Europäisches Recht bedeutet für den Einzelnen zuweilen ein System wechselseitiger Unzuständigkeit. Das BVerfG verweist auf die Verwerfungskompetenz des EuGH[663], der EuGH verweist auf seine Hauptaufgabe, die Einheit der Rechtsordnung zu garantieren und der EGMR betont den Beurteilungsspielraum der nationalen Stellen[664]. Auf der Strecke bleibt ein systematischer Grundrechtsschutz, der diesen Namen auch tatsächlich verdient. Dabei ist sicherlich richtig, dass der europäische Grundrechtsschutz eine erstaunliche Entwicklung genommen hat. Anerkannt ist heute ist nicht nur die Notwendigkeit eines europäischen Grundrechtsschutz, es besteht nicht nur eine richterliche Anerkenntnis beinahe aller denkbaren Grundrechtspositionen, mittlerweile liegt auch ein rechtsverbindlicher Katalog europäischer Grundrechte vor[665]. Scheint vor diesem Hintergrund Kritik am europäischen Grundrechtsschutz also nicht nachgerade kleinlich? Tarnt sich hier womöglich eher eine grundsätzlichere Europa-Skepsis? Nein. Denn so unbestreitbar der Fortschritt des europäischen Grundrechtsschutz auch ist, so unzweifelhaft muss ebenfalls das immer weitere Ausgreifen der europäischen Rechtsetzung sein[666]. Aufgrund der Tatsache, dass die nationale Rechtspraxis in zunehmendem Maße auf einen unmittelbaren oder mittelbaren Vollzug von Unionsrecht beschränkt ist, ist es notwendig an den EuGH nunmehr strengere Maßstäbe anzulegen. Dabei hat das Problem eines unzureichenden Grundrechtsschutzes in Europa mehrere Facetten. So musste in der Vergangenheit der Grundrechtsschutz des EuGH gegenüber Sekundärrecht der EU aufgrund einer reinen Evidenzkontrolle und einer nachgerade belanglosen Verhältnismäßigkeitsprüfung ebenfalls kritisiert werden. Seit der Geltung der EU – Charta hat der EuGH aber nunmehr in einigen Fällen Sekundärrecht unter Berufung auf europäische Grundrechte für unzulässig erklärt[667]. Ein gewisser Fortschritt ist also erkennbar. Im geschäftlichen Verkehr harrt ein effektiver Grundrechtsschutz auf europäischer Ebene jedoch weiter einer gerichtlichen Durchsetzung. Dieser Problemkreis soll im Folgenden

---

663 BVerfG NJW 1987, 577 – *Solange II;* BVerfGE 102, 147 – Bananenmarktordnung.

664 EuGRZ 1996, 302 – *markt intern Verlag GmBH und K. Beermann gegen Bundesrepublik Deutschland.*

665 Charta der Grundrechte der Europäischen Union, Abl. C 364 vom 18.12.2000.

666 *Oeter*, VVDStRL 66, 360, 370 f.

667 EuGH Urt. v. 8. 4. 2014 – C-293/12 und C-594/12 - Vorratsdatenspeicherung; EuZW 2010, 939 ff. - Volker und Markus Schecke GbR u.a./Land Hessen; NJW 2011, 907 ff. - Association belge des Consommateurs Test-Achats ASBL, Yann van Vugt, Charles Basselier/Conseil des ministres.

am Beispiel der lauterkeitsrechtlichen Beschränkung kommerzieller Werbung behandelt werden. Es ist zu überprüfen, ob die Rechtsprechung des EuGH noch einen im Wesentlichen vergleichbaren Grundrechtsschutz gemäß Art. 23 Abs. 1 Satz 1 GG gewährleistet.

B. Grundrechtsschutzdefizit im geschäftlichen Verkehr am Beispiel vergleichender Werbung

I. Voraussetzungen des Art. 23 Abs. 1 Satz 1 - Struktursicherungsklausel

1. Allgemeines

Da der verfassungsändernde Gesetzgeber sich betreffend der Formulierung des Art. 23 I S. 1 GG sehr nahe an den Wortlaut der *Solange II* – Rechtsprechung des BVerfG hielt, kann davon ausgegangen werden, dass insoweit die verfassungsrechtliche Rechtsprechung im Grundgesetz kodifiziert werden sollte[668]. Entsprechend der Verfassungsrechtsprechung seit *Solange II* lebt die Prüfungs- und Verwerfungskompetenz des BVerfG erst dann wieder auf, wenn ein *„im Wesentlichen vergleichbarer Grundrechtsschutz"* *„generell und offenkundig"* von den Institutionen der EU nicht gewährleistet wird[669]. Fraglich bleibt damit aber auch weiterhin, wann ein *„vergleichbarer Grundrechtschutz"* nicht mehr vorliegt.

2. Gesamtbetrachtung

Insoweit ist zunächst der Anknüpfungspunkt für einen diesbezüglichen Vergleich fraglich. Es wird verschiedentlich die Ansicht vertreten, da der verfassungsändernde Gesetzgeber mit Art. 23 I S. 1 GG die *Solange II* – Rechtsprechung des BVerfG positiviert habe, genüge bereits das Gewährleisten des Wesensgehalts der Grundrechte in ihrer Gesamtheit[670]. Diese Sichtweise ist jedoch mit der Funktion der Grundrechte als Individualrechte zur Abwehr von hoheitlichen Maßnahmen und mit dem effektiven Grundrechtsschutzauftrag des Grundgesetzes in keiner Weise vereinbar. Im Gegensatz zu der Ansicht mancher Interpreten[671], verlangt die verfassungsrechtliche Rechtsprechung auch keineswegs diese Sichtweise. Zwar

668 *Scholz* in Papier/Merten, a.a.O., S. 78.

669 BVerfG NJW 1987, 577, 582 – *Solange II.*

670 *Rickert,* Grundrechtsgeltung bei Umsetzung europ. Richtlinien, 1997, S. 179; *Claasen* in v. Mangold/Klein/Starck, GG, Art. 23 I Rn. 42 ff.; *Jarass* in Jarass/Pierroth, a.a.O., Art. 23 Rn. 20; *Classen* in *v. Mangold/Klein/Starck,* 6. Auflage, 2010, Art. 23 Rn. 42 f.

671 Ebda.

spricht das BVerfG in seinen Entscheidungen *„Solange II"*, *„Maastricht"* oder *„Bananenmarktordnung"* davon, der *„unabdingbar gebotene Grundrechtsschutz"* sei bereits gewährleistet, soweit der EuGH einen wirksamen Schutz der Grundrechte *„generell"* sicherstellt[672]. Richtigerweise wollte das BVerfG damit jedoch lediglich die grundrechtliche Einzelfallkontrolle dem EuGH zuweisen[673]. Ein Unterschreiten des unabdingbar gebotenen Grundrechtsschutz im jeweiligen Einzelfall bedeutet damit noch nicht einen Verstoß gegen die Voraussetzungen des Art. 23 I S. 1 GG. Hierfür spricht ebenfalls, dass das BVerfG in seinem Urteil *„Bananenmarktordnung"* explizit auf die Eigentumsgarantie des Grundgesetzes abhob[674]. Damit wird deutlich, dass ein als unabdingbar angesehener Grundrechtsschutz sich *„jeweils"*[675] auf bestimmte, vom Grundgesetz gewährleistete Grundrechte bezieht[676].

3. Schutz des Wesensgehalts

Das BVerfG verlangt auf europäischer Ebene einen Grundrechtsschutz, der dem nach dem Grundgesetz *„unabdingbaren Grundrechtsschutz im Wesentlichen gleich zu achten ist, zumal den Wesensgehalt der Grundrechte generell verbürgt"*[677]. Dagegen lässt es die vom verfassungsändernden Gesetzgeber kodifizierte Struktursicherungsklausel des Art. 23 I S. 1 GG bereits genügen, wenn in der Europäischen Union ein dem Grundrechtsschutz des Grundgesetzes *„im Wesentlichen vergleichbare[r] Grundrechtsschutz"* gewährleistet wird. Aufgrund der im Bericht der Gemeinsamen Verfassungskommission klar zum Ausdruck gebrachten Intention, in Art. 23 I S. 1 GG die *Solange II* – Rechtsprechung des BVerfG zu positivieren[678], sollte Art. 23 I S. 1 GG aber auch hier in diesem Sinne ausgelegt werden[679]. Es war ersichtlich nicht die Absicht der Verfassungskommission, die Voraussetzungen einer Überprüfung von Unionsrecht am Maßstab des Grundgesetzes wieder herabzusenken. Damit bleibt insoweit auch weiterhin der in

672 BVerfG NJW 1986, 577 (582) - Solange II; NJW 1993, 3047 (3049) – *Maastricht;* NJW 2000, 3125 (3125) - *Bananenmarktordnung.*

673 Roellecke in Umbach/Clemens (2005), Art 23 Rn. 70; *Streinz* in Sachs, GG, 5. Auflage, 2009, Art. 23 Rn. 41.

674 BVerfGE 102, 147, Rn. 54 – *Bananenmarktordnung.*

675 Ebda.

676 *Epping (1998),* S. 226 ff.; *Bogdandy* JZ 2001, 162, 164; Limbach EuGRZ 2000, 417 (419 f.).

677 BVerfG NJW 1987, 577 (582) – *Solange II.*

678 BT Drucks. 12/6000, S. 21; *Scholz* in Maunz/Dürig, a.a.O., Art. 23, Rn. 80.

679 *Epping* spricht diesbezüglich von einem *„faux pas"* des verfassungsändernden Gesetzgebers, Epping (1998), S. 232; *Rojahn* in v. Münch/Kunig, 5. Auflage 2001 Art. 23 Rn. 38 S. 149; *Everling,* EuR 1990, 202.

Solange II erkennbar gewordene Maßstab des Wesensgehalts der Grundrechte entscheidender Anknüpfungspunkt[680]. Der Verweis auf den Wesensgehalt der Grundrechte lässt einen Zusammenhang zu Art. 19 II GG erkennbar werden und damit einen Grundrechtsschutz im Vorfeld des Art. 79 III GG[681].

4. „Generell und offenkundig"

Die Europäische Union muss damit den Wesensgehalt der jeweiligen Grundrechte vorhalten. Ein relevantes Absinken hinter dieses erforderliche Grundrechtsschutzniveau liegt nach der Rechtsprechung des BVerfG nur vor, wenn ein im Wesentlichen vergleichbarer Grundrechtsschutz *„generell und offenkundig"*[682] unterschritten wird[683]. Das BVerfG verzichtet somit zugunsten der Einheit der europäischen Rechtsordnung und im Bewusstsein des Werts der europäischen Integration auf eine grundrechtliche Bewertung des Einzelfalls. Eine generelle und offenkundige Unterschreitung des Schutzes des jeweiligen Wesensgehalts eines Grundrechts dürfte in aller Regel ausscheiden.

II. Im Wesentlichen vergleichbarer Grundrechtsschutz im Falle von kommerzieller Werbung

Untersuchungsgegenstand ist vorliegend der humorvolle Werbevergleich. Wie bereits ausgeführt ist insoweit sowohl auf nationaler als auch auf internationaler Ebene anerkannt, dass die kommerzielle Kommunikation in den Schutzbereich des Grundrechts der Meinungsäußerungsfreiheit nach Art. 5 GG, Art. 11 GRCh, Art. 10 EMRK fällt[684]. Fraglich ist nunmehr, ob auf europäischer Ebene

---

680 BVerfG NJW 1987, 577 (582) - *Solange II.*

681 str., für eine solche Anknüpfung der Solange II – Entscheidung an Art. 19 II GG und damit im Vorfeld des Art. 79 III GG, u.a. *Randelzhofer* in Maunz/Dürig, a.a.O., Art. 23, Rn. 76; *Kirchhof,* EuR 1991, Beiheft 1, 11 (19); a.A. u.a. *E. Klein,* VVDStRL 50 (1991), 56 (71).

682 Ebda.

683 *v. Bogdandy,* JZ 2001, 162 (164); *Limbach* EuGRZ 2000, 217 (219 f); *Scholz* dagegen stößt sich an dem Kriterium eines „generellen" Grundrechtsverstoßes. Ein Grundrecht sei ein Individualrecht und könne nicht erst ab einer unbestimmten Vielzahl von Grundrechtsbeschränkungen Schutz genießen. Sinnvoller sei vielmehr das Merkmal der „Typizität". Zu prüfen sei also, ob sich der individueller Grundrechtsverstoß als „typisch" erweist, *Scholz* in Maunz/Dürig (2009), Art. 23 Rn. 93.

684 BVerfG NJW 2001, 591 – *Benetton I*; NJW 2003,1303 - *Benetton II*; WRP 2001,1160 – *Therapeutische Äquivalenz*; EGMR NJW 1985,2885 – *Barthold*; EuGRZ 1996, 302 – *markt intern Verlag GmBH und K. Beermann gegen Bundesrepublik Deutschland*;

der Wesensgehalt des Grundrechts der Meinungsäußerungsfreiheit in vergleichbarer Weise geschützt wird oder ob möglicherweise *„generell"* ein Schutzdefizit vorliegt.

Es wurde bereits herausgearbeitet, dass sich der im Bereich kommerzieller Äußerungen vom BVerfG[685] vertretene Grundrechtsschutz von demjenigen des EuGH[686] stark unterscheidet[687]. Der Grundrechtsschutz des EuGH beschränkt sich auf eine reine Plausibilitätskontrolle. Damit unterschreitet der EuGH im Hinblick auf das Grundrecht der Meinungsäußerungsfreiheit den nationalen Grundrechtsschutz in jedem Falle *„generell und offenkundig"*. Fraglich ist aber, ob der EuGH auch den vom Grundgesetz *„als unabdingbar gebotenen Grundrechtsschutz"* unterläuft. Es ergibt sich aus der Natur der Sache der europäischen Integration, dass der europäische Grundrechtsschutz nicht in jedem Falle den jeweils nationalen Standard zu erreichen vermag. Nach Art. 6 III EU ergeben sich die Unionsgrundrechte u.a. aus den *„gemeinsamen Verfassungsüberlieferungen"* der Mitgliedstaaten. Der Kompromiss ist den Unionsgrundrechten damit gleichsam wesensimmanent. Zwar dürfte sich ein Zurückfallen hinter einen einmal erreichten Grundrechtsstandard für die Grundrechtsberechtigten wie der Verlust einer ihnen zustehenden Rechtsposition anfühlen[688], das Gebot einer einheitlichen Anwendung europäischen Rechts sowie die Verhinderung einer *„Renationalisierung der Grundrechte"*[689] lässt eine diesbezügliche Kompromissfähigkeit jedoch als zwingend erscheinen. Aus all diesen Gründen hat sich das BVerfG und der verfassungsändernde Gesetzgeber dazu entschieden, bei der Durchführung von Unionsrecht den nationalen Grundrechtsstandard nur dann zur Anwendung zu bringen, wenn der EuGH den Wesensgehalt des betroffenen Grundrechts generell und dauerhaft unterläuft. Sub specie Wesensgehalt ist zuzugeben, dass eine unterschiedliche Gewichtung im Rahmen der kommerziellen Kommunikation in aller Regel noch nicht in den Wesensgehalt des Grundrechts der Meinungsfreiheit eingreift. Es entspricht dem Wesen eines

---

ÖJZ 1994, 636 – *Casado Coca/Spanien*; EuGH, Slg. 1997, I-3689 – *Familiapress*; Slg. 2004, I-3025 – *Karner*; Slg. 2006, I-11573, Rn. 131 – *Deutschland/Parlament und Rat*.

685 BVerfG NJW 2001, 591 – *Benetton I*; NJW 2003,1303 - *Benetton II*; WRP 2001,1160 – *Therapeutische Äquivalenz*.

686 EuGH, Slg. 1997, I-3689 – *Familiapress*; Slg. 2004, I-3025 – *Karner*; Slg. 2006, I-11573, Rn. 131 – *Deutschland/Parlament und Rat*.

687 *Scholz*, NJW 1990, 941 (944).

688 *Faßbender*, GRUR Int. 2006, 965 (978).

689 *Callies*, EuZW 2001, 261 (267).

europäischen Grundrechtsschutzes, dass der EuGH im jeweiligen Einzelfall zu einer von der nationalen Rechtsprechung abweichenden Gewichtung kommt. Das abweichende Ergebnis einer Verhältnismäßigkeitsprüfung soll hier aber auch ausdrücklich nicht kritisiert werden. Anstoß wird vielmehr an der Anwendung eines nationalen Beurteilungsspielraums und der damit einhergehenden reduzierten Prüfung des Übermaßverbots genommen. Allein diesbezüglich stellt sich die Frage, ob der EuGH damit noch den vom Grundgesetz verlangten unabdingbaren Grundrechtsschutz des Wesensgehalts sicherstellt. Der Schutz des Wesensgehalts befasst sich

> *„mit dem Konflikt, der notwendig entsteht, wenn eine Verfassung die Staatsgewalt einerseits an die Grundrechte bindet und andererseits zugleich in vielfältiger Weise zur [..] Beeinträchtigung der Grundrechte ermächtigt. Art. 19 II GG ordnet durch die Aufstellung einer äußersten, nicht zur Disposition stehenden inhaltlichen Grenze einen gewissen Vorrang der Grundrechtsbindung der Staatsgewalt vor den Einwirkungsmöglichkeiten an“*[690].

Worin der Wesensgehalt eines Grundrechts besteht ist jedoch umstritten[691]. Von den verschiedenen Theorieüberlegungen abgesehen kann aber im Wesensgehalt jedenfalls *„die Summe der Teile eines Grundrechts, die seinen Bestand gegenüber kraft Verfassungsrecht bestehenden Einwirkungsmöglichkeiten sichern“*[692] gesehen werden. Entscheidend für den Schutz des Wesensgehalts ist somit, dass die öffentliche Gewalt bei der Beschränkung eines Grundrechts systematischen Rechtfertigungserfordernissen unterliegt[693]. Dem Übermaßverbot kommt insoweit eine entscheidende Bedeutung zu. Über das absolut oder relativ zu bestimmende *„Schutzgutminimum“* hinaus sichert Art. 19 II GG somit den effektiven Grundrechtsschutz gegenüber staatlichen Eingriffen[694]. Dabei ist herauszustreichen, dass damit nicht das richterliche Ergebnis einer Verhältnismäßigkeitsprüfung vorweggenommen werden soll. Der Schutz des Wesensgehalts verlangt allein, dass überhaupt eine Verhältnismäßigkeitsprüfung vorgenommen wird.

---

690 *Remmert* in Maunz/Dürig, a.a.O., Art. 19 II Rn. 18.

691 Dabei lassen sich insbesondere zwei Theorieansätze unterscheiden. Während die *absolute Theorie* hierunter den Kernbereich eines jeden Grundrechts sieht, der *„in keinem Falle“* angetastet werden darf, versteht die *relative Theorie* unter dem Wesensgehalt eine *„variable Größe“*, die sich aus dem Ergebnis einer Abwägung im jeweiligen Einzelfall ergibt, *Huber* in v. Mangoldt/Klein/Starck, a.a.O., Art. 19 II Rn. 138 ff.

692 *Remmert* in Maunz/Dürig, a.a.O., Art. 19 II Rn. 41.

693 *Huber*, EuZW 1997, 517 (519).

694 *Huber* in v. Mangold/Klein/Starck, a.a.O., Art. 19 II Rn. 162; *Remmert* in Maunz/Dürig, a.a.O., Art. 19 II Rn. 42.

„Nicht entscheidend ist, dass eine konkrete Verkürzung grundrechtlich geschützter Interessen – der Eingriff – zur Erreichung eines im öffentlichen Interesse liegenden Zieles tatsächlich geeignet, erforderlich und zumutbar ist [..]sondern nur, dass dieser staatlicherseits auf Grund einer Abwägung erfolgt, die das Schutzgut prinzipiell anerkennt und einer effektiven Überprüfung anhand des Verhältnismäßigkeitsprinzips unterliegt. Das ist etwas anderes, weil damit selbst unverhältnismäßige Eingriffe [..] vor Art. 19 II GG Bestand haben können"[695].

Die Rechtsprechung des EuGH unterläuft im Bereich der Werbung dieses Schutzniveau. Die Verknüpfung des Entscheidungsspielraums mit der grundrechtlichen Kontrolldichte führt zu einem *„praktisch unkontrollierten Ermessensspielraum"*[696]. Der EuGH stellt ausdrücklich fest, dass er nationale Maßnahmen im Bereich der Werbung und im Falle eines weiten Beurteilungsspielraums keiner umfassenden Verhältnismäßigkeitsprüfung unterzieht. Er verweist insoweit ausdrücklich auf die Rechtsprechung des EGMR. Es wurde bereits dargelegt, dass trotz der verschiedenen Formulierungen von einer vergleichbaren Kontrolldichte auszugehen ist[697]. Aufgrund eines nationalen Entscheidungsspielraums beschränkt sich die Verhältnismäßigkeitsprüfung damit auf die Frage, ob die Abwägungsentscheidung der nationalen Stellen auf nachvollziehbaren Gründen beruht. Eine insofern rein *„formelle Verhältnismäßigkeitsprüfung"*[698] entspricht nicht den Anforderungen des Art. 23 I S. 1 i.V.m Art. 19 II GG. Die Verquickung von Prüfungsdichte und Beurteilungsspielraum zeigt ein fehlgeleitetes Verständnis des *„judicial-self restraint"*[699]. So begrüßenswert ein nationaler Beurteilungsspielraum auch ist, er muss jedoch auch weiterhin einer Verhältnismäßigkeitsüberprüfung unterliegen. Nicht zulässig ist es, die Kontrollintensität von der Weite des Beurteilungsspielraums abhängig zu machen. Die Verhältnismäßigkeitsprüfung bestimmt insofern die Grenzen innerhalb derer ein Beurteilungsspielraum gewährt werden kann. Bestimmt nun aber die Weite des Beurteilungsspielraums die Kontrollintensität des Übermaßverbots, so wackelt – bildlich gesprochen – der Schwanz mit dem Hund. Erinnert sei an dieser Stelle auch an das Sondervotum einiger Richter des EGMR im Verfahren *markt intern*. Die fraglichen Richter wandten sich u.a. gegen die reduzierte Verhältnismäßigkeitsprüfung:

---

695 *Huber* in v. Mangoldt/Klein/Stark, a.a.O., Art. 19 II Rn. 162.

696 *Stein,* EuZW 1998, 261, 262. Er bezieht freilich hier allein auf die unmittelbare gerichtliche Kontrolle von Sekundärrecht durch den EuGH.

697 *Eichholz* (2008), S. 50.

698 *Callies,* EuGRZ 1996, 293 (295).

699 *Huber,* EuZW 1997, 517 (521).

„Überdies vertreten die Richter die Auffassung, dass der vom Gerichtshof den Staaten eingeräumte Beurteilungsspielraum zu ernsthaften Bedenken Anlaß gibt. Im vorliegenden Fall habe dieser Beurteilungsspielraum dazu geführt, daß die Meinungsfreiheit in wirtschaftlichen Fragen erheblich beschränkt worden sei. Wenn der Gerichtshof geltend mache, er wolle keine neue Überprüfung der Fakten und aller Umstände des Falles vornehmen, so entziehe sich der Gerichtshof der ihm von der Konvention übertragenen Aufgabe, eine europäische Kontrolle vorzunehmen[700]".

Auf den EuGH gewendet bedeutet dies: Die Nationalstaaten haben dem EuGH den Grundrechtsschutz im Falle von Unionsrecht oder im Falle von zwingend umzusetzenden Unionsrechts übertragen. Die Bundesrepublik Deutschland nur unter dem Vorbehalt, dass der Wesensgehalt der betroffenen Grundrechte im Wesentlichen geschützt wird. Dieser Verpflichtung kommt der EuGH nicht nach, wenn er bestimmte Bereiche – aus welchen Gründen auch immer - von einer eigenen Verhältnismäßigkeitsprüfung ausnimmt.

III. Fazit

Das nationale Wirtschaftsrecht ist in zunehmendem Maße durch europäische Verordnungen und Richtlinien harmonisiert. Im Falle einer unmittelbaren Geltung bzw. der Verpflichtung einer 1:1 Umsetzung ist allein die Spruchpraxis des EuGH beachtlich. So erfreulich die zunehmende Integrationstiefe in aller Regel auch ist, der europäische Grundrechtsschutz und hier namentlich die Rechtsprechung des EuGH haben mit dieser Entwicklung bisher nicht Schritt halten können. Vielmehr wird insbesondere im geschäftlichen Bereich ein effektiver Grundrechtsschutz bisher nicht gewährleistet. Für den Bürger bedeutet eine zunehmende Harmonisierung des Zivilrechts damit auch einen zunehmenden Verlust seiner starken Stellung als Grundrechtsträger. Während er im Falle von nationalem Recht sich mit Hilfe einer Verfassungsbeschwerde sowohl auf eine Kontrolle der Fachgerichte, als auch auf eine lange Tradition an grundrechtlicher Spruchpraxis durch Karlsruhe verlassen kann, schallt ihm im Falle einer nationalen Norm, die in Umsetzung von EU – Recht ergangen ist an jeder Ecke die „Evidenzkontrolle" entgegen. Ganz offensichtlich sehen sich die Luxemburger Richter auch weiterhin zuvorderst der Aufrechterhaltung der Einheit der europäischen Rechtsordnung verpflichtet[701]. Richtigerweise kann das Ziel einer

700 EuGRZ 1996, 302 (306) – Richter Gölcüklü, Pettiti, Russo, Spielmann, De Meyer, Carrillo, Salcedo und Valticos.

701 In diesem Sinne äußerte sich auch der Präsident des EuGH auf dem 62. Deutschen Anwaltstag.

einheitlichen Rechtsanwendung aber immer nur eine Seite derselben Medaille sein. Die andere Seite muss hier zwingend ein effektiver Grundrechtsschutz durch den EuGH darstellen. Werden den nationalen Verfassungsgerichten aufgrund der Einheit des Rechts weite Teile der nationalen Rechtsordnung entzogen, dann kann dies nicht ohne Auswirkungen auf das Selbstverständnis des Gerichtshofes bleiben. Eine Auslagerung des europäischen Grundrechtsschutzes an den EGMR kann insofern nicht die Lösung des Problems darstellen. *Wenn* der EuGH auch weiterhin einen absoluten Anwendungsvorrang des EU - Rechts vor jeglichem nationalen Recht vertreten und *Wenn* er auch weiterhin die Einheit der europäischen Rechtsordnung sichern möchte, wovon in jedem Fall auszugehen ist, dann muss er einen effektiven Grundrechtsschutz der Unionsbürger gegenüber Unionsrecht sicherstellen. Bis dahin wäre das BVerfG über Art. 23 I S. 1 GG jedenfalls berechtigt, Rechtsnormen wie § 6 UWG an den nationalen Grundrechten auszulegen. Dies ist sicher eine keineswegs befriedigende Lösung und würde einen Konflikt zwischen BVerfG und EuGH bedeuten. Auch dürfte ein solches Vorgehen des BVerfG in der Praxis wenig wahrscheinlich sein. Die Untersuchung macht aber jedenfalls deutlich, dass der allenthalben festgestellte Gleichlauf des Grundrechtsschutzes durch das BVerfG und den EuGH tatsächlich auf der Geduld bzw. der Zurückhaltung der Karlsruher Richter beruht. Perspektivisch könnte es vor dem Hintergrund der Tradition des EuGH als Motor der europäischen Integration als sinnvoll erscheinen, ein Europäisches Verfassungsgericht einzurichten. Dieses Gericht könnte sich auf den Schutz der EU - Charta sowie - ebenfalls ein Problem der derzeitigen Spruchpraxis des EuGH - auf Klagen aus den Mitgliedstaaten gegen eine Verletzung von Kompetenzregeln oder des Subsidiaritätsgrundsatzes konzentrieren[702].

§ 13. Fallgruppen – Grundrecht der Meinungsfreiheit als Motor eines liberaleren Verständnisses?

A. Allgemeines

Sind die grundrechtsbezogenen Beschränkungen lauterkeitsrechtlicher Verbote nunmehr klar ersichtlich, stellt sich die Frage, welche Implikationen sich aus diesen Erkenntnissen in concreto ergeben. Das Grundrecht der kommerziellen Äußerungsfreiheit könnte sich dabei als Motor eines liberaleren Verständnisses

702 Erinnert sei hier nur an das insbesondere mit Blick auf nationale Zuständigkeiten äußerst fragwürde Urteil des EuGH „*Mangold/Helm*", NZA 2005, 1345 ff. Hierzu auch Alt-Bundespräsident Roman Herzog, „Stoppt den EuGH" in: FAZ v. 8.9.2008.

humorvoller Werbevergleiche erweisen. Dabei soll aus zweierlei Gründen auch die Rechtsprechung des BVerfG Beachtung finden. Zum einen, da festgestellt wurde, dass der status quo des Grundrechtsschutz auf der Ebene des EuGH im Rahmen der kommerziellen Meinungsfreiheit nicht den Voraussetzungen der Struktursicherungsklausel in Art. 23 I S. 1 GG entspricht und zum anderen, da auf der Ebene der Fachgerichte bereits in verschiedenen Urteilen der § 6 UWG an dem Grundrecht des Art. 5 I S. 1 GG und der Karlsruher Verfassungsrechtsprechung ausgelegt wurde[703]. Dies kann bereits aus Gründen der Vollständigkeit nicht ohne Berücksichtigung bleiben.

B. „Schlechter Geschmack“

I. BVerfG

1. Konkrete Beeinträchtigung des Rechtsguts

Verschiedentlich haben deutsche Gerichte – insbesondere auf der Ebene der Oberlandesgerichte – an sich zulässige Werbevergleiche aufgrund der humorvollen Darstellung des Vergleichs für unzulässig erklärt. Anstoß nahmen die Fachgerichte nicht an der Vergleichsaussage, sondern vielmehr an der Art und Weise des Vergleichs. Dies ist vor dem Hintergrund, dass Fachgerichte bei jedem Eingriff in die Meinungsfreiheit zwischen der Werbefreiheit und den Interessen der Mitbewerber abzuwägen haben, bedenklich[704]. Besonders deutlich wird die Problematik, wenn man obiger Ansicht folgt und den § 6 UWG an der Rechtsprechung des BVerfG misst. In diesem Falle hätten die Fachgerichte neben einer Verhältnismäßigkeitskontrolle insbesondere nachvollziehbar darzulegen, inwieweit der Werbevergleich eine hinreichend konkrete Gefährdung für die Funktionsfähigkeit des Leistungswettbewerbs darstellt[705]. Zwar steht es nach der Rechtsprechung des BVerfG allein den Fachgerichten zu, das Rechtsgut des funktionierenden Leistungswettbewerbs zu definieren, das BVerfG hält es aber für geboten zu überprüfen, ob das Fachgericht eine Gefährdung des Leistungswettbewerbs *„nachvollziehbar“* darlegt[706]. Davon kann in Urteilen wie

---

703 OLG Hamburg NJW-RR 2004, 1270 – *Babes und Zicken;* BGH GRUR 2010, 161 – *„Gib mal Zeitung“;* OLG Hamburg ZUM-RD 2008, 350 – *Gib mal Zeitung.*

704 *Eichholz* (2008), S. 134 ff.

705 BVerfG GRUR 2001 1058 (1060) – *Therapeutische Äquivalenz;* NJW 2002 1187 (*1189) – Tier- und Artenschutz; Säcker,* WRP 2005 1199 (*1202).*

706 NJW 2002 1187 (*1189) – Tier- und Artenschutz.*

„Fremdgehen kann teuer werden“[707] oder *„Hängen Sie noch an der Flasche?“*[708] nicht ausgegangen werden. Es handelt sich bei diesen Werbevergleichen um zulässige Vergleiche, die mit Hilfe eines Wortspiels Schmunzeln und Aufmerksamkeit erzeugen wollen. Die Gerichte hätten ausführen müssen, warum allein die überspitzte und polemische Form der Darstellung einen zulässigen Werbevergleich unlauter werden lässt.

2. Parallelen zur „Entkleidungsrechtsprechung“ des BVerfG

Des Weiteren ist ganz grundsätzlich die Frage zu stellen, ob derlei Rechtsprechung mit der Bedeutung des Grundrechts der Meinungsfreiheit zu vereinbaren ist. So kommt der kommerziellen Meinungsäußerung im Rahmen der Abwägung sicher nicht dasjenige Gewicht zu, dass das BVerfG Meinungsäußerungen zu Themen von öffentlichem Belang zubilligt. Es besteht gerade keine Privilegierung der Meinungsäußerungsfreiheit auf der Ebene der Abwägung. Dennoch könnten die Fachgerichte zuweilen zu umfangreich in die grundrechtlich geschützte Kommunikationsfreiheit eingegriffen haben. Es ist allgemein anerkannt, dass sich Unternehmen wie auch Personen des öffentlichen Lebens eine überspitzte, satirische und pointiert-kritische Auseinandersetzung gefallen lassen müssen[709]. Das BVerfG wendet im Spannungsverhältnis des allgemeinen Persönlichkeitsrechts und der Meinungsfreiheit die sog. *„Entkleidungsrechtsprechung“* an[710]. Mit dieser Methode möchte das BVerfG verhindern, dass eine Äußerung allein deswegen aus dem Schutzbereich der mit dem allgemeinen Persönlichkeitsrecht kollidierenden Kommunikationsgrundrechte herausfällt, da es sich um Stilmittel handelt denen die Übertreibung, Verfremdung oder Verzerrung wesensimmanent ist. Denn die Unwahrheit einer Aussage hat Auswirkungen auf die Reichweite des Schutzes des Art. 5 I GG. Satirische Darstellungen würden sich aufgrund ihrer übertriebenen Darstellung gegen das grundrechtlich geschützte Persönlichkeitsrecht nicht durchsetzen können. Aus diesem Grund „entkleidet“ das BVerfG den Aussagekern von allen humoristischen Stilmitteln. Es ist zunächst zu prüfen, ob der Aussagekern unter Berücksichtigung des Schutzbereichs der Meinungsfreiheit mit dem allgemeinen Persönlichkeitsrecht zu vereinbaren ist. Aber auch die Einkleidung muss auf ihre Vereinbarkeit mit

707 BGH GRUR-RR 2003, 254 ff. – *Fremdgehen.*

708 OLG München NJWE-WettbR 2000, 177 ff. – *Vergleichende Werbung zwischen Leitungswasser und Mineralwasser.*

709 *Ohly,* GRUR 2010, 161 (166).

710 BVerfG NJW 1987, 2661; NJW 1992 2073; NJW-RR 2005, 196; GRUR 2006, 255; GRUR 2007, 139.

dem allgemeinen Persönlichkeitsrecht überprüft werden. Insoweit ist aber zu beachten, dass das BVerfG anerkennt, dass die Verfremdung, Übertreibung und Verzerrung der Einkleidung wesensimmanent ist und der Maßstab aus diesem Grunde weniger streng sein müsse. Die Interessenlage ist im Rahmen humorvoller Werbevergleiche sehr ähnlich. Es ist allgemein anerkannt, dass die Werbung mittlerweile in den Schutzbereich der Meinungsfreiheit fällt. Mit der Meinungsäußerungsfreiheit wäre es nicht zu vereinbaren, wenn eine vergleichende Werbung allein deswegen unzulässig wäre, weil es sich um einen humorvollen Werbevergleich handelt, der mit Übertreibungen, Verzerrungen und Verfremdungen arbeitet. Künftig sollten die Fachgerichte bei der Beurteilung humorvoller Werbevergleiche zwischen der Werbeaussage und der humorvollen Einkleidung unterscheiden. Dabei ist es entscheidend, dass die Gerichte die Einkleidung *„weniger streng“* als die Kernaussage beurteilen, da der Darstellungsform die *„Verfremdung wesenseigen ist“*[711]. Die Grenze ist dagegen erreicht, wenn der Witz nicht der Darstellung einer Werbeaussage dient, sondern allein der Diffamierung des Mitbewerbers[712]. Eine unlautere Herabsetzung liegt nur vor, wenn das Anliegen, eine bestimmte Werbeaussage zu kommunizieren, durch die diffamierende Aussage völlig in den Hintergrund tritt. Aus diesem Grund sollten Werbeslogans wie *„Fremdgehen kann teuer werden“*, *„Hängen Sie noch an der Flasche?“*, *„Schrauben Sie noch oder Leben Sie schon?“* und auch der taz Werbespot, mit der Darstellung eines *„typischen“* Bild Lesers, nicht ausreichen, die kommerzielle Meinungsäußerungsfreiheit einzuschränken. Die humorvolle Einkleidung der zulässigen Werbevergleiche möchte zweifelsohne allein Aufmerksamkeit für die Werbeaussage erwecken und steht mit der Werbeaussage auch in einem inhaltlichen Zusammenhang. Ein Preisvergleich mit dem Werbeslogan *„Na..auch T-Aktionär“* zu bewerben, stellt aber auch nach der hier vertreten Ansicht eine unlautere, weil herabsetzende Werbung dar. Die Anspielung auf den berühmt-berüchtigten Niedergang der Aktie der Deutschen Telekom AG steht mit dem Preisvergleich in keinem Zusammenhang[713]. Vielmehr geht es dem Werbenden offensichtlich allein darum, einen Mitbewerber durch eine polemische Einkleidung eines an sich zulässigen Preisvergleichs pauschal herabzuwürdigen. In solchen Fällen müssen auch weiterhin den Eigentumsinteressen der Mitbewerber Vorrang vor dem Grundrecht der Werbefreiheit zukommen. Die Neigung so mancher Richter aber, bereits das Gefühl eines *„negative[n] Beigeschmacks“*

711 BVerfG NJW 3271 (3272); NJW 1987, 2661.

712 *Born,* GRUR 2006, 192 (194).

713 *Koos* in Fezer, a.a.O., § 6 Rn. 247.

ausreichen zu lassen, führt zu einer dem Grundrecht der Meinungsfreiheit nicht gerecht werdenden und zuweilen auch willkürlichen Beschränkung einer grundrechtlich geschützten Freiheit.

II. Europäischer Gerichtshof für Menschenrechte

Da der EuGH bisher seine Grundrechtsrechtsprechung weitgehend an derjenigen des EGMR orientiert, konnten bisher vom EuGH keine Impulse ausgehen. Die Rechtsprechung des EGMR bietet dagegen durchaus Anknüpfungspunkte für einen angemesseneren Grundrechtsschutz kommerzieller Werbung, wenn auch ausdrücklich festzustellen ist, dass der Gerichtshof selbst diesen Weg bisher nicht gegangen ist. Es ist zunächst erneut festzustellen, dass der weite Beurteilungsspielraum der nationalen Gerichte hier eine effektive Grundrechtskontrolle unmöglich macht. Die Verquickung von Prüfungsdichte und nationalem Beurteilungsspielraum wurde bereits an anderer Stelle ausreichend kritisiert. Der EGMR hat der Presse andererseits *„eine gewisse Übertreibung und sogar Provokation“*[714] ausdrücklich zugestanden. Nach Ansicht des Autors sind hier Parallelen zur Werbung offensichtlich. Der Gerichtshof stellt fest, dieser Grundsatz müsse für alle gelten, *„die an der öffentlichen Diskussion teilnehmen*[715]*“*. Ebenso wie der EGMR von der Presse einen gewissen Grad der Überspitzung und Übertreibung *„sogar erwartet“*[716], sollte er diese Freiheit auch den Werbenden zugestehen. Auch die kommerzielle Werbung dient neben der Information der Verbraucher, der kritischen Auseinandersetzung mit in der Öffentlichkeit stehenden Unternehmen. Vor diesem Hintergrund sollte es für die Beschränkung des Art. 10 I EMRK nicht mehr ausreichen, bestimmten Formen des Humors den grundrechtlichen Schutz zu versagen, solange der Humor lediglich als Transporteur von Werbeaussagen dient. Die satirische oder polemische Darstellung eines Leistungsvergleichs sollte für eine Beschränkung der Äußerungsfreiheit nicht ausreichen, solange die Diffamierung des Mitbewerbers nicht im Vordergrund der Werbung steht.

C. Imagewerbung

Während Produktwerbung bestimmte Merkmale einer Ware oder Dienstleistung bewirbt, stellt die Imagewerbung die Leistung lediglich in einem bestimmten Zusammenhang dar, um bestimmte Gefühle und Emotionen auf Seiten des

714 EGMR NJW 2006, 1255 (1258) – *Steel und Morris.*
715 EGMR NJW 2006, 1255 (1258) – *Steel und Morris.*
716 Ebda.

Verbrauchers zu wecken. Im Anwendungsbereich des § 6 UWG wird jeder Imagevergleich insbesondere mit § 6 II Nr. 2 UWG konfligieren[717]. Es wird u.a. eine Nachprüfbarkeit der verglichenen Eigenschaften verlangt. Eine Imagewerbung, mit ihrem „*subjektiven, verstandes- wie gefühlsmäßigen Bedeutungsgehalt[e]*[718]", beinhaltet wesensimmanent gerade keinen nachprüfbaren Tatsachenkern. Der Werbende versucht über das Wecken von Emotionen und Gefühlen, sein Produkt am Markt zu platzieren. Damit sind humorvolle Werbevergleiche wie „*Schöner als Golf*" oder „*Warum ein Jaguar? [..] Weil [..] mir Elgar schon immer besser gefallen hat als Wagner*" per se unzulässig. Im ersten TV Werbespot fuhr das Auto des Werbenden über einen Golfplatz und verursachte bei den Golfspielern – offensichtlich ob seines guten Aussehens – einige kleinere Unfälle. Der Werbespot endete mit dem Slogan „*Schöner als Golf. Der Renault Mégane. [..]*". Im zweiten Falle zeigte eine Werbeanzeige einen Jaguar auf einer deutschen Autobahn. Die Autobahnschilder zeigen Richtung München und Stuttgart. Der dazugehörige Werbeslogan lautete nun: „*Why a Jaguar, I asked? Because, He said, I always preferred Elgar to Wagner.*" Die Werbekampagne wurde vornehmlich in dem Programmheft einer britischen Konzertreihe abgedruckt, bei der auch Stücke des Komponisten *Edward Elgar*[719] gespielt wurden. Durch einen Verweis auf den deutschen Komponisten *Richard Wagner*[720] und den britischen Komponisten *Edward Elgar*[721] sowie die Sitze der deutsche Automobilhersteller und Konkurrenten München (BMW) und Stuttgart (Daimler) wurden auf diese Mitbewerber mittelbar Bezug genommen. Auch ein Werbespot, in welchem das Maskottchen von McDonald bei Burger King Essen geht und von der Kassiererin mit einem vertrauten „*Guten Appetit, Ronald!*" verabschiedet wird verstößt gegen den Objektivitätsgrundsatz des § 6 II Nr. 2 UWG. Eine Beschränkung der Meinungsfreiheit muss auch im Bereich der Werbung mit Blick auf das geschützte Rechtsgut erforderlich sein und die Beschränkung des Grundrechts muss in einem angemessenen Verhältnis zu dem verfolgten legitimen Ziel stehen. Der § 6 II Nr. 2 UWG verbietet generell den Vergleich allein subjektiver Eigenschaften. Das prinzipielle Verbot von Imagevergleichen stellt natürlich eine sehr weitreichende Beschränkung der freien Meinungsäußerung dar.

---

717 Siehe insoweit Kapitel V.
718 *Mayer/Mayer*, Imagetransfer, 1987, S. 6.
719 *Sir Edward William Elgar*, engl. Komponist, 1857-1934.
720 *Wilhelm Richard Wagner*, dt. Komponist, 1813-1883.
721 *Sir Edward William Elgar*, engl. Komponist, 1857-1934.

I. BVerfG

Es kann jedenfalls in Frage gestellt werden, ob es den Fachgerichten bereits gelingen würde[722] – nehmen wir den Werbespot *„Schöner als Golf"* als konkretes Beispiel[723] – hier auf nachvollziehbare Art und Weise eine hinreichend konkrete Gefährdung des Leistungswettbewerbs zu begründen. Es leuchtet jedenfalls dem Autor nicht ein, warum die ständige Rechtsprechung auf der einen Seite feststellt, die reine Imagewerbung habe sich *„eingebürgert, ohne dass der Leistungswettbewerb darunter erkennbar gelitten habe*[724]", im Fall eines Imagevergleichs auf der anderen Seite jedoch gemäß § 6 II Nr. 2 UWG per se eine Gefährdung des Leistungswettbewerbs annehmen zu können meint. Es ist zweifelhaft, in welcher Weise ein Imagevergleich, der weder den Verbraucher irreführt, noch den erkennbar gemachten Mitbewerber herabsetzt oder den Ruf seiner Kennzeichen ausnutzt, den Leistungswettbewerb konkret gefährdet[725].

II. EGMR

Der EGMR gesteht den nationalen Stellen bei der Beurteilung der Frage, ob ein Eingriff in die Äußerungsfreiheit in einer demokratischen Gesellschaft *„unentbehrlich"* ist einen weitreichenden Beurteilungsspielraum zu[726]. Die an anderer Stelle dargestellte Prüfungsmethode des EGMR überlässt den Konventionsstaaten weitgehend die Beantwortung des Spannungsverhältnisses von kommerzieller Werbefreiheit und den Eigentumsrechten der Mitbewerber. In seinem jüngsten Urteil zum Lauterkeitsrecht (*„Krone"* [727]) beurteilte der EGMR ein österreichisches Verbot vergleichender Werbung jedoch mit einer Strenge die aufhorchen lässt[728]. Der EGMR sah in dem österreichischen Urteil einen Verstoß gegen Art. 10 I EMRK, da es *„das Wesen des Preisvergleichs (the very essence of price comparison)"*[729] beeinträchtige. Der Gerichtshof stellte damit fast schon beiläufig fest, was für sich genommen schon äußerst bemerkenswert ist: Die vergleichende Werbung gehört nunmehr zu dem von der EMRK geschützten und

722 In diesem konkreten Fall hat sich der VW Konzern gegen die Werbung nicht gerichtlich zur Wehr gesetzt.

723 *Koos*, WRP 2005, 1096 (1097).

724 BVerfG NJW 2001, 591 (593) – *Benetton I;* Fezer, NJW 2001, 580 (582).

725 *Ohly/Spencer*, GRUR Int. 1999, 681 (697).

726 Siehe Kapitel 4, II 2. b) bb).

727 EGMR ÖJZ 2004,397 ff. – *„Krone Verlag GmbH & Co.KG"*.

728 Vgl. Kapitel 4, II 2. b) bb) ccc).

729 EGMR ÖJZ 2004,397 (399) – *„Krone Verlag GmbH & Co.KG"*.

in den Mitgliedsstaaten der Konvention vorzuhaltenden Grundrechtsstandard. Wenn eine Beeinträchtigung des Wesens des Preisvergleichs einen unverhältnismäßigen Eingriff in Art. 10 I EMRK darstellt, dann muss dies logischerweise auch für ein grundsätzliches Verbot vergleichender Werbung gelten[730]. Mit der Aufnahme der vergleichenden Werbung in den Schutzbereich der Meinungsfreiheit hat sich nunmehr aber auch jeder Eingriff, namentlich jedes Verbot vergleichender Werbung, einer Interessenabwägung zu stellen. Das Gericht hat nunmehr zwischen dem Interesse des Werbenden auf eine freie Gestaltung werblicher Vergleiche und dem Interesse des Mitbewerbers abzuwägen. Eine Beschränkung der grundrechtlich geschützten Werbeform der vergleichenden Werbung setzt ein überwiegendes Interesse voraus, welches ein Verbot eines Werbevergleichs rechtfertigen kann. So schützt der § 6 II Nr. 4 UWG das überwiegende Interesse des geistigen Eigentums der Mitbewerber, § 6 II Nr. 5 das unternehmerische Persönlichkeitsrecht, das Verbot der Irreführung nach § 5 UWG die wirtschaftlichen Interessen der Mitbewerber und Verbraucher. Welches überwiegende Interesse schützt aber der Objektivitätsgrundsatz des § 6 II Nr. 2 UWG? Der reflexhafte Verweis auf die Markttransparenz verkennt, dass ein allgemeines Sachlichkeitsgebot kein Schutzobjekt des Lauterkeitsrechts darstellt. Auch das Interesse an der Steigerung der Markttransparenz muss – um einen Eingriff in die Werbefreiheit zu rechtfertigen – lauterkeitsrechtlichen Schutzgütern dienen. Die im Falle fehlender Objektivität befürchtete Gefahr einer Irreführung ist bereits durch § 5 UWG ausreichend abgedeckt. Die überraschende Beurteilung des EGMR, vergleichende Werbung als zwingenden Grundrechtsstandard anzusehen, könnte somit das Ende des Objektivitätsgebots nach § 6 II Nr. 2 UWG bedeuten.

D. Fazit

Bei konsequenter Beachtung der Tragweite und Bedeutung der Meinungsfreiheit ergibt sich damit eine weitere Liberalisierung vergleichender Werbung. Die Grundrechtsberechtigten können eine nachvollziehbare und der Bedeutung des Grundrechts der Meinungsfreiheit entsprechende Rechtsprechung der Verfassungsgerichte erwarten. Dabei darf es natürlich nicht zu einer Feinsteuerung des Wirtschaftsrechts[731] über eine exzessive Anwendung des Grundrechtsschutzes

730 Hinzugefügt sei: Wie es in Deutschland bis zum Ende der 90er Jahre noch galt. Die Umsetzung der Richtlinie hat damit einen bevorstehenden Konflikt mit dem EGMR entschärft.

731 *Faßbender*, GRUR Int. 2006, 965 (974).

kommen. Es ist freilich zunächst Aufgabe und Verantwortung des Gesetzgebers die Regeln im Wirtschaftsrecht zu setzen. Im Rahmen des Lauterkeitsrechts besteht hier insoweit bereits eine besondere Situation, als zahlreiche gesetzlich kodifizierte Unlauterkeitstatbestände einer umfassenden richterlichen Auslegung bedürfen. Es wird auch künftig für den Gesetzgeber unmöglich sein in einem so vielschichtigen und schnelllebigen Bereich wie dem Lauterkeitsrecht konkrete Anweisungen vorzugeben. Den Fachgerichten kommt im Lauterkeitsrecht damit eine gleichsam entscheidende Bedeutung zu. Sie bestimmen maßgebliche über die Enge bzw. Weite der lauterkeitsrechtlichen Regelungen. Dieser Verantwortung werden die Fachgerichte jedoch nur gerecht, wenn sie bei jeder lauterkeitsrechtlichen Beschränkung die betroffenen Grundrechte angemessen berücksichtigen. Insbesondere im Lauterkeitsrecht kann es also geboten sein über den Umweg der Grundrechterechtsprechung bestimmte überkommene lauterkeitsrechtliche Beschränkungen wieder aufzugeben.

5. Kapitel
Eine liberalere Rechtsanwendung vergleichender Werbung – Mehr Freiheit wagen!

„Etwas ist nicht recht, weil es Gesetz ist,
sondern es muß Gesetz sein,
weil es recht ist“
(Charles de Montesquieu, frz. Staatstheoretiker, 1689-1755)

§ 14 Einführung

Das bestehende Recht ermöglicht zwar humorvolle Werbevergleiche und die Auslegung durch die Rechtsprechung lässt auch ein liberaleres Verständnis als in der Vergangenheit erkennen, dennoch sieht sich ein selbstverständlicher Umgang der Werbepraxis mit humorvollen Werbevergleichen weiterhin unnötigen Hürden ausgesetzt. Sicherlich wird allenthalben die Bedeutung des Humors in der Werbung festgestellt. In realiter bewegt sich ein Werbender mit dem Einsatz von Humor in einer vergleichenden Werbung jedoch auf gleichsam dünnem Eis. Sein Werbevergleich könnte als unlautere Herabsetzung verstanden werden, die humorvolle Verwendung eines fremden Kennzeichens als unlautere Rufausnutzung, der lediglich auf das Erregen von Aufmerksamkeit gerichtete Scherz aufgrund fehlender Objektivität und Tatsachen als unzulässig untersagt werden. Der erkennbar gemachte Mitbewerber hat damit eine Vielzahl höchst gefährlicher Pfeile in seinem Köcher und die deutsche Rechtsprechung hat bisher in allzu vielen Fällen diese Pfeile willfährig in ihr Ziel gelenkt. Dabei hat sich das allenthalben in der Richtlinie 2006/114/EG erkennbar werdende Informationsgebot – und hier insbesondere in Gestalt des Art. 4 lit.c RL bzw. § 6 Abs. 2 Nr. 2 UWG - als z.T. unüberwindbares Hindernis für eine Vielzahl harmloser humorvoller Werbevergleiche erwiesen. Während die §§ 6 Abs. 2 Nr. 4 und Nr. 5 UWG einer Interessenabwägung zugänglich sind – und damit einer Veränderung durch die Rechtsprechung - erweist sich der Wortlaut des § 6 Abs. 2 Nr. 2 UWG als starre Grenze für innovative Werbekonzepte im Anwendungsbereich der vergleichenden Werbung. So ist erneut an die Werbespots *„Schöner als Golf“*, *„Guten Appetit, Ronald“* oder die *Jaguar*-Werbung *„Warum ein Jaguar? [..] Weil [..] mir Elgar schon immer besser gefallen hat als Wagner“*[732] zu erinnern. All diese Fälle wären bzw. waren bereits

732 Siehe Kapitel 4, § 13, C – Imagewerbung.

deswegen unzulässig, da der humorvolle Werbevergleich keine nachprüfbaren Eigenschaften beinhaltet und keine objektiven Eigenschaften vergleicht[733]. Bei der Werbung *„Schöner als Golf"* wird mit Hilfe eines doppeldeutigen Wortspiels das beworbene Produkt als *„schöner"* angepriesen, die Werbeaussage der Burger King-Werbung ist schlicht, dass es sogar dem Maskottchen von Mc Donalds bei Burger King *„besser"* schmeckt und auch die Jaguar-Kampagne erschöpft sich in dem subjektiven Werturteil, dass der Jaguar *„besser gefällt"*. Die Voraussetzungen des § 6 Abs. 2 Nr. 2 UWG beruhen auf dem Anspruch, die Markttransparenz durch informative Leistungsvergleiche zu erhöhen[734] sowie der Auffassung, allein die *„sachliche Aufklärung"*[735] des Verbrauchers könne eine Bezugnahme auf den Mitbewerber rechtfertigen[736]. Während es sich auf künftig und insbesondere im Falle humorvoller vergleichender Werbung als schwierig erweisen dürfte in jedem Einzelfall zwischen einer zulässigen und einer auf unlautere Weise herabsetzenden vergleichenden Werbung zu unterscheiden, bestünden im Falle des Objektivitätsgebots durchaus einige Möglichkeiten der Liberalisierung.

§ 15 Richtlinienkonforme Auslegung

A. Allgemeines

Zunächst ist festzustellen, ob auf dem Wege einer richtlinienkonformen Auslegung eine liberalere Rechtsanwendung vergleichender Werbung möglich ist. Da § 6 UWG auf der europäischen Richtlinie 2006/114/EG beruht, ist er nach Art 34 ff, 56 ff VAEU richtlinienkonform auszulegen. Der EuGH entscheidet letztverbindlich über die Auslegung von Sekundärrecht. Dabei kommen neben dem Richtlinientext insbesondere den Erwägungsgründen der Richtlinie eine herausgehobene Bedeutung zu[737].

B. Art. 4 der Richtlinie 2006/114/EG - Zulässigkeits- oder Verbotskatalog

I. Allgemeines

Der deutsche Gesetzgeber hat sich bei der Umsetzung der Richtlinie entsprechend der grundsätzlichen Systematik des UWG dazu entschieden, den Art. 4

---

733 *Holtz,* Vergleichende Werbung, 2008, S. 43.

734 *Sack* in Harte-Bavendamm/ Henning-Bodewig, a.a.O., § 6 Rn. 131; *Köhler* in Köher/Bornkamm, a.a.O., § 6 Rn. 102.

735 Begr. Reg.-Entw. BT-Drucks. 14/2959, S. 11.

736 Ebda.

737 *Ohly* in Piper/Ohly/Sosnitza, a.a.O., § 6 Rn. 10.

RL 2006/114/EG i.S. eines Verbotskataloges umzusetzen. Während die Richtlinie positiv feststellt, in welchen Fällen eine unlautere vergleichende Werbung vorliegt, stellt § 6 Abs. 2 UWG negativ fest, in welchen Fällen von einer unlauteren vergleichenden Werbung auszugehen ist. Beinhaltet der Katalog in Art. 4 RL 2006/114/EG lediglich Zulässigkeitsvoraussetzungen für eine vergleichende Werbung, könnten die Mitgliedstaaten vergleichende Werbung auch in einem im Vergleich zu Art. 4 RL umfassenderen Umfang für zulässig erklären. Die Richtlinie würde hiernach lediglich insoweit eine Untergrenze festlegen, als jedenfalls bei Beachtung der in Art. 4 RL lit. a) – h) RL 2006/114/EG genannten Voraussetzungen, eine zulässige vergleichende Werbung vorliegt[738]. Der deutsche Gesetzgeber hätte insoweit die Richtlinie überschießend umgesetzt. Tatsächlich beinhaltet § 6 UWG nämlich nicht nur Zulässigkeitsvoraussetzungen, sondern vielmehr auch Verbotstatbestände. Das Verbot eines rein subjektiven Werbevergleichs wäre damit in richtlinienkonformer Auslegung jedoch nicht mehr zwingend. Zwar schreibt Art. 4 lit. c RL tatsächlich vor, dass jeder Werbevergleich objektiv zu sein hat und sich auf nachprüfbare Tatsachen beziehen muss; dabei würde es sich jedoch lediglich um eine per se Voraussetzung für zulässige Werbevergleiche handeln. Der europäische Gesetzgeber hätte damit lediglich das minimale, nicht aber das maximale Schutzniveau für vergleichende Werbung festgeschrieben.

II. Zulässigkeits- oder Verbotskatalog

1. Argumente gegen die Annahme eines Verbotskataloges

Gegen die Annahme eines Verbotskataloges spricht zuvorderst der Wortlaut des Art. 4 der Richtlinie. Hiernach bestimmt die Richtlinie lediglich, in welchen Fällen eine vergleichende Werbung zulässig ist.

> *„Vergleichende Werbung gilt, was den Vergleich anbelangt, als zulässig, sofern folgende Bedingungen erfüllt sind."*[739]

Dem Wortlaut der Richtlinie ist damit nicht zu entnehmen, wie im Falle eines Verstoßes gegen die aufgeführten Voraussetzungen zu verfahren ist[740]. Mit einer gewissen Berechtigung wird insoweit vertreten, hätte der europäische Gesetzgeber einen Verbotskatalog festlegen wollen, so hätte er dies ohne weiteres im

738 *Nordemann* GRUR Int. 2002, 297, (299).

739 Art. 4 RL 2006/114/EG.

740 *Ohly/Spence* GRUR Int. 1999, 681 (687).

Wortlaut der Richtlinie kenntlich machen können[741]. Schließlich spreche auch der Liberalisierungszweck der Richtlinie gegen die Annahme von Verbotstatbeständen[742]. Tatsächlich würde die Richtlinie im Falle von Verbotstatbeständen neben einer grundsätzlichen Zulassung vergleichenden Werbung auch zwingend festschreiben, dass z.B. subjektive Werbevergleiche europaweit untersagt werden müssen. Dies würde in der Tat mit dem Liberalisierungszweck der Richtlinie konfligieren[743]. Fraglich ist nun aber, ob dieser Konflikt beabsichtigt war.

2. Argumente für die Annahme eines Verbotskataloges

Die ganz überwiegende Meinung sieht in Art. 4 2006/114/EG dagegen – und damit in Übereinstimmung mit der deutschen Umsetzung - sowohl einen Zulässigkeits- als auch einen Verbotskatalog[744]. Für die Annahme eines Verbotskataloges in Art. 4 der Richtlinie spreche dabei insbesondere der Vollharmonisierungszweck der Richtlinie[745]. Dieser Zweck könne nur dann erfüllt werden, wenn neben den Voraussetzungen für zulässige vergleichende Werbung auch geregelt werde, unter welchen Bedingungen ein Werbevergleich zwingend zu verbieten ist[746]. In einem zweiten Schritt hat diese Auffassung deswegen darzustellen, auf welche Weise sie das Ziel der Vollharmonisierung aus der RL 2006/114/EG herausliest. Insoweit werden zahlreiche Erwägungsgründe (Erw.: 2, 3, 6, 7, 8, 9, 11, 18, 19, 20) der Richtlinie angeführt, die ein Harmonisierungsziel jedenfalls erkennen lassen. Insbesondere *Sack* wendet diesbezüglich ein, dass das generelle Harmonisierungsziel der Richtlinie ja auch überhaupt nicht bestritten werde. Allein das Ziel einer Vollharmonisierung könne aus dem Wortlaut der Richtlinie und den Erwägungsgründen nicht *„eindeutig"*

---

741 So weißt insbesondere *Sack* daraufhin, dass bereits das Wörtchen „nur" im Eingangssatz des Art. 4 ausgereicht hätte, *Sack* in Harte-Bavendamm/Henning-Bodewig, a.a.O., § 6 Rn. 18.

742 *Kießling/Kling* WRP 2002, 615 (625); *Sack* in Harte-Bavendamm/Henning-Bodewig, a.a.O., § 6 Rn. 21.

743 *Sack* in Harte-Bavendamm/Henning-Bodewig, a.a.O., § 6 Rn. 21; *Sack* WRP 2001, 327 (330).

744 *Koos* in Fezer, a.a.O., § 6, Rn. 6, 12, 13; *Köhler* in Köhler/Bornkamm, a.a.O., § 6 Rn. 3; *Lettl* WRP 2004, 1079 (1119); *Nordemann* GRUR Int. 2002, 297, (299); *Tilmann* GRUR 1999, 546 (549); a.A. *Kießling/Kling* WRP 2002, 615 (625); *Sack* WRP 2001, 327 (330).

745 Begr. Reg.-Ent. BT-Drucks. 14/2959, S. 6; *Sack* in Harte-Bavendamm/ Henning-Bodewig, a.a.O., § 6 UWG, Rdn. 22 ff.

746 *Köhler* in Köhler/Bornkamm, a.a.O., § 6 Rn. 3.

herausgelesen werden[747]. Die Erwägungsgründe ließen zwar alle das Ziel der Harmonisierung erkennen, eine Vollharmonisierung werde jedoch nirgendwo angesprochen.

III. Stellungnahme

So charmant die Reduzierung der Richtlinie auf eine Liberalisierung vergleichender Werbung rechtspolitisch auch ist, sie kann mit Blick auf die Erwägungsgründe der Richtlinie nicht überzeugen. So heißt es in Erwägungsgrund 6 der Richtlinie 2006/114/EG:

> *„Da die Verbraucher und Gewerbetreibenden aus dem Binnenmarkt den größtmöglichen Vorteil ziehen können und sollen, und da die Werbung ein sehr wichtiges Instrument ist, [..] sollten die wesentlichen Vorschriften für Form und Inhalt der Werbung einheitlich sein und die Bedingungen für die vergleichende Werbung harmonisiert werden."*

In Erwägungsgrund 20 wird festgestellt, die Regelung der vergleichenden Werbung sei für das reibungslose Funktionieren des Binnenmarktes erforderlich und eine Richtlinie stelle das geeignete Instrument dar, da sie einheitliche allgemeine Prinzipien festlege. Schließlich verlangt Erwägungsgrund 11 der Richtlinie, gleichsam der *„Kronzeuge"*[748] einer Vollharmonisierung:

> *„Die Bedingungen für vergleichende Werbung sollten kumulativ sein und uneingeschränkt eingehalten werden."*

Zwar wird tatsächlich in keinem Erwägungsgrund der Richtlinie das Ziel einer Vollharmonisierung ausdrücklich angesprochen, die dargestellten Erwägungsgründe zeigen jedoch deutlich auf, dass es dem Unionsgesetzgeber auf eine einheitliche Beurteilung vergleichender Werbung ankam[749]. Dies ist nur über eine Vollharmonisierung der Richtlinie zu erreichen. Auch die Rechtsprechung des EuGH scheint eine Zulassung vergleichender Werbung über Art. 4 der Richtlinie hinaus nicht zuzulassen. So stellte der EuGH in seinem Urteil *Toshiba Europe* fest,

> *„was [...] die Bedingung für die Zulässigkeit einer vergleichenden Werbung anbelangt, schreibt Art. 3 a Richtlinie 98/450/EWG*[750] *die Beachtung einer Reihe von Anforderungen vor."*[751]

---

747 *Sack* in Harte-Bavendamm/Henning-Bodewig, a.a.O., § 6 Rn. 28, 35.

748 *Tilmann* GRUR 1999, 546 (549).

749 Jedenfalls *„vage Andeutung"* für die Annahme einer Vollharmonisierung sowie eines Verbotskataloges vermag dann auch *Sack* zu erkennen, *Sack* in Harte-Bavendamm/Henning-Bodewig, a.a.O., § 6 Rn. 27.

750 Heute Art. 4 RL 2006/114/EG.

751 GRUR 2002, 354 (355) Rdn 32 – *Toshiba Europe.*

Zwar soll das Ziel einer Liberalisierung im Bereich der vergleichenden Werbung nicht bestritten werden, es ist hier jedoch eher der rechtspolitisch verständliche Wunsch Vater des Gedankens, wenn man die restriktiven Folgen der Richtlinie mit dem generellen Verweis auf das Ziel der Liberalisierung verneinen möchte. Der europäische Gesetzgeber hat – wie so häufig – klar vorgegeben, was er unter einer Liberalisierung versteht und die Richtlinie insoweit ausgestaltet. Eine weitere Liberalisierung vergleichender Werbung war schlicht nicht vorgesehen. Jede vergleichende Werbung hat sich damit an den Verbotstatbeständen in Art. 4 RL 2006/114/EG bzw. § 6 II UWG zu orientieren. Eine Zulassung von weiteren Formen vergleichender Werbung in den einzelnen Mitgliedsstaaten ist – jedenfalls nach richtlinienkonformer Auslegung - nicht möglich.

C. Restriktive Auslegung des Anwendungsbereichs des § 6 UWG?

I. Allgemeines

Ein weiterer Ansatzpunkt den rechtspolitisch z.T. wenig überzeugenden Katalog an Zulässigkeitsvoraussetzungen einzuschränken wäre eine restriktive Auslegung des Anwendungsbereichs der vergleichenden Werbung, also des Art. 2 lit. c RL 2006/114/EG bzw. § 6 Abs. 1 UWG. So könnte vertreten werden, dass bspw. ein Werbespot wie *„Schöner als Golf"* bereits überhaupt keine vergleichende Werbung i.S.v. Art. 2 lit. c der Richtlinie bzw. § 6 Abs. 1 UWG darstellt. Möglicherweise führt bereits das Subsumieren einer Vielzahl harmloser Werbevergleiche unter den Anwendungsbereich des Art. 2 lit. c der Richtlinie zu z.T. wenig nachvollziehbaren Ergebnissen. Möglicherweise können bereits über eine richtlinienkonforme Auslegung des Anwendungsbereichs weitere Formen vergleichender Werbung ermöglicht werden.

II. Vergleichende Bezugnahme auf einen Mitbewerber bzw. seine Waren oder Dienstleistungen

Das entscheidende Tatbestandsmerkmal vergleichender Werbung ist die vergleichende Bezugnahme auf einen Mitbewerber bzw. dessen Waren oder Dienstleistungen[752]. Es ist die Frage zu stellen, ob möglicherweise der Werbespot *„Schöner als Golf"* eines Autoherstellers insoweit bereits keine vergleichende Werbung nach Art. 2 lit. c RL bzw. § 6 Abs. 1 UWG darstellt, als es bereits an einem notwendigen Leistungsvergleich fehlt. Man könnte die Auffassung vertreten, ein

---

752 *Ohly* in Piper/Ohly/Sosnitza, a.a.O., § 6 Rn. 21.

solche Werbung preise allein die eigenen Leistungen an, eine Gegenüberstellung von Leistungen erfolge gerade nicht[753].

Der Begriff der „vergleichenden Werbung“ soll nach Erwägungsgrund 8 der Richtlinie *„weit gefasst werden, so dass alle Arten vergleichender Werbung abgedeckt werden.“* Die an die vergleichende Werbung gestellten Anforderungen sind nach der Rechtsprechung des EuGH *„in dem für sie günstigsten Sinne“* auszulegen[754]. Die Richtlinie hat damit wohl einen anderen Weg vorgegeben. Nach richtlinienkonformer Auslegung darf die Frage der Zulässigkeit eines Werbevergleichs nicht durch eine restriktive Auslegung der Merkmale auf Tatbestandsebene vorweggenommen werden[755]. Im Falle eines Werbespot wie *„Schöner als Golf“* oder *„Warum ein Jaguar? [..] Weil [..] mir Elgar schon immer besser gefallen hat als Wagner“* wird jedenfalls mittelbar ein Mitbewerber erkennbar gemacht. Im Unterschied zu einer allgemeinen Anpreisung eigener Leistungen (*„Statt Blumen Onko – Kaffee“)* wird hier auf spielerische und humorvolle Art und Weise der Bezug zu einem konkreten Mitbewerber hergestellt; im Falle von *„Schöner als Golf“* durch ein humorvolles Wortspiel mit der kommerziellen Marke von VW („Golf“) und der Sportart Golf. Bei der Plakataktion *„Warum ein Jaguar? [..] Weil [..] mir Elgar schon immer besser gefallen hat als Wagner“* durch den Verweis auf den deutschen Komponisten Wagner sowie die abgebildeten Autobahnschilder „Stuttgart“ und „München“, dem Sitz der Mitbewerber. In einer allgemeinen Anpreisung wie *„Statt Blumen Onko-Kaffee“*[756] oder *„SOOOO ... BILLIG!“?*[757] fehlt es an einer solchen konkreten Bezugnahme. Der allgemeine Verweis auf „Blumen“ ist insoweit nicht ausreichend für die Annahme einer vergleichenden Werbung nach Art. 2 lit. c der Richtlinie.

Die Tatsache, dass ein Mitbewerber erkennbar gemacht wird beantwortet aber noch nicht die Frage, ob hier auch ein Leistungsvergleich vorliegt. So könnte man mit einiger Berechtigung die Frage aufwerfen, welche Leistungen denn hier verglichen werden, wenn der Werbende seine Produkte als *„schöner“* bezeichnet bzw. feststellt, dass seine Produkte *„besser gefallen“*. Handelt es sich hierbei nicht lediglich um eine reine Anpreisung der eigenen Waren? Wohl

753 BGH GRUR 1999, 1100 (1101) – *Generika-Werbung*; BGH GRUR 2002, 75 (76) – *„SOOOO ... BILLIG!“?*; BGH GRUR 2002, 982 (984) – *DIE „STEINZEIT“ IST VORBEI!*; BGH GRUR 2011, 343 Rn. 14 – *Zweite Zahnarztmeinung.*

754 EuGH GRUR 2002, 354 (355), Rn. 37 – *Toshiba Europe;* EuGH GRUR 03, 533 Rn. 42 – *Pippig/Hartlauer.*

755 *Eichholz* (2008), S. 9.

756 BGH GRUR 1972, 553 – *Statt Blumen ONKO-Kaffee.*

757 BGH GRUR 2002, 75 (76) – *„SOOOO ... BILLIG!“?.*

nein. Richtigerweise sollte hier erneut strikt zwischen der Tatbestands- und der Rechtmäßigkeitsebene differenziert werden. Ein Vergleich beinhaltet nach Auffassung des EuGH Angaben über das Angebot des Werbenden, Angaben über das Angebot des Mitbewerbers und Angaben zu dem Verhältnis zwischen diesen beiden Angeboten[758]. Kein Kriterium sollte hier jedoch die Qualität dieser Angaben sein. Dem EuGH ging es ersichtlich allein darum, den Werbevergleich i.S.d. Richtlinie von jenen Werbeformen abzugrenzen, in denen zwar der Werbende einen Mitbewerber erkennbar macht, Kaufalternativen jedoch nicht gegenübergestellt werden. Ein Werbevergleich muss die Unterschiede zwischen den in Beziehung zueinander gesetzten Waren oder Dienstleistungen herausstellen[759]. Welchen Anforderungen dieser Vergleich zu genügen hat ist mithin allein eine Frage der Rechtmäßigkeitsprüfung. Ein Vergleich, der die eigenen Produkte lediglich als *„schöner"* anpreist, stellt somit vielleicht einen unzulässigen Vergleich dar, da es an einer substantiellen Sachaussage fehlt; in jedem Fall werden aber die Waren oder Dienstleistungen des Mitbewerbers mit denjenigen des Werbenden in Beziehung gesetzt, gleichsam eine Kaufalternative dargestellt. Der Tatbestand vergleichender Werbung ist damit allein insofern restriktiv auszulegen, als eine reine Bezugnahme auf einen Mitbewerber in der eigenen Werbung nicht bereits einem Werbevergleich nach Art. 2 lit. c RL entspricht[760]. Wird jedoch eine Kaufalternative dargestellt, so sind auf der Ebene des Tatbestands keine weiteren Anforderungen an diesen Vergleich zu stellen. Das mit Recht aufkommende Unbehagen mit der z.T. engen Ausgestaltung des Zulässigkeitskataloges kann somit nur auf der Rechtmäßigkeitsebene gelöst werden.

D. Bagatellklausel im Anwendungsbereich vergleichender Werbung

I. Allgemeines

Eine weitere Möglichkeit den restriktiven Charakter der Verbotstatbestände abzuschwächen und harmlose humorvolle Werbevergleiche zu retten könnte über die Annahme einer Bagatellklausel im Rahmen vergleichender Werbung geschehen. Eine Bagatellklausel schließt solche unlauteren Handlungen aus dem Verbotsbereich aus, die die Funktionsfähigkeit des Leistungswettbewerbs nicht spürbar beeinträchtigen[761]. Entsprechend dem Grundsatz *„minima non curat preator"* sollen auf diese Weise zum einen die Gerichte entlastet werden, zum an-

758 EuGH, Slg. 2003, I-3095 (3144 Rn. 37) – *Pippig Augenoptik/Hartlauer.*

759 EuGH EuZW 2003, 377 (379), Rn. 36 - *Pippig Augenoptik/Hartlauer.*

760 BGH GRUR 2005, 163 – *Aluminiumräder.*

761 *Ohly* in Piper/Ohly/Sosnitza, a.a.O., § 6 Rn. 47.

deren entspricht es dem allgemeinen Rechtsgrundsatz der Verhältnismäßigkeit nicht Handlungen zu verbieten, die sich auf das geschützte Rechtsgut nur unwesentlich auswirken[762]. Der § 6 Abs. 2 UWG konkretisiert das Merkmal der Unlauterkeit gemäß § 3 Abs. 1 UWG. Eine geschäftliche Handlung ist damit nach der Systematik des UWG nicht bereits dann als unzulässig anzusehen, wenn sie eine Fallgruppe der §§ 4 - 6 UWG erfüllt. Eine unlautere geschäftliche Handlung gilt insofern erst dann als unzulässig, wenn auch die zusätzlichen Voraussetzungen des § 3 UWG vorliegen. Damit wäre im Falle einer unlauteren vergleichenden Werbung nach § 6 Abs. 2 UWG zu fragen, ob die Verletzungshandlung auch eine spürbare Beeinträchtigung geschützter Interessen darstellt. Nun ist der § 6 UWG aber in Umsetzung der Richtlinie 2006/114/EG[763] ergangen und damit richtlinienkonform auszulegen. Der Wortlaut der Werberichtlinie verlangt für den Fall einer unlauteren vergleichenden Werbung jedoch keine zusätzliche Prüfung der Überschreitung einer sog. Spürbarkeitsschwelle[764]. Folglich könnte es sich bei dem Verbotskatalog des § 6 Abs. 2 UWG in richtlinienkonformer Auslegung um per se Verbote handeln. Die Richtlinie 2006/114/EG[765] wäre durch den Verweis des § 6 UWG auf die Generalklausel des § 3 UWG insofern unzureichend umgesetzt worden[766]. Die entscheidende Frage ist somit, ob nach richtlinien- und unionsrechtskonformer Auslegung im Anwendungsbereich der vergleichenden Werbung eine Bagatellklausel angewendet werden kann oder nicht. Eine Entscheidung des EuGH hierzu liegt auch weiterhin nicht vor.

II. Streit in der Lehre

1. Argumente gegen die Anwendung einer Bagatellklausel im Anwendungsbereich des § 6 UWG

In der Literatur wird die Anwendung einer Bagatellklausel auf unlautere Werbevergleiche verschiedentlich als unionsrechtswidrig erachtet. Der Art. 4 RL 2006/114/EG[767] habe die Bewertung vergleichender Werbung von einem detailliert geregelten Katalog von Zulässigkeitsvoraussetzungen abhängig gemacht.

---

762 *Köhler* GRUR 2005, 1 (2).

763 Ex-97/55/EG

764 *Köhler* in Köher/Bornkamm, a.a.O., § 6 Rn. 20.

765 Ex-97/55/EG.

766 So z.B. *Ohly* in Ohly/Piper/Sosnitza, a.a.O., § 6 Rn. 40; *ders.*, GRUR 2004, 889 (896); *Sack*, WRP 2004, 30 (31).

767 Ex- Art. 3a RL 84/450/EWG u. Art. 3a RL 97/55/EG.

Weitere Wertungsmöglichkeiten sehe die Richtlinie gerade nicht vor[768]. Der nach wörtlicher Auslegung zu konstatierende Verzicht des Richtliniengebers auf die zusätzliche Einführung einer Erheblichkeitsschwelle wirke dabei umso stärker, als im Falle irreführender Werbung eine solche Klausel in Art. 2 lit. b RL 2006/114/EG[769] ausdrücklich festgeschrieben wurde. Mögen die Gründe für die Annahme einer Bagatellklausel auch „*teleologisch überzeugen[..]*" und aus rechtspolitischer Sicht „*sympathisch*" erscheinen, komme man an dem klaren Wortlaut der Richtlinie sowie dem erkennbaren Willen des Richtliniengebers nicht vorbei[770]. Aus diesem Grunde könne es auch nicht überzeugen, die Anwendung einer Bagatellklausel bzw. den Widerspruch zur grammatikalischen Auslegung mit dem allgemeinen Rechtsgrundsatz des unionsrechtlichen Übermaßverbots zu begründen. Vielmehr sei davon auszugehen, dass das Übermaßverbot bereits bei der Ausgestaltung der Richtlinie durch den Unionsgesetzgeber beachtet wurde[771].

2. Argumente für die Anwendung einer Bagatellklausel im Anwendungsbereich des § 6 UWG

Auf Seiten der Befürworter stellt eben dieser unionsrechtliche Verhältnismäßigkeitsgrundsatz das gleichsam verbindende Element aller Argumentationslinien dar[772]. So entspreche es einer verhältnismäßigen Rechtsanwendung, nur spürbare Beeinträchtigungen der lauterkeitsrechtlichen Schutzobjekte zu untersagen[773]. Zwar sehe der Wortlaut der WerbeRL die Anwendung einer Bagatellklausel im Falle unlautere vergleichender Werbung nicht vor, allein das Verbot spürbarer Beeinträchtigungen könne jedoch mit dem allgemeinen, unionsrechtlichen Verhältnismäßigkeitsgrundsatz in Einklang stehen[774]. Der deutsche Gesetzgeber habe mit dem Verweis auf die Bagatellklausel in § 3 UWG damit nur einen für das Lauterkeitsrecht insgesamt geltenden

768 *Sack* in Harte-Bavendamm/Henning-Bodewig, a.a.O., § 6 Rn. 215; *Ohly* GRUR 2004, 889 (896).

769 Ex - Art. 2 Nr. 2 RL 84/450/EWG.

770 *Ohly* GRUR 2004, 880 (896); *ders.* in Ohly/Piper/Sosnitza, a.a.O., § 6 Rn. 40.

771 *Sack* in Harte-Bavendamm/Henning-Bodewig, a.a.O., § 6 Rn. 217.

772 So *Koos*, WRP 2005, 1096 (1100); *Köhler* in Köhler/Bornkamm, a.a.O., § 6 Rn. 20; *Koehler* in Götting/Nordemann, a.a.O., § 6 Rn. 52.

773 *Koehler* in Götting/Nordemann, a.a.O., § 6 Rn. 52.

774 *Lettl*, WRP 2004, 1079 (1120); *Koehler* in Götting/Nordemann, a.a.O., § 6 Rn. 52; *Koos*, WRP 2005, 1096 (1101); *ders.* in Fezer, a.a.O., § 6 Rn. 36.

Rechtsgrundsatz explizit festgeschrieben[775]. Dem Vorwurf der Gegenseite, es könne nicht überzeugen einen klaren Wortlaut durch den Hinweis auf allgemeine Rechtsprinzipien zu umgehen[776], begegnet insbesondere *Köhler* mit einem Verweis auf die WerbeRL, namentlich Erwägungsgrund 9 der RL 2006/114/EG:

> *„Es sollten Bedingungen für zulässige vergleichende Werbung vorgesehen werden [..], mit denen festgelegt wird, welche Praktiken der vergleichenden Werbung den Wettbewerb verzerren, die Mitbewerber schädigen und die Entscheidung der Verbraucher negativ beeinflussen können[..]".*[777]

Nach der Auffassung des Richtliniengebers seien damit die Bestimmungen zur vergleichenden Werbung darauf ausgelegt, nur spürbare Beeinträchtigungen zu verhindern. Eine Bagatellklausel sei damit bereits in die Tatbestandsmerkmale des § 6 UWG inkorporiert[778]. Bereits der Vorwurf der Unlauterkeit könne insofern nur dann angenommen werden, wenn die konkrete vergleichende Werbung dazu geeignet ist, den Wettbewerb zu verzerren, die Mitbewerber zu schädigen oder die Entscheidung der Verbraucher negativ zu beeinflussen[779]. Jede unlautere vergleichende Werbung nach § 6 Abs. 2 UWG müsse damit auch eine spürbare Beeinträchtigung der lauterkeitsrechtlichen Schutzgüter darstellen.

III. Stellungnahme

Die Präferenz für eine liberalere Rechtsanwendung im Rahmen humorvoller vergleichender Werbung wurde bereits zu erkennen gegeben. Insoweit kann es nicht überraschen, dass die Anwendung einer Bagatellklausel aus rechtspolitischer Sicht überzeugen würde. Dennoch kann der Auffassung in der Literatur, eine Bagatellklausel lasse sich über den allgemeinen Rechtsgrundsatz der Verhältnismäßigkeit begründen, nicht gefolgt werden. Zwar ist es unbestritten, dass auch der europäische Richtliniengeber an den Grundsatz der

---

775 *Lettl* WRP 2004, 1079 (1120); a.A. *Sack* in Harte-Bavendamm/Henning-Bodwig, a.a.O., § 6 Rn. 217: *„Es kann [..] kein berechtiger Zweifel bestehen, dass die [..] RL 2006/114/EG auch ohne zusätzliche Einschränkung durch eine Spürbarkeitsklausel dem europäischen Grundsatz der Verhältnismäßigkeit gerecht wird. Auch durchaus strengere Verbote wären noch mit dem Grundsatz der Verhältnismäßigkeit vereinbar, wie ein Blick in das frühere deutsche Recht zeigt."*

776 *Ohly* in Piper/Ohly/Sosnitza, a.a.O., § 6 Rn. 40.

777 Erwägungsgrund 9 RL 2006/114/EG (ex-97/55/EG).

778 *Köhler* in Köhler/Bornkamm, a.a.O., § 6 Rn. 21.

779 Erwägunsgrund 9 S. 1 RL 2006/114/EG.

Verhältnismäßigkeit gebunden ist, es gibt jedoch durchaus unterschiedliche Wege diesem Grundsatz in der Rechtsrealität Geltung zu verschaffen. So lässt Erwägungsgrund 9 der RL 2006/114/EG eindeutig erkennen, dass der Richtliniengeber bereits im Falle der Nichtbeachtung der in Art. 4 RL 2006/114/EG aufgestellten Bedingungen, eine spürbare Beeinträchtigung annimmt. Jede unlautere vergleichende Werbung nach § 6 II UWG überschreitet damit nach Ansicht des Richtliniengebers die Unherheblichkeitsschwelle[780]. Für die konkrete Rechtsanwendung bedeutet dies, eine z.B. unlautere Herabsetzung nach § 6 Abs. 2 Nr. 5 UWG kann nur dann vorliegen, wenn der Werbevergleich geschützte Interessen spürbar beeinträchtigt[781]. Insoweit kann der Auffassung *Köhlers* gefolgt werden, die Bagatellklausel sei in die Tatbestandsmerkmale des § 6 Abs. 2 UWG inkorporiert. Konsequenter Weise ist dann aber auch festzustellen, dass nach § 6 Abs. 2 Nr. 2 UWG eine spürbare Beeinträchtigung geschützter Interessen nach der Konzeption der Richtlinie bereits dann vorliegt, wenn ein Werbevergleich nicht das enge Informationsgebot des § 6 Abs. 2 Nr. 2 UWG erfüllt. Hier wäre die Prüfung einer Bagatellklausel im jeweiligen Einzelfall aber besonders wünschenswert. Es ist zu bestreiten, dass jeder Werbevergleich, der allein auf subjektiven Erwägungen beruht, eine wesentliche Beeinträchtigung des Leistungswettbewerbs darstellt. Doch so fragwürdig dieses Ergebnis rechtspolitisch auch ist, der starr und unflexibel formulierte Wortlaut des Art. 4 lit. c RL 2006/114/EG lässt es – im Gegensatz freilich zum Merkmal z.B. einer „unlauteren Herabsetzung“ – nicht als eine Frage des jeweiligen Einzelfalls erscheinen, ob eine spürbare Beeinträchtigung vorliegt oder nicht. Der Erwägungsgrund 8 der RL 2006/114/EG enthält insoweit die Maßgabe, dass nur solche vergleichende Werbung als *„zulässig“* angesehen werden kann, die wesentliche, relevante, nachprüfbare und typische Eigenschaften vergleicht. Zwar spielt also die de-minimis Klausel auch im Rahmen des § 6 UWG eine Rolle. Im Hinblick auf § 6 Abs. 2 Nr. 2 UWG sieht der Richtliniengeber das Spürbarkeitserfordernis aber bei Nichtbeachtung der Bedingungen per se als erfüllt an. Dieser ausdrückliche Wille des Richtliniengebers kann nicht – insbesondere im Falle humorvoller Werbevergleiche – mit allgemeinen und ungeschriebenen Erwägungen gleichsam „auf Linie“ gebracht werden[782].

---

780 Insoweit noch übereinstimmend mit *Köhler.*

781 Erwägungsgrund 9 S. 1 RL 2006/114/EG.

782 a.A. z.B. *Koos,* WRP 2004, 1096 ff.

§ 16 Rechtspolitische Kritik am allgemeinen Informationsgebot im Rahmen vergleichender Werbung

A. Kritik an § 6 Abs. 2 Nr. 2 UWG

I. Einführung

Nach § 6 Abs. 2 Nr. 2 UWG ist jeder Werbevergleich, der nicht auf Tatsachen beruht, unzulässig. Humorvolle Werbevergleiche lassen besonders häufig einen solchen objektiven und nachprüfbaren Tatsachenvergleich vermissen. Sie wollen vielmehr mit provokanten oder amüsanten Werbeaussagen auf das Unternehmen aufmerksam machen und den Verbraucher für die eigenen Leistungen *aktivieren.* In der Literatur gibt es verschiedene Varianten, das Primat des objektiven Vergleichs zu entschärfen[783]. All diese Versuche – namentlich auch der Versuch eine Bagatellklausel im Rahmen vergleichender Werbung anzuwenden – stehen jedoch nur Pate für eine grundsätzlichere Kritik. Tatsächlich sprechen rechtspolitische Gründe gegen den § 6 Abs. 2 Nr. 2 UWG denen nicht mit einer Einzelfallabwägung begegnet werden kann. Es wird sich zeigen, dass ein liberaleres, offeneres Verständnis von vergleichender Werbung mit guten Gründen vertreten werden kann.

II. Rechtspolitische Erwägungen

1. Aus Gründen der Markttransparenz

a) Moderne Informationsökonomie

Vergleichende Werbung dient zum einen dazu, die Vorteile vergleichbarer Erzeugnisse objektiv herauszustellen und zum anderen den Wettbewerb zwischen den Anbietern von Waren und Dienstleistungen im Interesse der Verbraucher zu fördern[784]. Die Richtlinie verfolgt damit eine Erhöhung der Markttransparenz sowie eine Förderung des Wettbewerbs. Positive Effekte für die Markttransparenz kann der Richtliniengeber allerdings nur erkennen, soweit die vergleichende Werbung wesentliche, relevante, nachprüfbare und typische Eigenschaften vergleicht[785]. Der Unionsgesetzgeber differenziert damit zwischen zulässigen sachlichen Informationen und unzulässigen, weil unsachlichen Informationen. Er stellt in Erwägungsgrund 8 der RL 2006/114/EG ausdrücklich fest, dass allein in einem sachlichen Vergleich ein *„zulässiges Mittel zur Unterrichtung der Verbraucher"*

783 *Köhler* in Köhler/Bornkamm, a.a.O., § 6 Rn. 22; Koos WRP 2005, 1096 (1101).
784 Erwägungsgrund 6 S. 3, S. 4 RL 2006/114/EG.
785 Erwägungsgrund 8 RL 2006/114/EG.

gesehen wird. Dieses klassische Verständnis, das allein in nachprüfbaren Produktinformationen, wie dem Preis, technischen Merkmalen etc., eine die Transparenz fördernde Wirkung erkennt, ist keinesfalls unstrittig[786]. Insbesondere die moderne Informationsökonomie[787] entwirft ein differenzierteres Bild des Informationswertes kommerzieller Werbung. Hiernach beinhaltet Werbung auch indirekte Informationen. Es war der amerikanische Ökonom *Telser* der bei Werbung – unabhängig von ihrem Inhalt – ein indirektes Qualitätsversprechen erkannte[788]. Werbeausgaben bedeuten für die Unternehmen sog. *„versunkenes Kapital“ („sunk cost capital“)*, da sie im Gegensatz zu sonstigem Firmenkapital im Falle einer Unternehmenspleite nicht liquidierbar sind[789]. Die Kosten einer Werbekampagne sind damit nur profitabel eingesetzt, wenn das werbende Unternehmen die mit der Werbung geweckten Qualitätsstandards auch tatsächlich erfüllt[790]. Nur in diesem Fall werden die Verbraucher bereit sein, die sog. *Goodwill*-Prämie zu zahlen[791]. Die Werbung beinhaltet folglich für den Verbraucher die Information, dass das werbende Unternehmen davon ausgeht, die versprochene Qualität auch weiterhin erfüllen zu können. Oder anders gewendet: Das Unternehmen rechnet auch weiterhin damit, dass die Verbraucher die Goodwill - Prämie zahlen und sich seine Werbekosten damit auch in Zukunft rechnen werden[792]. Nach der modernen Informationsökonomie beinhaltet somit auch unsachliche Werbung nützliche Informationen für die Verbraucher.

Dennoch soll hier nun nicht der Eindruck entstehen, dass somit jede vergleichende Werbung positive Auswirkungen auf die Markttransparenz habe. Die Theorie der *„versunkenen Kosten“* bedeutet nicht, dass damit jeder unsachliche Werbevergleich die Markttransparenz fördert. Jede vergleichende Werbung bedeutet immer auch eine Beeinträchtigung des Goodwills des fraglichen Mitbewerbers[793]. Die kritisierende oder anlehnende Bezugnahme auf ein

---

786 *Menke* GRUR 1993, 718 ff.; *Nelson,* Information and Consumer Behavior, 1970, S. 311 ff.; *Hartwich,* Wettbewerb, Werbung und Recht, 2003, S. 308 ff; *Drexl,* Selbstbestimmung des Verbrauchers, 1998, S. 198 ff.

787 *Menke* GRUR 1993, 718 ff.

788 *Telser,* Advertising, 1964, S. 539; verschiedentlich wird hier fälschlicherweise insbesondere auf *Nelson* verwiesen (*Nelson,* 1970, S. 311 ff.).

789 *Menke* GRUR 1993, 718 (720).

790 *Drexl (*1998), S. 197; *Menke,* GRUR 1993, 718 (720); *Telser* (1964), S. 539.

791 Der Goodwill bezeichnet eine durch das Unternehmen aufgebaute Reputation. Der Goodwill erlaubt es dem Unternehmen am Markt einen höheren Preis zu verlangen.

792 *Hartwich* (2003), S. 317; *Menke* GRUR 1993, 718 (720); *Illing* (2001), S. 65.

793 *Menk* GRUR 1993, 718 (726).

konkurrierendes Unternehmen zur Förderung des eigenen Absatzes bzw. fremder Nachfrage ist durchaus rechtfertigungsbedürftig. Eine Werbung, die den Verbrauchern keine nützlichen Informationen übermittelt, kann nach allgemeiner Ansicht eine vergleichende Werbung nicht rechtfertigen. Irreführende Werbevergleiche können dem Verbraucher in keinem Falle nützliche Informationen bereitstellen. Herabsetzende Werbevergleiche jedenfalls dann nicht, wenn sie über dasjenige Maß hinausgehen, das jedem Werbevergleich wesensimmanent ist; gleichsam nicht der Vergleich, sondern die Diffamierung des Mitbewerbers im Vordergrund steht[794]. In überzeugender Art und Weise differenziert die moderne Informationsökonomie damit nicht zwischen sachlicher und unsachlicher Werbung, sondern zwischen nützlicher und unnützer Werbung.

b) Signal der Imagewerbung

Die europäische Richtlinie sieht allein in nachprüfbaren und objektiven Merkmalen nützliche Informationen für den Verbraucher. Wie gezeigt werden konnte spricht hiergegen bereits das Qualitätsversprechen kommerzieller Werbung. Die Fokussierung auf sachliche Produktinformationen muss freilich aus einem weiteren Grund als lebensfremd und paternalistisch kritisiert werden. Es ist im Bereich der modernen Marketingforschung allgemein anerkannt, dass eine Vielzahl der heutigen Produkte in ihren *„funktionalen Eigenschaften weitgehend austauschbar sind [..], die Produktdifferenzierung hier überwiegend mittels emotionaler Erlebniswerte“* abläuft[795]. Auf *„gesättigten Märkten“* wird in der Imagewerbung häufig die einzig erfolgsversprechende Möglichkeit gesehen, die beworbene Marke von den übrigen erkennbar abzugrenzen[796].

> *„Der Konsument richtet seine Entscheidung nicht danach, wie dieses [das Produkt – Autor] ist, sondern danach, wie er glaubt, dass es wäre[797].“*

Die Verbraucher entscheiden somit nicht nur nach Produktmerkmalen, sondern auch nach dem Signal, das von einer Marke ausgeht:

Das Getränk B spricht mit seiner Werbung insbesondere das ökologische Gewissen einer bestimmten Klientel an, während das Getränk C eher mit Lokkerheit und Freizeit verbunden werden möchte. Während die Automarke TY eher für Funktionalität und Effizienz steht, sendet die Automarke P das Signal wirtschaftlichen Erfolges und Luxus. Imagewerbung beinhaltet somit zweifellos

---

794 Ebda.

795 *Kloss*, a.a.O., (2007), S. 128.

796 Ebda.

797 Mayer/Mayer (1987), S. 6.

Informationen, die für den Verbraucher entscheidungserheblich sein können. Die europäische Richtlinie, wie auch die überwiegende Lehrmeinung, sehen in Imagevergleichen dennoch keine informative Werbeform. Positive Effekte für die Markttransparenz werden bestritten[798]. Wie passt dies nun mit den Erkenntnissen der Werbeforschung zusammen, die in dem Image von Waren oder Dienstleistungen zuweilen den beinahe entscheidenden Kaufanreiz sehen? Erkennbar wird hier wohl erneut ein tradiertes Verständnis des sogenannten funktionsfähigen Leistungswettbewerbs vertreten: Während der Gesetzgeber im Zuge der UWG - Reform 2004 in § 1 UWG die Schutzsubjekte (Mitbewerber, Verbraucher, Allgemeinheit) normativ festgeschrieben hat, ist das Schutzobjekt auch weiterhin auslegungsbedürftig[799]. Der Begriff des Leistungswettbewerbs stellt dabei den Versuch dar, in den lauterkeitsrechtlichen Fallgruppen einen *„übergreifenden Normzweck“* zu erkennen[800]. Diskussionen hat der Begriff des Leistungswettbewerbs bereits seit nunmehr reichlich 80 Jahren provoziert[801]. In den letzten Jahren hat die *„Funktionsfähigkeit des Leistungswettbewerbs“* insbesondere in der Rechtsprechung des BVerfG eine Rolle gespielt. Die jüngeren Urteile des BGH sowie die wohl überwiegende Auffassung in der Literatur möchten dagegen mittlerweile auf den Begriff des Leistungs- bzw. Nichtleistungswettbewerb gänzlich verzichten[802]. Nun soll hier der Diskussion um den Begriff des Leistungswettbewerbs kein weiteres Kapitel hinzugefügt werden. Entscheidend ist allein, welches Konzept mit dem Anknüpfungspunkt des funktionsfähigen Leistungswettbewerbs verbunden wird. Den Kritikern ist jedenfalls insoweit zuzustimmen, als das Schutzobjekt des Leistungswettbewerbs in der Vergangenheit häufig dazu missbraucht wurde neue Werbeformen zu verhindern und faktisch einen Numerus Clausus im Bereich der Werbekonzepte festzuschreiben[803]. Der Grundgedanke des funktionsfähigen Leistungswettbewerbs sollte aber unstrittig sein. Der Unternehmer muss versuchen aufgrund eigener Leistung am Markt

798 *Meyer* (1991), S. 197.

799 *Sosonitza* in Piper/Ohly/Sosnitza, a.a.O., § 1 Rn. 4.

800 *Ahrens* in Harte-Bavendamm/Henning-Bodewig, a.a.O., Einl F, Rn. 79.

801 Der Begriff geht zurück auf eine Entscheidung des RG *„Benrather“* im Jahre 1931, RG 134, 342 (350); zur Diskussion *Ohly* in Piper/Ohly/Sosnitza, a.a.O., Einf. A, Rn. 23.

802 BGH GRUR 2006, 75 – *Artenschutz; Köhler* in Köhler/Bornkamm, a.a.O., § 1 Rn. 44; *Schünemann* in Harte-Bavendamm/Henning-Bodewig, a.a.O., § 1 Rn. 15; a.A. *Fezer*/Fezer, § 3 Rn. 218 ff.

803 *Ohly* in Piper/Sosnitza/Ohly, a.a.O., Einf. A, Rn. 23; *Köhler* in Köhler/Bornkamm, a.a.O., § 1 Rn. 44.

Erfolg zu haben. Unlauter – oder eben leistungsfremd – wäre es, durch Behinderung der wettbewerblichen Entfaltungsfreiheit der Mitbewerber oder der Entscheidungsfreiheit der Verbraucher, Erfolg am Markt zu erzwingen[804]. Das Merkmal der „eigenen Leistung“ muss dabei aber offen und *„zeit- und problemorientiert jeweils neu“* [805] aktualisiert werden.

Nach § 6 Abs. 2 Nr. 2 UWG ist jeder Vergleich, der sich nicht auf nachprüfbare und objektive Eigenschaften bezieht unlauter. Damit wird von Seiten des Gesetzgebers im Falle von Imagevergleichen prinzipiell der Vorwurf der Unlauterkeit erhoben. Da es sich bei § 6 Abs. 2 Nr. 2 UWG aber nicht um einen *„typisierten Irreführungsschutz“* handelt[806], sondern um ein reines Informationsgebot zur Förderung der Markttransparenz[807], gesteht der Gesetzgeber offensichtlich nur objektiven Informationen zu leistungskonform zu sein. Dies ist mit einem modernen und offenen Leistungswettbewerb nicht zu vereinbaren. Es entspricht einem paternalistischen und in der Konsequenz illiberalen Verständnis von Wettbewerb, wenn der Gesetzgeber die maßgeblichen Merkmale einer Leistung im Wettbewerb vorgibt. Der lauterkeitsrechtliche Schutz des Nichtleistungswettbewerbs soll lediglich solche geschäftlichen Handlungen untersagen, die den Mitbewerber behindern oder den Verbraucher stören[808]. Bereits bei einem subjektiven Vergleich die Gefährdung des Leistungswettbewerbs anzunehmen, entspricht einem tradierten und zu überwindenden Verständnis. Das BVerfG[809] und der BGH[810] haben im Falle der gefühlsbetonten Werbung bereits festgestellt, dass es nicht ausreichen könne, aufgrund eines fehlenden sachlichen Zusammenhangs zwischen dem gefühlsbetonten Tenor der Werbung und dem beworbenen Produkt eine Beeinträchtigung des Leistungswettbewerbs anzunehmen. Insbesondere dem Urteil *Artenschutz* ist die Maßgabe zu entnehmen, dass es den Verbrauchern überlassen bleiben müsse, *„Social Sponsoring“* als entscheidungserheblich anzusehen[811]. Ebenso muss es den Verbrauchern im Falle von vergleichender Werbung überlassen bleiben, dem Image der Waren oder Dienstleistungen ein besonderes Gewicht beizumessen. Der europäische

---

804 *Säcker*, WRP 2004, 1199 (1207).

805 Ebda.

806 So aber *Sack* in Harte-Bavendamm/Henning-Bodewig, a.a.O., § 6 Rn. 131; *Ohly* in Piper/Ohly/Sosnitza, a.a.O., § 6 Rn. 46.

807 *Köhler* in Bornkamm/Köhler, a.a.O., § 6 Rn. 102.

808 *Säcker*, WRP 2004, 1199 (1207).

809 BVerfG GRUR 2002, 455 ff. – *Tier- und Artenschutz.*

810 BGH GRUR 2006, 75 ff. – *Artenschutz.*

811 BGH GRUR 2006, 75 (76) – *Artenschutz.*

Gesetzgeber sollte mit einem Verzicht auf die Voraussetzung des § 6 Abs. 2 Nr. 2 UWG anerkennen, dass auch Imagevergleiche die Markttransparenz fördern können. Ein liberales Wettbewerbsrecht beurteilt Informationen und Leistungen aus der Sicht des angesprochenen Verkehrs. Der moderne Leistungsbegriff und der starre § 6 Abs. 2 Nr. 2 UWG sind somit nicht zu vereinbaren. Die Interessen der Mitbewerber und der Allgemeinheit werden durch das Verbot der Irreführung, der Herabsetzung und der Rufausnutzung ausreichend geschützt.

2. Aus Gründen der Wettbewerbsförderung

Im Sinne der Schutzzwecktrias des UWG sollte eine Regelung vergleichenden Werbung sowohl die Interessen der Mitbewerber, der Verbraucher und der Allgemeinheit an einem unverfälschten Wettbewerb im Blick haben. Nun ist nicht zu verkennen, dass die Regelung des § 6 UWG durchaus einen gangbaren Kompromiss zwischen den Interessen der verschiedenen Schutzsubjekte darstellt und dies insbesondere vor dem Hintergrund eines früheren Verbots vergleichender Werbung in Mitgliedstaaten wie Deutschland. Dennoch scheint ein Verzicht auf das Objektivitätsgebot auch aus Gründen der Wettbewerbsförderung rechtspolitisch vorzugswürdig. Es wurde bereits darauf hingewiesen, dass die RL 2006/114/EG neben der Markttransparenz auch die Wettbewerbsförderung bezweckt. Nun wirkt sich auch eine rein sachlich vergleichende Werbung positiv auf den Wettbewerb aus[812]. Unsachliche und humorvolle Werbung ist jedoch in besonderer Weise dazu geeignet, den Verbraucher zu aktivieren[813]. Da in der Werbeforschung davon ausgegangen wird, dass die Adressaten von Werbung maximal 5 % der Werbebotschaften bewusst wahrnehmen[814], sollte die Aktivierung der Verbraucher als das gleichsam übergeordnete Ziel einer jeden Werbekampagne erscheinen[815]. Insoweit steht der starre Objektivitätsgrundsatz in § 6 Abs. 2 Nr. 2 UWG in Widerspruch zu den ebenfalls schutzwürdigen Interessen der werbenden Unternehmen. Da auch unsachlichen Werbevergleichen nützliche Informationen zu entnehmen sind, scheint es unangemessen, die Interessen der werbenden Unternehmen durch das rigorose Verbot unsachlicher Werbevergleiche derart zu beeinträchtigen.

---

812 Siehe Kapitel 2, § 5, B.

813 Eisend/Kuß in Bruhn/Esch/Langner, a.a.O., S. 635.

814 *Schneider/Pflaum (Hrsg.),* Werbung in Theorie und Praxis, 5. Auflage, 2000, S. 348.

815 *„Wenn jemand Gold verschenken will, davon aber niemand weiß, dann bleibt er darauf sitzen" (Meyer/Hermanns,* Theorie der Wirtschaftswerbung, 1981, S. 29.)

3. Aus Gründen des Leitbildes des informierten Durchschnittsverbrauchers

Schließlich ist das per se Verbot des § 6 Abs. 2 Nr. 2 UWG für subjektive Werbevergleiche aus Gründen einer kohärenten und systematischen Rechtsanwendung aufzugeben. Die lauterkeitsrechtliche Beurteilung einer geschäftlichen Handlung richtet sich nach der Sichtweise des durchschnittlich informierten, verständigen und aufmerksamen Durchschnittsverbrauchers[816]. In Bezug auf die lauterkeitsrechtliche Würdigung eines Werbevergleichs ist somit das Leitbild des informierten Durchschnittsverbrauchers der entscheidende Maßstab. Jede kritisierende vergleichende Werbung beinhaltet beispielsweise wesensimmanent eine Herabsetzung der Waren oder Dienstleistungen des erkennbar gemachten Mitbewerbers. Ob in dem jeweiligen Einzelfall nun besondere Umstände vorliegen, die die Annahme einer unlauteren Herabsetzung rechtfertigen, richtet sich nach der Sichtweise des angesprochenen Durchschnittsverbrauchers[817]. Ebensolches gilt auch für die Frage einer unlauteren Rufausnutzung fremder Kennzeichen[818] oder einer möglichen Irreführung[819]. Im Falle eines scherzhaften Werbevergleichs wird nun allenthalben festgestellt, dass der informierte Durchschnittsverbraucher die humorvolle Übertreibung, die satirische Darstellung, den ironischen Witz erkenne und angemessen würdige. So hat der BGH in den Urteilen *„Die Steinzeit ist vorbei"* und *„Gib mal Zeitung"* eine unlautere Herabsetzung u.a. mit der Begründung verneint, der informierte Verbraucher erkenne den Wortwitz bzw. die übertriebene Darstellung und nehme die Werbeaussage damit überhaupt nicht ernst[820]. Im Falle einer subjektiven, (scherzhaft) reklamehaften Anpreisung besteht dieser Spielraum nicht. Auch wenn aus der Sicht des informierten Verbrauchers eine rein reklamehafte Anpreisung vorliegt, eine scherzhafte Werbeaussage, die er nicht ernst nimmt, liegt nach § 6 Abs. 2 Nr. 2 aufgrund der fehlenden Nachprüfbarkeit das Urteil der Unlauterkeit vor. Es ist zu hinterfragen, warum im Rahmen einer vermeintlichen Irreführung (außerhalb vergleichender Werbung) festgestellt wird, lediglich im Falle einer substantiellen Werbeaussage gehe der informierte Verbraucher von einer nachprüfbaren

816 *Helm* in Gloy/Loschfelder/Erdmann, a.a.O., § 59, Rn. 81; *Köhler* in Köhler/Bornkamm, a.a.O., Einl., Rn. 2.13.

817 *Köhler* in Köhler/Bornkamm, a.a.O., § 6, Rn. 176.

818 BGH GRUR 2004, 607 (611) – *Genealogie der Düfte.*

819 *Bornkamm* in Köhler/Bornkamm, a.a.O., § 5, Rn. 7.27.

820 BGH NJW 2002, 3399 (3401) – *„Die ‚Steinzeit' ist vorbei"*; GRUR 2010, 161 (164) Rn. 20.

Aussage aus[821], bei vergleichender Werbung dies dem Durchschnittsverbraucher jedoch offensichtlich nicht zugetraut wird. Das Leitbild des informierten Durchschnittsverbrauchers spricht damit gegen die apodiktische Maßgabe, der lautere Werbevergleich verlange zwingend eine nachprüfbare Werbeaussage.

III. Fazit

Es ist anzuerkennen, dass der Mitbewerber kein Interesse daran hat in fremden Anpreisungen *„als Mittel zu Erhöhung der eigenen Leistungsfähigkeit [..] verwendet zu werden“*[822]. Die vergleichende Bezugnahme auf einen Mitbewerber muss demzufolge für die Verbraucher nützliche Informationen bereitstellen. Da gezeigt werden konnte, dass auch subjektive Werbevergleiche nützliche Informationen für den Verbraucher beinhalten können und insoweit auch nicht zwangsläufig die Gefahr einer Irreführung besteht[823], kann das per se -Verbot jedes wertenden Werbevergleichs nicht überzeugen. Die Grenze sollte hier vielmehr im Falle von irreführender und pauschal herabwürdigender vergleichender Werbung gezogen werden. Insoweit besteht kein Informationsgewinn auf Seiten der Verbraucher und der Mitbewerber muss sich eine Bezugnahme nicht gefallen lassen.

B. Kritik am Kennzeichenschutz nach § 6 Abs. 2 Nr. 4 UWG

I. Einführung

Auch im Falle des Kennzeichenschutzes nach § 6 Abs. 2 Nr. 4 UWG führt ein offeneres Verständnis von für den Verbraucher nützlicher Werbung zu neuen Wertungen. Dabei hat jede lauterkeitsrechtliche Regelung vergleichender Werbung die kennzeichenrechtlichen Folgen ihrer Anwendung zu beachten. Der EuGH hat spätestens mit seiner Entscheidung *„Pippig Augenoptik/Hartlauer“* entschieden, eine Markenverletzung könne nicht angenommen werden, wenn die Voraussetzungen des Art. 4 RL 2006/114/EG der vergleichenden Werbung vorliegen[824]. Damit stellt § 6 Abs. 2 Nr. 4 UWG einen in das Lauterkeitsrecht inkorporierten Kennzeichenrechtsschutz dar. Ein Vergleich ist nur dann zulässig, wenn er den Ruf des erkennbar gemachten Kennzeichens weder beeinträchtigt

821 *Bornkamm* in Köhler/Bornkamm, a.a.O., § 5, Rn. 2.127.

822 GRUR 1931, 1299 (1301) – *Hellegold.*

823 Die Gesetzesbegründung spricht dagegen im Falle von § 6 II Nr. 2 UWG von einem *„typisierten Irreführungsschutz“* (Begr. Reg.-Entw. BT-Drucks. 14/2959).

824 EuGH GRUR 03, 533, Rn. 50 f – *Pippig Augenoptik/Hartlauer*; EuGH GRUR 08, 698 Rdn. 45 – *O2/Hutchison 3G; Ohly* in Piper/Ohly/Sosnitza, UWG, 5. Auflage (2010), § 6 Rn. 19.

noch ausnutzt. Während eine Rufbeeinträchtigung weitgehend mit § 6 Abs. 2 Nr. 5 UWG gleichläuft, wirft die unlautere Rufausnutzung im Falle von humorvollen Werbevergleichen neue Frage auf. Zu denken ist z.B. an die humorvolle Anlehnungen an Werbeslogans wie statt *„Freude am Fahren"*, *„Freude am Einsteigen, Starten, Schalten, Beschleunigen, Überholen, Fahren, Tanken, Wenden, Parken..."* oder humorvolle Werbespots wie *„Guten Appetit, Ronald!" (a.a.O.)*. Bisher entspricht es der ständigen Rechtsprechung, dass jede Nennung eines fremden Kennzeichens, die für eine objektive Verbraucherinformation nicht zwingend nötig ist, als unlauter zu gelten hat[825]. Besteht die Möglichkeit einen Vergleich auch durch einen geringeren Eingriff in den Zuweisungsgehalt des Kennzeichenrechtsinhabers vorzunehmen, wird in dieser *„übermäßigen Rufausnutzung"* [826] ein unlauterer Werbevergleich erkannt. Vergleichende Werbung soll nach Erwägungsgrund 6 der Richtlinie 2006/114/EG neben einer Förderung des Wettbewerbs die objektive Markttransparenz steigern[827]. Die Benutzung eines fremden Kennzeichens in einer vergleichenden Werbung geht somit über das notwendige Maß hinaus, wenn die konkrete Darstellung für eine objektive Verbraucherinformation nicht notwendig erscheint. Auch hier zeigt sich die Werbefreiheit beschränkende Wirkung einer Fixierung auf objektive Markttranstransparenz. Humorvolle Werbevergleiche wie *„Guten Appetit, Ronald!"* oder die Abwandlung des Werbeslogans *„Freude am Fahren"* sind insoweit unzulässig[828]. Weder die Verwendung des Maskottchens Ronald Mc Donald, noch die humorvolle Abwandlung des Werbeslogans *„Freude am Fahren"* ist für das Darstellen sachlicher Informationen erforderlich. Auch hier gilt es in konsequenter Fortführung der bereits dargestellten Auffassung, die Fixierung des Gesetzgebers und der Rechtsprechung auf das Darstellen objektiver Informationen zu überwinden. So wenig es überzeugen kann vergleichende Werbung auf reine Tatsachenvergleiche zu reduzieren, so wenig kann es überzeugen die sachliche Information als maßgebenden Anknüpfungspunkt für einen angemessenen Kennzeichenrechtsschutz zu erachten. Dies ändert aber nichts daran, dass auch weiterhin zwischen den Interessen des Werbenden, der Verbraucher und dem Kennzeichenrechtsinhabers abzuwägen ist. Fremde Kennzeichen dürfen auch weiterhin nicht über die Maßen für eigene, kommerzielle Zwecke verwendet

825 *Köhler* in Köhler/Bornkamm, a.a.O., § 6 Rn. 157; *Ohly* in Piper/Ohly/Sosnitza, a.a.O., § 6 Rn. 63a; Koos in Fezer, a.a.O., § 6 Rn. 216.

826 Koos in Fezer, a.a.O., § 6 Rn. 218.

827 *Köhler* in Köhler/Bornkamm, a.a.O., § 6 Rn. 157.

828 Dies bejaht dann auch *Koos* in Fezer, a.a.O., § 6 Rn. 224 ff.

werden. Lediglich der Anknüpfungspunkt für eine insoweit angemessene Abwägung zwischen den hier in Rede stehenden Interessen sollte hinterfragt werden.

II. Rechtspolitische Erwägungen

Auch weiterhin ist für eine unlautere Rufausnutzung zunächst das Hervorrufen eines Imagetransfers[829], einer Assoziation zwischen den Waren oder Dienstleistungen des Werbenden und denjenigen des erkennbar gemachten Unternehmens erforderlich[830]. Dabei ist aber festzustellen, dass jeder anlehnende Werbevergleich mit einer bekannten Marke einen Imagetransfer hervorruft[831]. Folglich müssen über den Imagetransfer hinaus weitere Umstände vorliegen, um von einer unlauteren Rufausnutzung sprechen zu können. Maßgeblich ist hier insbesondere der Grundsatz der Verhältnismäßigkeit[832].

Beispiele

1. Humorvolle Anlehnung an fremde Werbeslogans

Ein Autohersteller warb in humorvoller Abwandlung des Werbeslogans eines Mitbewerbers („*Freude am Fahren*") mit dem Slogan „*Freude am Einsteigen, Starten, Schalten, Beschleunigen, Überholen, Fahren, Tanken, Wenden, Parken…*". Betreffend der Frage einer Rufausnutzung in unlauterer Weise, hatten die Gerichte nunmehr die Interessen des Werbenden gegen die Interessen des Kennzeichenrechtsinhabers abzuwägen[833]. Die anlehnende Verwendung des fremden Werbeslogans ist zunächst jedenfalls dazu geeignet einen Vergleich durchzuführen, da der Mitbewerber ausreichend kenntlich gemacht wird und sich die Werbung mit dem Werbeauftritt des Mitbewerbers auseinandersetzt. Auch kann

---

829 BGH GRUR 2009, 161 Rn. 33 – *Gib mal Zeitung*. Der EuGH spricht statt von einem „Imagetransfer" von dem Versuch, sich „*in den Bereich der Sogwirkung [der bekannten] Marke zu begeben, um von ihrer Anziehungskraft, ihrem Ruf und ihrem Ansehen zu profitieren, und ohne jede finanzielle Gegenleistung und ohne dafür eigene Anstrengungen machen zu müssen, die wirtschaftlichen Anstrengungen des Markeninhabers zur Schaffung und Aufrechterhaltung des Images dieser Marke auszunutzen*" (EuGH, GRUR 2009, 759 Rn. 49 – *L'Oréal/Bellure*).BGH GRUR 2009, 161 Rn. 33 – *Gib mal Zeitung*.

830 EuGH GRUR 2002, 425 (427) Rn. 57 – *Toshiba/Katun*; EuGH GRUR 2006, 345 (346) Rn. 18 – *Siemens/VIPA*; BGH GRUR 2009, 161 Rn. 33 – *Gib mal Zeitung*.

831 *Ohly* in Piper/Ohly/Sosnitza, a.a.O., § 6 Rn. 63.

832 *Ohly/Spence* GRUR Int 99, 681 (694); *ders.* GRUR 2007, 3, 9.

833 *Köhler* in Köher/Bornkamm, a.a.O., § 6 Rn. 157; *Menke* WRP 1998, 811 (825).

die anlehnende Verwendung des Slogans noch als erforderlich bezeichnet werden. Zwar würde die bisherige Rechtsprechung in richtlinienkonformer Auslegung eine Erforderlichkeit hier verneinen, da die humorvolle Verwendung des Kennzeichens für einen objektiven Vergleich der Eigenschaften nicht das mildeste Mittel bei gleichbleibender Effektivität darstellt[834]. Wie bereits dargestellt, überzeugt diese Fixierung auf objektive Informationen rechtspolitisch jedoch nicht. Auch die humorvolle Auseinandersetzung mit dem Werbeauftritt eines Mitbewerbers kann dem Verbraucher wertvolle Informationen bereitstellen. Aus diesem Grund wäre hier insoweit festzustellen, dass das Anliegen des Vergleichs, namentlich einen humorvollen Vergleich der Werbeauftritte, nicht durch ein milderes und ebenso effektives Mittel erreichbar gewesen wäre. Damit wird allein das Merkmal der „Information“ offener ausgelegt.

Schließlich muss die Verwendung des fremden Kennzeichens in der vergleichenden Werbung auch angemessen sein. Dies wäre zu verneinen, wenn die Darstellung des Werbevergleichs auf unzumutbare Weise die kennzeichenrechtlichen Interessen des Mitbewerbers beeinträchtigt[835]. Sub specie Angemessenheit ist zunächst festzuhalten, dass es sich marktbekannte Unternehmen grundsätzlich gefallen lassen müssen, Gegenstand einer kritischen und zuweilen auch satirischen oder bissig-polemischen Auseinandersetzung zu sein[836]. Die Marken des Unternehmens stellen dabei einen Anknüpfungspunkt für diese Auseinandersetzung dar.

> *„Das Unternehmen einschließlich seiner Marken hat sich der Kritik in der Öffentlichkeit zu stellen. Effektiver als über die bekannte Marke kann eine Meinungsäußerung gegenüber dem Marktauftritt des Unternehmens kaum transportiert werden. Entsprechend ist die Marke nicht ausschließlich dem Markeninhaber zugeordnetes Absatz- und Marketinginstrument, sondern auch Teil des gesellschaftlichen und kulturellen Diskurses. Gleichzeitig erlaubt es die Kunstfreiheit, die Eindrücke des Künstlers von bestimmten Marken satirisch aufzugreifen und darzustellen*[837].

Der Funktion einer Marke als Anknüpfungspunkt für eine kritische Auseinandersetzung wird bisher jedenfalls nicht ausreichend Beachtung geschenkt, wenn bereits jede Form der Verwendung fremder Kennzeichen, die für einen sachlichen Vergleich nicht unbedingt zwingend notwendig ist, für unlauter erklärt wird. Die humorvolle Anlehnung oder die Parodie von Werbeslogans sollte

834 *Koos* in Fezer, a.a.O., § 6 Rn. 224.

835 *Ohly* in Piper/Ohly/Sosnitza, a.a.O., § 6 Rn. 63.

836 *Ohly* GRUR 2010, 161 (166).

837 *Born,* GRUR 2006, 192 (194); *Hacker,* GRUR Int. 2002, 502 (510).

nicht bereits Anlass genug sein, eine unlautere Rufausnutzung eines fremden Kennzeichens anzunehmen. Der hier vertretene offenere Ansatz vergleichender Werbung würde insoweit die humorvolle Anlehnung an den Werbeslogan des Mitbewerbers nicht beanstanden.

2. Verwendung eines fremden Maskottchens

In dem Werbespot einer Fast-Food Kette („*Guten Appetit, Ronald*“) ist das sehr bekannte Maskottchen eines Mitbewerbers – der Clown *Ronald Mc Donald* – in einer Filiale des Werbenden zu sehen. Auch hier ist de lege lata in richtlinienkonformer Auslegung eine unlautere Rufausnutzung anzunehmen. Die Verwendung des Maskottchens des Mitbewerbers ist für einen objektiven Vergleich nützlicher Eigenschaften in keinem Fall erforderlich[838]. Auch der Autor möchte hier eine Grenze ziehen, zwar nicht bereits aufgrund der Tatsache, dass der Werbevergleich den Verbrauchern keine objektiven Informationen bereitstellt und die Verwendung des fremden Kennzeichens damit nicht erforderlich ist. Durchaus aber, da die werbliche Verwendung des Clowns *Ronald Mc Donald* auf unangemessene Weise die kennzeichenrechtlichen Interessen des Mitbewerbers beeinträchtigt. Für den Werbenden steht bei der Verwendung des bekannten Clowns die Erzeugung von Aufmerksamkeit und nicht die Auseinandersetzung mit dem Image, dem Werbeauftritt oder den Waren oder Dienstleistungen des Mitbewerbers im Vordergrund. Während sich der Werbeslogan „*Freude am Einsteigen, Starten, Schalten, Beschleunigen, Überholen, Fahren, Tanken, Wenden, Parken...*“ humorvoll mit dem Werbeauftritt des Mitbewerbers auseinandersetzt, nutzt die fragliche Fast - Food Kette das sehr bekannte Kennzeichen des Mitbewerbers allein als „*Zugpferd für den Absatz des eigenen Produkts*“ aus[839]. Der Werbende versucht mit der Bekanntheit der fremden Marke auf seine eigene Werbeaussage aufmerksam zu machen. Es steht nicht die schutzwürdige Auseinandersetzung von Mitbewerbern im Vordergrund, die bekannte Marke wird auch nicht als Anknüpfungspunkt für Meinungsäußerungen gegenüber dem Marktauftritt des Unternehmens verwendet[840], vielmehr steht allein die Sogwirkung der fremden, bekannten Marke im Vordergrund. Während also künftig eine humorvolle bzw. satirische Auseinandersetzung mit dem Werbeauftritt eines Mitbewerbers im Rahmen vergleichender Werbung auch unter kennzeichenrechtlichen Gesichtspunkten ermöglicht werden sollte, muss auch weiterhin das reine „sich

---

838 *Koos* in Fezer, a.a.O., § 6 Rn. 225.

839 *Köhler* in Köhler/Bornkamm, a.a.O., § 6 Rn. 156; *Koos* in Fezer, a.a.O., § 6 Rn. 225.

840 *Born*, GRUR 2006, 192 (194).

Anhängen" an die kommerziellen Wirkungen einer bekannten Marke untersagt werden. Da der Werbende im Falle des Werbespots *„Guten Appetit, Ronald"* lediglich das fremde Maskottchen in einer die eigenen Waren und Dienstleistungen anpreisenden Werbung auftreten lässt, hat er die kennzeichenrechtlichen Interessen des Mitbewerbers über die Maßen ausgenutzt. Im Rahmen der Abwägung konnte er neben einer reinen Kenntlichmachung des Mitbewerbers, die jedoch auch durch eine geringere Ausnutzung des Rufes (z.B. durch eine Wortbezeichnung[841]) möglich gewesen wäre, keine weiteren schutzwürdigen Interessen anführen.

III. Fazit

Im Hinblick auf den Kennzeichenrechtsschutz ist ein gewisser Spielraum des Werbenden für eine humorvolle Auseinandersetzung mit dem Mitbewerber anzumahnen. Die derzeitige Ausgestaltung der Richtlinie, die die Verwendung fremder Kennzeichen allein zur Ermöglichung eines objektiven Vergleichs zulässt, beschränkt den Spielraum des Werbenden jedenfalls über die Maßen. Die Funktion einer Marke als Anknüpfungspunkt für eine humorvolle oder satirische Auseinandersetzung mit einem marktbekannten Unternehmen wird von der Richtlinie nicht ausreichend berücksichtigt. Allerdings muss jede Regelung vergleichender Werbung immer auch einen effektiven Schutz fremder Kennzeichen mitdenken. Beinahe jeder denkbare Werbevergleich nutzt in gewissem Umfang wesensimmanent den guten Ruf oder die Unterscheidungskraft eines fremden Kennzeichens aus. Werbefreiheit beschränkend ist immer dann einzugreifen, wenn bei der Verwendung des fremden Kennzeichens nicht der Vergleich, sondern vielmehr die Sogwirkung des erkennbar gemachten fremden Kennzeichens im Vordergrund steht.

§ 17 Humorvolle vergleichende Werbung – de lege ferenda

1. Das Objektivitätsgebot ist aufzugeben. Im Rahmen vergleichender Werbung sind die Interessen der Werbenden an innovativen Werbekonzepten stärker zu berücksichtigen. Die Förderung der Markttransparenz ist nicht eindimensional auf sachliche Informationen zu beschränken. Eine vergleichende Werbung, die weder irreführt, noch herabsetzt, noch die Marke unlauter beeinträchtigt oder ausnutzt, sollte nicht unzulässig sein. Auch Image- und rein subjektive

841 *Köhler* in Köhler/Bornkamm, a.a.O., § 6 Rn. 157.

Werbevergleiche sollten zukünftig grundsätzlich zulässig sein. Art. 4 lit. c bzw. § 6 Abs. 2 Nr. 2 sollte damit aufgegeben werden.

2. Eine sachliche und nachprüfbare Kernaussage wäre mithin keine Voraussetzung eines zulässigen Werbevergleichs mehr. Dennoch könnte ein humorvoller Werbevergleich natürlich auch weiterhin eine unlautere Herabsetzung nach § 6 Abs. 2 Nr. 5 UWG darstellen. Im Rahmen der Prüfung einer unlauteren Herabsetzung ist künftig das Leitbild des informierten und situationsadäquat aufmerksamen Durchschnittsverbrauchers stärker zu beachten. In Übereinstimmung mit der neueren Rechtsprechung des BGH ist festzuhalten, dass der Verkehr zunehmend an pointierte Aussagen in der Werbung gewöhnt ist und sie vielmehr als Ausdruck eines lebhaften Wettbewerbs empfindet[842]. Von einer unlauteren Herabsetzung sollte hier in aller Regel nur dann ausgegangen werden, wenn der Kern der Werbeaussage dazu angetan ist, allein als pauschale Herabwürdigung der Leistungen des Mitbewerbers verstanden zu werden; dass dieser Kern eine sachliche und nachprüfbare Aussage enthält ist mit Aufgabe des Objektivitätsgebots nicht mehr Voraussetzung. Hält die Kernaussage der Werbung einer lauterkeitsrechtlichen Überprüfung stand, ist weiterhin die humorvolle Einkleidung zu begutachten; entsprechend der dargestellten Methode im Presserecht jedoch unter Berücksichtigung der Tatsache, dass es ein Wesenszug des Humors darstellt zu überspitzen oder zu vereinfachen. Humorvolle Übertreibungen wie in dem Werbespot *„Gib mal Zeitung"*, Wortspiele wie *„Hängen Sie noch an der Flasche"* oder *„Fremdgehen kann teuer werden"* und auch humorvolle Imagevergleiche *wie „Schöner als Golf"* sollten künftig zulässig sein. Während es in den ersten drei Fällen lediglich um die humorvolle Einkleidung einer lauteren Kernaussage geht, die der informierte Verbraucher als solche wahrnimmt und entsprechend bewertet, beinhaltet die Werbeaussage *„Schöner als Golf"* keine besonderen Umstände, die eine unlautere Herabsetzung annehmen lassen. Allein die Aussage, das eigene Produkt sei „schöner" oder „gefalle besser" stellt noch keine pauschale Herabwürdigung dar. Vielmehr dürfte diese Sichtweise des Werbenden für den angesprochenen Verkehr nicht mehr als eine bare Selbstverständlichkeit darstellen. Der informierte Verbraucher erkennt den werbenden Charakter einer solchen Aussage und nimmt sie als solche wahr. Der Werbevergleich *„Na, auch noch T-Aktionär"* oder die – wenn auch scherzhafte – Kriminalisierung des Mitbewerbers („Have you been duped by BA's trickery") sollte auch weiterhin eine unlautere Herabsetzung darstellen. In beiden Fällen steht nicht der Werbevergleich im Vordergrund, sondern die Diffamierung der Konkurrenz. So soll der

---

842 BGH GRUR 2009, 161 (164), Rn. 20 – *„Gib mal Zeitung"*.

rapide und dauerhafte Wertverlust der Aktie des Mitbewerbers das Unternehmen insgesamt in einem ungünstigen Licht erscheinen lassen, die Formulierung „trickery“ dem Mitbewerber die Redlichkeit im Geschäftsverkehr absprechen. Nützliche Informationen sind hier nicht erkennbar. Ansonsten bleibt eine sachgerechte Grenzziehung auch weiterhin eine Einzelfallentscheidung. Lauterkeitsrecht ist zu einem großen Teil Richterrecht, der Verkehr muss insoweit mit einer gewissen Rechtsunsicherheit leben.

3. Auch im Rahmen des Kennzeichenrechtsschutzes wird bisher im Falle humorvoller Werbevergleiche die Auffassung vertreten, die Verwendung eines fremden Kennzeichens in einer vergleichenden Werbung könne nur dann gerechtfertigt sein, wenn dies für einen objektiven Vergleich notwendig erscheint. Humorvolle Verfremdungen von Werbeslogans waren z.B. vor diesem Hintergrund ebenfalls unzulässig. Wird folgerichtig auch im Rahmen des Kennzeichenrechtschutzes der Grundsatz abgelehnt, das Verwenden eines fremden Kennzeichens in einer vergleichenden Werbung müsse einem objektiven Vergleich dienlich sein, ist sich der Autor aber dennoch der Bedeutung eines effektiven Kennzeichenrechtschutzes bewusst. Abzuwägen war insoweit zwischen einem angemessenen Spielraum für eine humorvolle Auseinandersetzung mit dem Mitbewerber und dem schützenswerte Interesse des Kennzeichenrechtinhabers, den guten Ruf und die Unterscheidungskraft seiner Kennzeichen nicht durch die vergleichende Werbung ausgenutzt zu sehen. Nach der Rechtsprechung des EuGH sollte die Grenze dort zu ziehen sein, wo sich der Werbende in den Sogbereich der fremden Marke begibt, gleichsam versucht, ohne Gegenleistungen von dem guten Ruf oder der Unterscheidungskraft der fremden Marke zu profitieren. Dies ist jedoch nicht bereits bei jeder humorvollen Verwendung eines fremden Kennzeichens der Fall. Die Funktion einer Marke als Anknüpfungspunkt für eine humorvolle oder satirische Auseinandersetzung mit einem öffentlichen Unternehmen wurde bereits dargestellt.

4. Im Hinblick auf das Verbot irreführender vergleichender Werbung kann auf die ständige Rechtsprechung verwiesen werden. Reine Werturteile fallen hier bereits nicht in den Anwendungsbereich des Irreführungsverbots, da sie dem Beweis nicht zugänglich sind, eine Irreführung damit nicht überprüft werden kann. „*Angaben*“ i.S.v. § 5 UWG müssen insoweit wenigstens einen Tatsachenkern aufweisen[843]. Rein subjektive Werbevergleiche („*schöner als..*“, „*besser als..*“) fallen somit bereits nicht in den Anwendungsbereich des Irreführungsverbots

843 *Sosnitza* in Piper/Ohly/Sosnitza, a.a.O., § 5 Rn. 89; *Bornkamm* in Köhler/Bornkamm, a.a.O., Rn. 2.37.

nach § 5 UWG. Beinhaltet die vergleichende Werbung dagegen wenigstens einen Tatsachenkern, so ist der informierte Verbraucher dazu in der Lage, reklamehafte und humorvolle Übertreibungen oder Vereinfachungen richtig einzuordnen[844]. Es wird darauf hingewiesen, dass Karikaturen oder satirische Darstellungen „*milde zu beurteilen*" sind[845]. Humorvolle Werbevergleiche, die aus der Sicht des angesprochenen Verkehrs jedenfalls im Kern eine Tatsachenaussage treffen, sind demzufolge ebenfalls vor dem Hintergrund auszulegen, dass der informierte Verbraucher zunehmend an scherzhafte Werbung gewöhnt ist und sie nicht für bare Münze nimmt.

---

844 *Bornkamm* in Köhler/Bornkamm, a.a.O., § 5, Rn. 2.125.
845 *Bornkamm* in Köhler/Bornkamm, a.a.O., § 5, Rn. 2.129.

6. Kapitel
Rechtsvergleichung mit den USA und Großbritannien

„America is not just a country but a way."
(Carrie Latet, amerik. Schriftstellerin)
„puffing" – „a seller's privilege to lie his head off [..]."
(Robert Keaton u. William Prosser,
amerikanische Rechtsprofessoren)

§ 18 Einführung

Ist die vergleichende Werbung in Deutschland bereits über zehn Jahren zulässig, haben die vorherigen Jahrzehnte doch deutliche Spuren hinterlassen. Spricht man denn einer liberaleren Bewertung vergleichender Werbung das Wort, so besteht eine gewisse Wahrscheinlichkeit, sich des negativ konnotierten Vorwurfs der *„Amerikanisierung"* vergleichender Werbung erwehren zu müssen. Mit diesem heute in vielerlei Bereichen anzutreffenden Schlagwort wendet sich der Vorwerfende in aller Regel und letztlich gegen die Zumutungen schrankenloser Freiheit. Im Falle der vergleichenden Werbung ist es die Werbefreiheit, die auch ein ungebührliches Verhalten gegenüber Wettbewerbern, gleichsam den offenen Wurf des Fehdehandschuhs, toleriert. Nun kann auch in den Vereinigten Staaten von einer schrankenlosen Zulassung vergleichender Werbung keine Rede sein, dennoch ist weder zu bestreiten noch zu übersehen, dass der Blickwinkel unter dem sich Werbevergleiche einer rechtlichen Kontrolle stellen müssen, durchaus ein anderer ist. Beschäftigt man sich mit den Grenzen humorvoller Werbevergleiche erscheint eine Rechtsvergleichung mit den Vereinigten Staaten demnach besonders lohnenswert.

Eine Befassung mit der britischen Rechtslage mag auf den ersten Blick verwundern, gilt hier doch auch die Richtlinie 2006/114/EG. Aus deutscher Sicht interessant könnte die britische Rechtslage jedoch sein, da hier bereits vor Umsetzung der Richtlinie vergleichende Werbung grundsätzlich zulässig war, ja, die Umsetzung sogar eine Verschärfung der wettbewerbsrechtlichen Regeln bedeutete. Es könnte interessant sein zu untersuchen, ob die britische Judikative – vor dem Hintergrund ihrer liberalen Rechtstradition – die vollharmonisierten Regelungen vergleichender Werbung großzügiger auslegt als ihre deutsche Kollegin.

§ 19 Humorvolle vergleichende Werbung in Großbritannien

A. Allgemeines

Im Gegensatz zu Deutschland gibt es in Großbritannien kein kodifiziertes Lauterkeitsrecht[846]. Das lautere Handeln im Wettbewerb richtet sich vielmehr nach einer Vielzahl von unterschiedlichen Gesetzen, Verordnungen, *Common Law* und der Selbstkontrolle der Wirtschaft[847]. Angefangen mit dem *Common Law*, sind hier die wichtigsten Fallgruppen zum einen die passing-off Klage - ein Rechtsbehelf gegen die Gefahr einer Verwechslung -, die Klage aufgrund von Falschangaben in der Werbung (*injurious falsehood*) sowie der Schutz der persönlichen Ehre des Betroffenen durch die *defamation* - Klage[848]. Gesetzlich kodifiziert sind lediglich bestimmte Fallgruppen des unlauteren Wettbewerbs, so z.B. der *Trade Description Act* von 1968 betreffend der Beschriftung von Waren oder Dienstleistungen oder der *Consumer Protection Act* von 1987 betreffend irreführender Preisangaben. Zur Umsetzung europäischer Richtlinien im Lauterkeitsrecht wurde die untergesetzliche *Control of Misleading Advertisements Regulation 1988 (CMAR 1988)*[849] erlassen und seitdem mehrfach novelliert. So wurde namentlich die RL 97/55/EG zur vergleichenden Werbung durch die *Control of Misleading Advertisements Regulation 2000* umgesetzt[850]. Die Überwachung der *CMAR* und damit gleichsam die Durchsetzung europäischer Richtlinien gehört zum Aufgabenbereich der britischen Wettbewerbsbehörde (*„Office of Fair Trading"*[851]). Die wichtigste Stellung bei der Durchsetzung lauteren Wettbewerbs nimmt jedoch in Großbritannien die Selbstkontrolle durch die Wirtschaft ein (*„durch die Wirtschaft für die Wirtschaft"*[852]). Diese Selbstkontrolle der Wirtschaft basiert auf unterschiedlichen Verhaltenskodizes, die wiederum von unabhängigen Institutionen angepasst und durchgesetzt werden. Dabei ist der wichtigste Verhaltenskodex der *"British Code of Advertising, Sales Promotion and Direct Marketing"*, der wiederum von der *Advertising Standards Authority (ASA)* durchgesetzt wird[853]. Die *ASA* kann dabei sowohl aus eigenem Antrieb als auch aufgrund der Beschwerde von Verbänden, Verbrauchern

---

846 Zum britischen Lauterkeitsrecht: *Schmedes (*2007), S. 288 f.

847 *Bodewig* in Harte-Bavendamm/Henning-Bodewig, a.a.O., Einl. E, Rn. 257.

848 Vgl. Bodewig in Harte-Bavendamm/Henning-Bodewig, a.a.O., Einl. E, Rn. 258-260.

849 *CMAR* wurde 1988 in Umsetzung der Irreführungs - Richtlinie erlassen.

850 *Control of Misleading Advertisements Regulations* 2000 (CMAR 2000), 2000/914.

851 Künftig: *OFT.*

852 *Bodewig,* GRUR Int. 2004, 543 (544).

853 *Kebbedies* (2005), S. 244 ff.

und den betroffenen Unternehmen tätig werden[854]. Insbesondere im Bereich der vergleichenden Werbung findet eine Regulierung in aller Regel auf dieser Ebene der freiwilligen Selbstkontrolle statt[855]. So weist die *CMRA 2008* der Selbstkontrolle der Wirtschaft die Funktion der ersten Kontrollinstanz zu[856]. Das *Office of Fair Trading* ist mit einem Werbevergleich damit nur befasst, wenn die Kontrolle durch die *ASA* im Einzelfall scheitert. Großbritannien ist es damit in Verhandlungen mit der Europäischen Union gelungen, sein System einer Selbstregulierung der Werbung durch private Kontrollgremien auch im Rahmen einer fortschreitenden europäischen Harmonisierung des Wirtschaftsrechts zu erhalten.

B. Rechtslage vergleichender Werbung vor Umsetzung der RL 2006/114/EG

I. Markenrechtliche Bewertung

Nach Sec. 4 (1) (b) Trade Marks Act 1938 war jede Werbung, die auf eine fremde eingetragene Marke Bezug nahm unzulässig. Damit ergab sich in Großbritannien die merkwürdige Situation, dass die vergleichende Werbung gesetzlich nicht verboten war[857], vom *Common Law* als lauteres Werbemittel angesehen wurde, aufgrund einer kennzeichenrechtlichen Regelung jedoch faktisch unmöglich war[858]. Erst in Umsetzung der europäischen Markenrechtsrichtlinie 89/104/EWG durch den *Trade Marks Act 1994 (TMA)* wurde dieser sehr weitgehende Kennzeichenrechtsschutz verändert: Nunmehr stellt die Benutzung einer fremden eingetragenen Marke in der Werbung zwar weiterhin nach Sec. 10 (1) TMA eine Markenrechtsverletzung dar[859], eine Benutzung zur Kennzeichnung der Waren oder Dienstleistungen des Markeninhabers soll nach Sec. 10

854 *Kebbedies* (2005), S. 245.

855 *Eichholz* (2008), S. 84.

856 *Mayer-Uellner*, Werbeselbstregulierung, 2006, S. 169; *Bodewig* GRUR Int. 2004, 543 (546); *Eichholz* (2008), S. 84.

857 Frhr. *v. Gamm* WRP 1960, 167 (172).

858 *Ohly*, GRUR Int. 1993, 730; *„Es ist möglich, sehr verschiedene Haltungen zur Zulässigkeit ausdrücklicher Werbevergleiche einzunehmen, und unser seltsames Recht auf diesem Gebiet schafft es, genau das zu tun"*, *Cornish* (1992), CLJ 231 f. [zitiert nach: *Ohly* GRUR Int. 1993, 730].

859 Sec. 10 (1) TMA: *A person infringes a registered trade mark if he uses in the course of trade a sign which is identical with the trade mark in relation to goods or services which are identical with those for which it is registered.*

(6) damit jedoch nicht verhindert werden[860]. Voraussetzung ist jedoch, dass die Benutzung der fremden Marke im Rahmen der vergleichenden Werbung im Einklang mit den aufrichtigen Gepflogenheiten in Gewerbe und Handel stehen und die Unterscheidungskraft und den guten Ruf des Kennzeichens weder auf unlautere Weise ausnutzt noch schädigt[861]. Die Rechtsprechung hat sich bei der Anwendung dieser Zulässigkeitsvoraussetzungen erkennbar zurückgehalten[862]. So hat der High Court in dem Verfahren *Barclays Bank plc. v. RBS Advanta* im Hinblick auf die anständigen Gepflogenheiten im Markt festgestellt, der Kennzeichenrechtsschutz verpflichte die Gerichte nicht dazu, *„durch die Hintertür des Markenrechts einen puritanischen Standard durchzusetzen"*[863]. Eine *„marktschreierische Werbung"* sei *„selbst wenn sie für den Markeninhaber unangenehm ist"* noch keine Markenverletzung[864]. Vielmehr könne nur dann nicht mehr von einer *„anständigen"*[865] Werbung ausgegangen werden,

> *„wenn [..] ein vernünftiger Leser bei Kenntnis sämtlicher Tatsachen wahrscheinlich zu der Beurteilung gelangen würde, daß die Werbeanzeige nicht anständig ist, etwa weil sie in erheblichem Maße irreführend ist, so entfällt der Schutz vor der Markenverletzung"*[866].

Den weiteren Verbotsmerkmalen einer Beeinträchtigung oder Ausnutzung des guten Rufes oder der Unterscheidungskraft des Kennzeichens schenkt das Gericht keine weitere Beachtung. Das Gericht spricht insoweit sogar davon, es könne hier *„keinen zusätzlichen nennenswerten Regelungsgehalt"* erkennen[867].

In Übereinstimmung hierzu verneinte der Court of Appeal eine Kennzeichenrechtsverletzung auch im Falle eines Preisvergleichs mit der Überschrift *„EXPENSIVE BA…DS!"*[868]. Die Klägerin sah aufgrund der beleidigenden Überschrift die Grenzen der anständigen Gepflogenheiten im Verkehr verletzt.

---

860 Sec. 10 (6) 1: *Nothing in the preceding provisions of this section shall be construed as preventing the use of a registered trade mark by any person for the purpose of identifying goods or services as those of the proprietor or a licensee.*

861 Sec. 10 (6) 2: *But any such use otherwise than in accordance with honest practices in industrial or commercial matters shall be treated as infringing the registered trade mark if the use without due cause takes unfair advantage of, or is detrimental to, the distinctive character or repute of the trade mark.*

862 *High Court* GRUR Int. 1997, 478 ff. - *Barclays Bank plc. v. RBS Advanta.*

863 Siehe *High Court* GRUR Int. 1997, 478 (479) - *Barclays Bank plc. v. RBS Advanta.*

864 Ebda.

865 Ebda.

866 Ebda.

867 Ebda.

868 *British Airways v. Ryanair* (2001) F.S.R. 541.

Dagegen stellte das Gericht diesbezüglich fest: *„You can be offensive about anothers trademark or name without being dishonest"*[869]. Der Preisvergleich war in dem konkreten Fall nach Auffassung des Gerichts weder faktisch unwahr noch irreführend und das Vorliegen einer Beleidigung nicht ausreichend, die Ausnahmeregelung der Sec. 10 (6) auszusetzen[870].

II. Deliktsrechtliche Bewertung – Common Law

Bis zur Umsetzung der Richtlinie 97/55/EG fehlte es in Großbritannien an einer rechtlichen Regelung vergleichender Werbung. Aus diesem Grund spielte für die Bewertung dieser Werbeform neben dem Kennzeichenrechtsschutz insbesondere das Deliktsrecht *(law of torts)*, welches wiederum maßgeblich durch das *Common Law* geprägt ist, eine Rolle[871]:

Von eher geringer Bedeutung für die Beurteilung vergleichender Werbung war die sog. *passing off* – Klage[872], die den guten Ruf eines Kennzeichens *(goodwill)* vor der Gefahr einer Verwechslung schützt *(risk of confusion)*[873]. Da es in aller Regel dem Werbenden bei vergleichender Werbung gerade darauf ankommt, die Waren oder Dienstleistungen voneinander abzugrenzen, spielte diese Anspruchsgrundlage eine nur untergeordnete Rolle[874]. Weiterhin bestand die Klagemöglichkeit aufgrund einer herabsetzenden Falschangabe in der Werbung (*„malicious falsehood"*). In Übereinstimmung mit der Rechtsprechung im Zusammenhang mit Sect. 10 (6) TMA 1994 stellten die Gerichte auch hier fest, dass solange die beworbene Tatsachenbehauptung wahr ist, eine Werbung nicht bereits deswegen unzulässig werde, da sie einen Mitbewerber verletze[875].

> *„If the statement is true, however malicious the defendant's intention might be, no action will lie."* [876]

Weiterhin beschränkte insbesondere der Einwand, bei der Werbeaussage handele es sich um *„Hyperbolic puffing"*, den Anwendungsbereich der *injurious*

---

869 *British Airways v. Ryanair* (2001) F.S.R. 541 (549).

870 *Kebbedies* (2005), S. 117 f.; *Eichholz* (2008), S. 88.

871 *Hudelmmaier*, Neuere Praxis vergleichender Werbung, 1991, S. 119 ff.; *Kebbedies* (2005), S. 87.

872 *Ohly/Spencer*, GRUR Int. 1999, 681 (682, 683).

873 *Bodewig* in Harte-Bavendamm/Henning-Bodewig, a.a.O., Einl. E, Rn. 258.

874 *Ohly/Spencer*, GRUR Int. 1999, 681 (682, 683).

875 *Kebbedies* (2005), S. 89.

876 *Pater v. Baker* [1847] 3 CB 831 (868), Maule J.

falsehood - Klage[877]. Im Rahmen der Auslegung einer Werbeaussage haben die Gerichte hiernach marktschreierische Übertreibungen als nicht gerichtlich sanktionierbar zu bewerten.

> *"advertisements are not to be read as if they were some testamentary provision in a will or a clause in some agreement with every word being carefully considered and the words as a whole being compared".*[878]

Die Abgrenzung zwischen marktschreierischer Werbeaussage und *malicious falsehood* richtet sich nach der Sichtweise des *„vernünftigen Verbrauchers"*. Eine Werbeaussage ist hiernach deliktsrechtlich nicht mehr relevant, wenn der vernünftige Verbraucher die Aussage überhaupt nicht ernst nimmt, sondern lediglich als subjektiv gefärbte Anpreisung begreift[879].

Schließlich konnten sich die Unternehmen noch gegen eine Verunglimpfung (*„defamation"*) durch den Werbevergleich zur Wehr setzen[880]. Festzuhalten war jedoch, dass eine Verunglimpfung der persönlichen Ehre zu vorliegen musste; der Betroffene musste demzufolge durch die Werbeaussage persönlich und in seiner sozialen Stellung angegriffen worden sein. Zum anderen galt auch hier die gewichtige Einschränkung, dass der Werbende sich mit einem Wahrheitsbeweis entlasten konnte[881].

III. Selbstverwaltungskontrolle

Das in Großbritannien nur fragmentarisch durch Gesetze und Common Law geregelte „lautere" Verhalten in der Werbung wird entscheidend durch Verhaltenskodizes der privaten Wirtschaft bestimmt. Der – wie angesprochen – wichtigste Verhaltenskodex ist *„The British Code of Advertising"*[882] *(BCASP)*, der wiederum von der *„Advertising Standards Authority" (ASA)*[883] durchgesetzt wird. Dieser Code stellt bestimmte Verhaltensregeln für die kommerzielle Werbung auf und reguliert die werbliche Auseinandersetzung. Der Code *„..supplements*

877 *Ohly/Spencer*, GRUR Int. 1999, 681 (683).

878 McDonalds Hamburgers Ltd v. Burgerking (UK) Ltd [1987] F.S.R. 112.

879 *Kebbedies* (2005), S. 94.

880 *Bodewig* in Harte-Bavendamm/Henning-Bodewig, a.a.O., Einl. E, Rn. 258; *Ohly/Spencer*, GRUR Int. 1999, 681 (683).

881 *Bodewig* in Harte-Bavendamm/Henning-Bodewig, a.a.O., Einl. E, *Rn. 260.*

882 Aufgelegt 1962 durch das *Commitee of Advertising Practice (CAP).*

883 Gegründet 1962 mit der Maßgabe, eine von der Werbewirtschaft unabhängige Kontrollinstanz zu schaffen. Aus diesem Grund wird die ASA auch nur von Persönlichkeiten besetzt, die in keinem Verhältnis zur Werbewirtschaft stehen.

the law, fills gaps where the law does not reach and often provides an easier way of resolving disputes than by civil litigation or criminal prosecution"[884]. Es ist der Anspruch des BCASP - Codes, eine Werbung zu gewährleisten, die legal, anständig, ehrlich und wahrhaftig ist[885]. Die vergleichende Werbung wurde dabei interessanterweise zunächst vom *BCASP* als unzulässig gewertet[886]. Bereits Ende der 60er Jahre änderte der Code jedoch diese Auffassung.

> *„They [comarisons: Anmerk. des Autors] are permitted in the interests of vigorous competition and public information."*[887]

In den folgenden Jahren sollte vergleichende Werbung nach den CL. 19.1-21.1 BCASP jedenfalls dann als zulässig gelten, wenn sie *„eindeutig"* und *„fair"* waren (*„clear and fair"*)[888]. Weiterhin durfte sie nach Cl. 20 BCASP weder den Mitbewerber bzw. seine Waren oder Dienstleistungen unbillig *(„unfair")* angreifen, noch nach CL. 21 auf unbillige Art und Weise den guten Ruf des fremden Kennzeichens, Namens oder der Werbekampagne ausnutzen. Dabei gilt es jedoch zu beachten, dass die *ASA* diese Merkmale eines zulässigen Werbevergleichs äußerst großzügig auslegte. In Übereinstimmung mit den britischen Gerichten wurde im Falle eines wahren Werbevergleichs niemals eine *„denigration"* des Mitbewerbers oder eine *„exploitation"* fremder Kennzeichen angenommen[889]. So bewertete die ASA den Werbespruch *„Don't get caught in the Great Train Robbery!"*, mit dem der Fluganbieter *EasyJet* auf eine vermeintliche Preiserhöhung des Bahnunternehmens *Virgin Rail* aufmerksam machen wollte, ausdrücklich nur deswegen als unzulässige Herabsetzung, da die Überschrift im Zusammenhang mit einer nicht beweisbaren Werbeaussage stand[890]. Das Bahnunternehmen *Rail Virgin* wiederum bezeichnete das Flugunternehmen *EasyJet* in einer eigenen Werbekampagne später als *„QueasyJet"*[891]. Da der beleidigenden Überschrift aber lediglich der Hinweis *„London bis Manchester & Liverpool ab 5 Pfund je Strecke"* sowie der Spruch *„Nicht jeder schätzt unsere niedrigen*

884 CAP - Code - Einleitung - http://www.cap.org.uk/The-Codes/CAP-Code/CAP-Code-pdf-versions.aspx, Stand: 16. Juli 2011.

885 *Ohly*, GRUR Int. 1993, 730,(737).

886 *Hudelmaier* (1991), S. 128.

887 Clause 19.1, zitiert nach *Kebbedies* (2005), Anhang, S. 296.

888 Art. 19.2., zitiert nach *Kebbedies* (2005), Anhang, S. 296.

889 *Kebbedies* (2005), S. 123.

890 *ASA v. 19.9.2001 –EaysyJet Airline Co Ltd [zitiert nach: Jergolla,* WRP 2003, 431 (445)]; zwar war zu diesem Zeitpunkt die europäische Richtlinie bereits rechtswirksam umgesetzt, der *BCASP* wurde jedoch erst im Jahre 2003 angepasst.

891 *„Queasy"* bedeutet *„schlecht"* oder *„übel"*.

Fahrpreise“ folgte und damit keine unwahre bzw. irreführende Werbeaussage vorlag, befand die ASA diese Werbung für zulässig[892].

C. Rechtslage vergleichender Werbung nach Umsetzung der RL 2006/114/EG

Nunmehr gilt aber auch in Großbritannien die Richtlinie 2006/114/EG. Sie wurde am 23.4.2000 durch eine Anpassung des *Control of Misleading Advertisements Regulation 1988* umgesetzt[893]. Ferner hat die europäische Richtlinie zur vergleichenden Werbung auch zu der 11. Auflage des *CAP – Codes* geführt. Dabei wurden die CL. 18 - 21 der *CMAR 2000* angepasst. Großbritannien hat sich in Verhandlungen mit der Europäischen Union insoweit durchgesetzt, als bei der Durchsetzung europäischer Richtlinien im Bereich der Werbung auf die britische Besonderheit der privaten Selbstkontrolle Rücksicht genommen wird[894].

> *„The value of self-regulation as an alternative to statutory control is recognised in EC Directives, including those on misleading and comparative advertising (Directives 2005/29/EC and 2006/114/EC). Self-regulation is accepted by the Department for Business, Innovation and Skills and the Office of Fair Trading as a first line of control in protecting consumers and the industry*“.[895]

Da die *Control of Misleading Advertisments Regulations 2008*[896] erst im Falle des Scheiterns der Selbstkontrolle der Wirtschaft zur Anwendung kommt, besteht in Großbritannien damit die Besonderheit, dass europäisches Recht rechtsdogmatisch lediglich eine „*Absicherung [..] durch staatliches Recht*“ darstellt[897], wobei natürlich die fraglichen europäischen Richtlinien auf die Ausgestaltung der Verhaltenskodizes – siehe die 11. Auflage des *CAP – Codes* – Einfluss genommen haben. Während es an Gerichtsurteilen zu humorvoller vergleichender Werbung nach Umsetzung der RL 2006/114/EG derzeit noch fehlt - ein Großteil der rechtlichen Bewertung vergleichender Werbung spielt sich eben im Bereich der privaten Selbstkontrolle statt – liegen bereits einige Entscheidungen der *ASA* vor: Der *BCASP* – Code und hier namentlich die CL. 18 - 21 wurden

---

892 ASA v. 12.7.2000 – *Virgin Rail Group Ltd* [zitiert nach: *Jergolla*, WRP 2003, 431 (445)].

893 *Control of Misleading Advertisements Regulations* 2000 (CMAR 2000), 2000/914.

894 *Bodewig*, GRUR Int. 2004, 543 (546).

895 CAP – Code – Einleitung - http://www.cap.org.uk/The-Codes/CAP-Code/CAP-Code-pdf-versions.aspx, Stand: 16. Juli 2011.

896 Ex-*CMAR 2000*.

897 *Bodewig*, GRUR Int. 2004, 543 (546).

im Jahre 2003 an die Regelungen des *CMAR 2000* angepasst. Mit einer gewissen Verspätung haben sich die Instanzen der privaten Selbstkontrolle damit auf das harmonisierte Europa zubewegt. Dabei bedeutet die Durchsetzung der europäischen Richtlinie für Großbritannien vor allen Dingen eine Beschränkung vergleichender Werbung. Insbesondere der Einwand, bei dem Werbevergleich handele es sich um „*puffery*" und damit um zulässige Marktschreierei, kann unter Anwendung des neuaufgelegten Codes - namentlich Cl. 18.3 - nicht weiter Geltung beanspruchen[898].

> *„They should objectively compare one or more material, relevant, verifiable and representative features of those products, which may include price."*[899]

Konsequenterweise hat die ASA mittlerweile in einigen Entscheidungen die Werbenden auf diese neue Rechtslage hingewiesen. Im Hinblick auf den Werbeslogan *„Fly greener, fly EasyJet"* stellte die ASA fest, die Werbung sei nicht in ausreichendem Maße *„verifiable"*[900]. Besonders deutlich wurde die neue Rechtslage auch im Falle des Preisvergleichs des Discounters *ASDA*. Obwohl die ASA eine Irreführung ablehnte, sprach sie sich im Ergebnis gegen die Zulässigkeit der Werbung aus.

> *„Because it was not possible for consumers or competitors to check the products and prices used in the comparison using mySupermarket.co.uk, and because the ads did not set out how consumers and competitors could check that information for themselves, we concluded that the ads did not satisfy the criterion of verifiability as defined in the 2006 European Court of Justice ruling, and were therefore in breach of the advertising Codes."*[901]

Im Bereich der unlauteren Herabsetzung nach Cl. 20.1 (*„should not discredt nor denigrate")* verfolgt die ASA auch weiterhin eine tendenziell liberale Entscheidungspraxis. Dem Werbeslogan *„Why B&Q it when you can do it Right"* mit dem das Unternehmen *Rightway* seine gegenüber *B&Q* günstigeren Preise bewarb, maß die ASA keine unzulässige herabwürdigende Wirkung bei. Der angesprochene Verkehr erkenne vielmehr das Wortspiel und nehme den Slogan damit nicht ernst[902]. Im Falle des Werbeslogans *„Have you been duped by BA's trickery"* nahm die ASA dagegen nunmehr - trotz eines zulässigen Preisvergleichs - eine unzulässige Herabsetzung an. Die Grenze einer lauteren Auseinandersetzung sei

---

898 *Carty*, EIPR 2002, 294 (299).
899 Cl. 18.3 BCASP - Code.
900 ASA v. 2.2.2011 - *easyJet Airline Co Ltd.*
901 ASA v. 14.1.2009 - *ASDA Stores Ltd.*
902 ASA v. 1.3.2006 – *Rightway Ltd.* [zitiert nach *Eichholz* (2008), S. 98].

überschritten, wenn der erkennbar gemachte Mitbewerber mit „*trickery*“[903] in Verbindung gebracht werde[904].

Neben der Selbstverwaltungskontrolle und den nicht einklagbaren CMAR 2000 haben sich auch auf der Ebene des Trademark Acts Änderungen ergeben. Nach sec. 10 (6) TMA ist die Verwendung von fremden Kennzeichen in vergleichender Werbung nur dann zuzulassen, wenn der Werbende die aufrichtigen Gepflogenheiten in Gewerbe und Handel beachtet[905]. Der Court of Appeal stellte in dem Verfahren *O2 v. Hutchinson* gemäß dem Grundsatz *acte-claire* fest, dass jede vergleichende Werbung, die nicht die Voraussetzungen des Art. 4 RL 2006/114/EG erfülle, auch nicht den „*aufrichtigen Gepflogenheiten in Gewerbe und Handel*“ entsprechen könne[906]. Im Gegensatz zu seiner früheren Rechtsprechung erkennt das Gericht nunmehr auch Kennzeichenrechtsverletzung für den Fall an, dass der Werbevergleich zwar keine Irreführung, aber eine unlautere Herabsetzung darstellt.

> *„True, he [der Werbevergleich – Anmerk. des Autors] may not be actually dishonest in the sense of misleading people, but he would be breaking the law in some way, for there is necessarily an enforcement mechanism as required by Art.5. In that sense his use would not be honest. It means that even a non-misleading but disparaging use would now be caught.“*[907]

Der Court of Appeal bestätigt ausdrücklich, dass er vor diesem Hintergrund an seiner Rechtsprechung im Falle *British Airways v. Ryanair*[908] („*You can be offensive about anothers trademark or name without being dishonest*“[909]) nicht mehr festhalte[910]. Der Kennzeichenrechtsschutz hat damit in Großbritannien im Falle vergleichender Werbung eine gewichtige Stärkung erfahren.

D. Fazit

Bedeutete die Umsetzung der Richtlinie 97/55/EG für weite Teile der Europäischen Union eine Liberalisierung vergleichender Werbung, kann dies für

---

903 Dt. *Gaunerei, Betrügerei.*

904 ASA v. 29.1.2003 – *EasyJet Airline Co Ltd.* [zitiert nach (2008), S. 101].

905 Sec. 10 (6) 2: „*[..]uses them in accordance with honest practices in industrial or commercial matters.*“

906 *Court of Appeal* v. 5.12.2006, EWCA Civ 1656, Rn. 56.

907 Ebda.

908 *British Airways v. Ryanair* (2001) F.S.R. 541.

909 siehe *British Airways v. Ryanair* (2001) F.S.R. 541 (549).

910 Sec 10 (6) TMA bezeichnet der Court of Appeal aufgrund der Geltung der RL 2006/114/EG als sinnlos: „*It is a pointless provision (and could not apply to a Community TM). It should be repealed as an unnecessary distraction in an already complicated branch of the law*“, *Court of Appeal* v. 5.12.2006, EWCA Civ 1656, Rn. 58.

Großbritannien nicht gelten. Vergleichende Werbung war hier nach dem status quo ante bereits dann zulässig, wenn es sich um eine wahre Werbeaussage handelte. Insbesondere der Ansatz, allein der Vergleich wesentlicher, relevanter, nachprüfbarer und typischer Eigenschaften stelle einen zulässigen, weil informativen Werbevergleich dar, bedeutet nachgerade einen Paradigmenwechsel. Während in Großbritannien bisher ein nicht nachprüfbarer Werbevergleich gerade deshalb für zulässig erklärt werden konnte, wenn er auf nachprüfbare, entscheidungserhebliche Informationen verzichtete, aus der Sicht des Verbrauchers also lediglich eine Meinungsäußerung des Werbenden darstellte, ist die Entscheidungserheblichkeit der beworbenen Information für das europäische Recht eine gleichsam zwingende Zulässigkeitsvoraussetzung. Damit werden auch in Großbritannien zahlreiche bisher zulässige humorvolle Werbevergleich zukünftig die Rechtskontrolle nicht mehr bestehen. Der bereits angesprochene Werbevergleich eines britischen Autoherstellers *„Warum ein Jaguar? Weil mir Elgar schon immer besser gefallen hat als Wagner"* lässt zum Beispiel eine nachprüfbare Informationen *(„verifiable")* vermissen und verstößt damit bereits gegen Cl. 18.3 BCASP[911]. Lediglich im Hinblick auf das Verbotsmerkmal einer unlauteren Herabsetzung *(„denigration")* scheinen die britischen Kontrollstellen ihrer liberalen Rechtstradition treu zu bleiben und den von der Richtlinie gegebenen Spielraum zugunsten der Werbefreiheit auszunutzen. Beinhaltet der Werbevergleich nunmehr eine nachprüfbare Kernaussage, so ist die humorvolle Darstellung dieser Tatsache nur in geringem Maße rechtlichen Beschränkungen unterworfen. Vielmehr wird auch weiterhin davon ausgegangen, dass der vernünftige Verbraucher die fehlende Ernsthaftigkeit der Darstellung erkennt.

Der Kennzeichenrechtsschutz wird künftig in Großbritannien im Falle vergleichender Werbung eine deutlich wichtigere Rolle spielen. Dies beruht insbesondere auf dem Umstand, dass die britische Rechtsprechung nunmehr anerkannt hat, dass auch im Falle eines wahren Werbevergleichs eine kennzeichenrechtliche Beeinträchtigung vorliegen kann. Im Hinblick auf das Merkmal einer unlauteren Ausnutzung des guten Rufes oder der Unterscheidungskraft von Kennzeichen werden die vom Court of Appeal angestrengten Vorlageverfahren *O2 v. Hutchinson* und *L'Oréal v. Bellure* Wirkung zeitigen[912].

---

911 Vgl. auch ASA v. 14.1.2009 - *ASDA Stores Ltd;* ASA v. 2.2.2011 - *easyJet Airline Co Ltd.*

912 EuGH GRUR Int. 2008, 825 ff. – *O2 v. Hutchinson;* GRUR 2009, 756 ff. – *L'Oréal v. Bellure.*

§ 20 Humorvolle vergleichenden Werbung in den USA

A. Allgemeines

War die vergleichende Werbung in den USA auch zu keinem Zeitpunkt gesetzlich untersagt, überwogen bis zum Anfang der 70er Jahre die sogenannten *„vague claims"* (dt.: unbestimmte Bezugnahmen)[913]. Zahlreiche Verhaltenskodizes der Wirtschaft beinhalteten ein Verbot vergleichender Werbung und die großen Fernsehanstalten vereinbarten untereinander auf die Ausstrahlung vergleichender Werbung zu verzichten[914]. Im Jahre 1971 rief die Federal Trade Commission (FTC) jedoch ausdrücklich zu vergleichender Werbung auf –

> *" [..] comparative advertising that supplies useful price and performance information to consumers can help business to carve out better marketplace positions"*[915]

- und bezeichnete sie als wettbewerbs- und markttransparenzfördernd[916]. Seither hat die vergleichende Werbung einen beeindruckenden Aufschwung genommen und besitzt heute einen Anteil von 20 % an kommerzieller Werbung und sogar reichlich 50 - 80 % bei TV - Werbung[917].

B. Rechtslage im Hinblick auf vergleichende Werbung

I. Verwaltungsrechtliche Regelungen – Federal Trade Commission[918]

Neben den gesetzlichen Regelungen ist bei einer Beurteilung vergleichender Werbung immer auch die verwaltungsrechtliche Ebene zu beachten. Zwar wurden unter dem Einfluss der *„Chicago School"* die Befugnisse der FTC im Rahmen des *„Trade Mark Law Revision Act of 1988"* beschränkt – statt auf verwaltungsrechtlicher Regulierung sollte der Fokus nunmehr eher auf der zivilrechtlichen Durchsetzung konkreter Ansprüche liegen[919] - auch weiterhin kommt der FTC jedoch eine gewichtige Rolle zu. Die FTC hat zum einen die Aufgabe, bestimmte unlautere Geschäftspraktiken zu beanstanden. Insoweit kann die FTC präven-

913 *Müller*, Vergleichende Werbung, 2007, S. 42.

914 *Hudelmaier* (1991), S. 131.

915 *Tscheulin/Helmig* (1999), S. 552.

916 *Müller* (2007), S. 42; *„Spiegel"* 35/1972 – *„Werbekrieg"*; *Rippert/Weimer*, K&R 2007, 302 (303).

917 *Müller* (2007), S. 42.

918 1914 gegründete Bundesbehörde mit der Aufgabe unfairen Wettbewerb zu verhindern und die Antitrustgesetze zu ergänzen.

919 *Hudelmaier* (1991), S. 132.

tiv Rechtsberatung anbieten („*advisory opinions*"), sie kann versuchen durch das Inaussichtsstellen eines formellen Verfahrens eine einvernehmliche Unterlassungserklärung des betroffenen Unternehmens zu erlangen („*consent order*") oder aber die FTC erlässt die Anordnung, eine bestimmte Handlung künftig zu unterlassen („*cease and desist order*")[920]. Gegen eine solche behördliche Anordnung steht dem Betroffenen der Rechtsweg zu einem United States Court of Appeal offen[921]. Zum anderen kann die FTC „*Industry Guides*" oder „*Trade Regulations*" erlassen. Während die „*Industry Guides*" lediglich unverbindlich die Ansicht der FTC zu bestimmten Geschäftspraktiken kundtun sollen, handelt es sich bei „*Trade Regulations*" um tatsächlich verbindliche Vorgaben[922]. Diese quasi gesetzgeberische Tätigkeit speist sich nach Ansicht der FTC sowie der Rechtsprechung aus section 6 (g), wonach die Kommission die Befugnis erhält „*Normen und Regelungen zum Zweck der Ausführung der Vorschrift dieses Gesetzes zu erlassen*"[923]. Im Rahmen der Einzelfallkontrolle ist die FTC ist nach § 45(a) des FTC Actt (15 USC § 45(a)) dazu verpflichtet, die Lauterkeit des Wettbewerbs zu gewährleisten. Nach § 45 (a) I werden unlautere Methoden im Wettbewerb („*unfair methods of competition*") für unrechtmäßig erklärt. Im Hinblick auf vergleichende Werbung hat die FTC erklärt, sie halte wahrheitsgemäße Werbevergleiche grundsätzlich für eine wichtige Informationsquelle des vernünftigen Verbrauchers.

> *„The Commission has supported the use of brand comparisons where the bases of comparison are clearly identified. Comparative advertising, when truthful and non-deceptive, is a source of important information to consumers and assists them in making rational purchase decisions*[924]*."*

Die FTC erkennt damit allein in unwahrer und irreführender vergleichender Werbung unlauteren Wettbewerb („*unfair methods of competition*"). Konsequenterweise wird damit auch herabsetzende vergleichende Werbung, solange sie wahrheitsgemäß und nicht irreführend ist, zugelassen[925]. Auch wendet sich die FTC gegen Bestrebungen von verschiedenen Bundesstaaten oder sog. „*Industry*

920 *Grimes*, GRUR Int 1973, 643 (646).

921 Ebda.

922 *Grimes*, GRUR Int 1973, 643 (648); *National Petroleum Refiners Association v. FTC*, 340 F.Supp. 1343 (1972).

923 Ebda.

924 STATEMENT OF POLICY REGARDING COMPARATIVE ADVERTISING v. 13.8.1979.

925 Ebda.

Codes" im Falle vergleichender Werbung ein besonderes Maß an Begründung („*Substantiation*") zu verlangen[926]. Wiederum betont die FTC:

> *„The ultimate question is wether or not the advertising has a tendency or capacity to be false or deceptive"*[927].

Die FTC sieht damit jede vergleichende Werbung die weder unwahr noch irreführend ist als zulässig an.

II. „National Advertising Division of the Better Business Bureau" (NAD)

Die NAD ist eine private Organisation, die nationale Werbekampagnen auf ihre Wahrhaftigkeit und Richtigkeit (*„truthfulness and accuracy"*[928]) untersucht. Mit dieser Selbstkontrolle der Wirtschaft soll versucht werden die Kosten und die Dauer einer Auseinandersetzung möglichst gering zu halten. So ergehen Entscheidungen der NAD in aller Regel bereits innerhalb von 60 Geschäftstagen[929]. Die Entscheidungen der NAD sind dabei nicht bindend, spielen aber in einer möglichen Untersuchung der FTC eine entscheidende Rolle[930]. Da die NAD Sachfragen, für die sich keine einvernehmliche Lösung finden lassen, nach section 4.1 (B) des NAD/NARB Verfahrens an die FTC zu verweisen hat, besteht für die beteiligten Unternehmen ein weiterer Grund bereits die Entscheidung der kostengünstigeren NAD anzuerkennen[931]. Auch im Falle vergleichender Werbung belässt es die NAD bei einer Überprüfung der Werbung auf ihre Wahrhaftigkeit und Richtigkeit. Dabei folgt auch die NAD dem Einwand, bestimmte Aussagen seien zwzar nicht durch Tatsachen zu erhärten, als reines „Marktgeschrei" (*mere puffing*) zuzulassen[932].

III. Civil Court

1. Allgemeines

Aus dem fernen Kontinentaleuropa dürfte vergleichende Werbung in den USA zuweilen beinahe als schrankenlos zulässig erscheinen. Die zum Teil aggressiven

---

926 Ebda.

927 Ebda.

928 www.bbb.org/us/us/national-advertising-division/, Stand: September 2011.

929 http://www.bbb.org/us/About-National-Advertising-Division/, Stand: September 2011.

930 *Rippert/Weimer*, K&R 2007, 302 (306).

931 *Ebda.*

932 *Wildes/Singer/Gilbert, „Ours Works Better": Use Of A Competitor's Trademark In Advertising, http://library.findlaw.com/2004/Dec/14/133668.html,* Stand: September 2011.

und bissigen Werbeschlachten stehen im deutlichen Widerspruch zum kontinental - europäischen Verständnis lauterer Werbevergleiche. Ein gründlicherer Blick lässt jedoch schnell deutlich werden, dass sich auch in den Vereinigten Staaten vergleichende Werbung bestimmten Regeln zu unterwerfen hat. Allerdings ist die rechtliche Situation in den USA im Vergleich zu Deutschland aufgrund der Anzahl der Rechtsgrundlagen aus Bundes-, Landes- und Richterrecht deutlich komplexer[933]. So würde auch eine Durchsicht aller länderspezifischen Regelungen vergleichender Werbung zu weit führen. Die Rechtsvergleichung hat sich somit auf die bundesweit geltenden Vorschriften zu beschränken.

Auf Bundesebene ist der sogenannte Lanham Act[934] die wichtigste Vorschrift und hier namentlich Sec. 43a (15 USV § 1125). Ursprünglich handelte es sich bei dem 1946 erlassenen Lanham Act um ein reines Kennzeichenschutzgesetz (*Trademark Protection).* Über die Jahre hatte sich der Anwendungsbereich des Lanham Act Sec. 43 (a) aber über seinen originären Schutzzweck hinaus zu einer Anspruchsgrundlage von Unternehmen gegen unwahre Werbeaussage ihrer Konkurrenten entwickelt[935]. Erst im Jahre 1988 hat der Bundesgesetzgeber nachgezogen und mit dem *„Trade Mark Review Law Revision Act"* eine ausdrückliche Anspruchsgrundlage für unwahre Werbeaussagen geschaffen[936]. Nach Sec. 43a (15 USV § 1125) ist nunmehr vergleichende Werbung nur dann zulässig, wenn sie sich auf gleichartige Waren oder Dienstleistungen bezieht, keine Irreführung darstellt und die Marken des erkennbar gemachten Konkurrenten nicht verwässert oder verunglimpft werden[937]. Lanham Act Sec. 43a gewährt dem Betroffenen schließlich sowohl Unterlassungs- als auch Schadensersatzansprüche.

2. Anspruchsgrundlage - Lanham Act 43 (a)

Lanham Act 43 (a) beschränkt die Regulierung vergleichender Werbung auf das Verbot unwahrer oder wenigstens irreführender Werbebehauptungen. Dabei wurde der Anwendungsbereich des Lanham Act 43 (a) (§ 1125 (a) (1)) durch den *„Trade Mark Review Law Revision Act 1988"* im Vergleich zu dem vorher gültigen Lanham Act 43 (a) von 1947 auf falsche oder irreführende Tatsachenbehauptungen *(„false or misleading [..] of fact")* beschränkt[938]. Mit dieser

933 *Ohly* in Piper/Ohly/Sosnitza, a.a.O., B. Internationale Aspekte, Rn. 64.

934 Benannt nach *Fritz G. Lanham,* demokr. US – Abgeordneter, 1880-1965.

935 *Leighton,* Materiality and Puffing in Lanham Act False Advertising Cases, 2004, S. 585; *Hudelmaier* (1991), S. 138.

936 *Ebda.*

937 *Schulte-Beckhausen/Maaßen* in Gloy/Loschelder/Erdmann, a.a.O., § 13, Rn. 155.

938 Lanham Act 43a 1947: *„false description or representation".*

Einschränkung wurde den beklagten Unternehmen der sog. *puffery*[939] – Einwand eingeräumt. Beinhaltet die Werbung aus der Sicht des vernünftigen Verbrauchers lediglich anpreisende Meinungskundgaben des Werbenden, erkennt er in der Werbeaussage gleichsam reines Marktgeschrei, dann ist bereits eine nachprüfbare Tatsachenäußerung abzulehnen und der Anwendungsbereich des Lanham Act 43a nicht eröffnet[940]. Ein nach Lanham Act Sec. 43 (a) unzulässiger Werbevergleich setzt damit eine unwahre Tatsachenbehauptung voraus. § 1125 (a) (1) untersagt insoweit sowohl falsche *(literally false)* als auch irreführende Werbeaussagen *(misleading from the perspective of the consumer)*. Im Falle der mehrdeutigen Aussage muss jedenfalls ein Anteil von reichlich 25 % des angesprochenen Verkehrs irregeführt und die irreführende Angabe muss für den Verbraucher kaufentscheidend gewesen sein[941]. Der Kläger hat das Vorliegen einer Irreführung und die Wesentlichkeit für die Kaufentscheidung zu beweisen. Ist die Tatsachenbehauptung schlicht falsch, bedarf es keiner weiteren Untersuchung und die Werbung ist per se unzulässig. Letztens muss auf Seiten des Klägers jedenfalls die Wahrscheinlichkeit eines Schadenseintritts vorliegen[942]. Damit ist das Vorliegen eines Schadens ausdrücklich keine Voraussetzung eines zivilrechtlichen Anspruchs nach § 1125. Insoweit ist es ausreichend, dass der Kläger jedenfalls die Eignung der irreführenden Angabe darstellen kann, einen Schaden zu verursachen[943].

3. Rechtslage im Hinblick auf humorvolle Werbevergleiche

a) Irreführung

Der humorvolle Werbevergleich spielt in der amerikanischen Werbung eine herausragende Rolle. Irreführende vergleichende Werbung ist nach § 1125 (a) (1) unzulässig. Dabei spielt im Rahmen humorvoller Werbevergleiche der Einwand des *„puffing"* eine entscheidende Rolle. Für den Werbenden besteht die Möglichkeit im puffing darin, durch eine besonders übertriebene Darstellung der Werbung, durch einen Verzicht auf den Vergleich objektiver Tatsachen, sich dem Anwendungsbereich des Lanham Act entziehen zu können. Das sog. *„puffing"* wird dabei definiert als *„exaggerated advertising, blustering and boasting upon*

939 Ein *Puffer* bezeichnete ursprünglich eine Person, die auf einer Auktion im Interesse des Verkäufers die Preise nach oben treibt (sog. *puffing*), vgl. *Leighton* (2004), S. 617.

940 *Barigozzi/Peitz*, Comparative Advertising, 2004, S. 8.

941 *Rippert/Weimer*, K&R 2007, 302 (306).

942 *Hudelmaier* (1991), S. 143; *Rippert/Weimer*, K&R 2007, 302 (306).

943 *Hudelmaier* (1991), S. 143.

which no reasonable buyer would rely"[944]. Zu nennen ist hier z.B. das Verfahren *American Express Travel Related Serv. v. MasterCard*[945]. In dem fraglichen Werbespot fragte ein Inhaber einer *American Express Card* nach einem Bankautomaten, an dem er mit seiner *American Express Card* Bargeld bekomme. Verschiedene Passanten verwiesen ihn in unterschiedliche Richtungen und eine Frau sagte: *"go through a corset store" [..] „in back, there's a dirt road*"[946]. Das Gericht sah in dem Werbespot eine übertriebene Darstellung der Tatsache, dass es weniger *American Express* Automaten gibt und damit *„mere puffing*"[947].

In einem aktuelleren Werbespot eines deutschen Automobilherstellers klettert ein BMW - Fahrer während der Fahrt aus seinem Auto und springt auf einen, mit dem Auto des Konkurrenten Audi beladenen Lastwagen. Dort muss er jedoch feststellen, dass auf diese Idee schon einige vor ihm gekommen sind und bereits weitere Personen auf den Lastwagen aufspringen. Der Werbespot endet mit dem Satz *„More people are leaving BMW, Mercedes and Lexus for Audi than ever before."* Der Werbespot ist bisher von keinem amerikanischen Gericht zu entscheiden gewesen. Es liegt auch relativ eindeutig keine Irreführung vor. Zwar ist die Werbeaussage, dass sich immer mehr Kunden für einen Audi statt für einen BMW entscheiden würden sachlich falsch, da die Verkaufszahlen von BMW auch weiterhin prozentual stärker wachsen, als die Verkaufszahlen von Audi[948]. Aus der Sicht des Verbrauchers liegt jedoch wohl lediglich eine marktschreierische Anpreisung vor („exaggerated advertising"[949]), die kein vernünftiger Käufer ernst nehmen dürfte.

b) Kennzeichenschutz

Kann sich der Werbende im Hinblick auf den Vorwurf der Irreführung erfolgreich auf den *„puffery"* - Einwand berufen, so bleibt aber auch weiterhin eine Verletzung des *„Anti-Delution-Statute"* des Lanham Act 43 (c) möglich[950]. Das Gesetz bietet dem Inhaber eines bekannten Kennzeichens *(„famous mark")* eine

944 Southland Sod Farms v. Stover Seed Co., 108 F.3d 1134, 1145 (9th Cir. 1997).

945 *American Express Travel Related Serv. v. MasterCard*, 776 F Supp. 787 (S.D.N.Y.1991).

946 *American Express Travel Related Serv. v. MasterCard*, 776 F Supp. 787, 790.

947 Ebda.

948 *„Auch prozentual können die Ingolstädter mit einem Wachstum um 14,3 Prozent nicht von ihrer kleineren Basis profitieren"*, http://www.bimmertoday.de/2011/04/02/bmw-group-usa-zweistelliges-wachstum-auch-im-marz-2011/, Stand September 2011.

949 Southland Sod Farms v. Stover Seed Co., 108 F.3d 1134, 1145 (9th Cir. 1997).

950 *Barigozzi/Peitz* (2004), S. 8.

zivilrechtliche Anspruchsgrundlage gegen die Herabsetzung, Verwässerung oder unlautere Veränderung des geschützten Kennzeichens[951]. So befand der US Court of Appeal for the Second Circuit of New York, dass die Benutzung des Kennzeichens *„leaping deer"* des Unternehmens *Deere* durch seinen Mitbewerber MTD gegen den Lanham Act 43 (c) verstößt[952]. In dem fraglichen Werbespot wird der bekannte Hirsch des Mitbewerbers *Deere* von einem Hund sowie einem MTD Traktor verfolgt. Das Kennzeichen des Mitbewerbers *(„leaping deer")* ist insoweit verändert dargestellt, als der Hirsch kleiner als der ihn verfolgende Hund erscheint und sich in offensichtlicher Panik nach den Verfolgern – und damit gleichsam dem Traktor des Konkurrenten - umdreht[953]. Zwar stellt das Gericht klar, dass nicht bereits jede Veränderung eines geschützten Kennzeichens einen Verstoß gegen das *Anti – Dilution* Gesetz darstellen könne - so müsse insbesondere im Bereich der humorvollen oder satirischen Auseinandersetzung den Gerichten ein gewisser Spielraum eingeräumt werden[954] - der konkrete Werbespot überschreite jedoch die Grenze einer humorvollen Veränderung. Die Panik des Hirsches sowie die nachteilige Veränderung der Proportionen ließen es jedenfalls als möglich erscheinen, dass der angesprochene Verkehr mit dem Kennzeichen künftig nachteilige Eigenschaften verbinde[955]. Nach Auffassung des Gerichts überschreitet eine solche Darstellung damit die Grenzen einer zulässigen humorvollen oder satirischen Auseinandersetzung.

C. Fazit

Der Humor besitzt in den USA eine deutlich komfortablere Stellung als in Deutschland. Dies ergibt sich nicht einmal so sehr aufgrund der Tatsache, wie die gesetzlichen Regeln ausgestaltet oder angewendet werden, sondern am deutlichsten durch die Tatsache, welche Aspekte in den USA bisher überhaupt keine rechtliche Kodifizierung gefunden haben. So besteht in den USA insbesondere nicht die gesetzliche Verpflichtung, den Vergleich auf objektiv gegebene

---

951 Ebda; Dabei hat der amerikanische Kongress die Anforderungen für den Kläger im Zusammenhang mit dem *„Trademark Dilution Revision Act of 2006* herabgesenkt. Während seit dem Urteil des Supreme Court (*Moseley v Secret Catalogue Inc., 537 VS 418, 2003)* der Kläger eine tatsächliche Beeinträchtigung der Marke beweisen musste, genügt nunmehr erneut bereits das Darstellen einer gewissen Wahrscheinlichkeit (*„likelihood of dilution")*.

952 *Deere & Co. v. MTD Prods*, Inc., 41 F.3 d 39 (2nd Cir. 1994).

953 Deere & Co. v. MTD Prods, Inc., 41 F.3d 39 (2nd Cir. 1994), Rn. 27.

954 Deere & Co. v. MTD Prods, Inc., 41 F.3d 39 (2nd Cir. 1994), Rn. 25.

955 Deere & Co. v. MTD Prods, Inc., 41 F.3d 39 (2nd Cir. 1994), Rn. 27.

Tatsachen zu beschränken. Vielmehr ist es ein allgmeiner Rechtsgrundsatz, dass jene Werbevergleiche, die auf einen Tatsachenkern verzichten oder besonders übertrieben und marktschreierisch ausgestaltet sind, nicht in den Anwendungsbereich der zivilrechtlichen Regelungsnorm fallen. In Deutschland findet dieser *puffery* Einwand lediglich im Bereich einer möglichen Irreführung seine Anwendung. Auch hier fallen reine Meinungsäußerungen bereits aus dem Anwendungsbereich des § 5 UWG und werden übertrieben und humorvoll dargestellte Tatsachenvergleiche nicht als irreführend bewertet, wenn der informierte Verbraucher die Werbeaussage überhaupt nicht ernst nimmt[956]. Während in der EU damit vergleichende Werbung nur dann als lauteres Werbemittel anerkannt ist, wenn der Werbevergleich objektive Informationen für den Verbraucher bereithält und insofern die Markttransparenz steigert, wird in den USA von den Gerichten lediglich erwartet, dass der Werbevergleich keine unwahren oder irreführenden Tatsachenangaben enthält. Reine Meinungsäußerungen des Verkäufers seien für einen vernünftigen Verbraucher in keinem Fall wesentlich für die Kaufentscheidung und damit auch nicht per se unlauter. Gerade humorvolle Werbevergleiche fallen in den USA besonders häufig unter den Einwand des *„mere puffing"*. Humorvolle Werbevergleiche sind damit in den USA in aller Regel zulässig, da der angesprochene Verkehr einem offensichtlichen Scherz oder auch einer satirischen Überspitzung selten eine kaufentscheidende Bedeutung beimessen wird[957]. Am ehesten können humorvolle Werbevergleiche aufgrund eines Verstoßes gegen das amerikanische Kennzeichenrecht (*„Anti – Dilution – Statute"*) untersagt werden. Auch hier scheint ein humorvoller Werbevergleich aber jedenfalls dann zulässig zu sein, wenn er auf eine Veränderung (*„alteration"*) des geschützten Kennzeichens des Mitbewerbers verzichtet[958].

§ 21 Stellungnahme

Mit der Umsetzung der europäischen Richtlinie 2006/114/EG[959] wurde der bis zu einem gewissen Grad bestehende Gleichlauf zwischen den USA und Großbritannien bei der Bewertung vergleichender Werbung beendet. Auch in Großbritannien ist nunmehr vergleichende Werbung nur noch dann zulässig, wenn sie nachprüfbare Informationen für den Verbraucher bereithält. Dieser in Ländern wie Deutschland wenig hinterfragte Grundsatz wird durch das faktische

956 *Bornkamm* in Bornkamm/Köhler, a.a.O., § 5, Rn. 2127.
957 zustimmend *Leighton* (2004), S. 620.
958 *Barigozzi/Peitz* (2004), S. 8, FN. 7.
959 Ex-97/55/EG.

„Liberalisierungsverbots“[960] im Rahmen vergleichender Werbung durch die RL 2006/114/EG nunmehr europaweit festgeschrieben. Warum der europäische Gesetzgeber im Falle vergleichender Werbung auch die Voraussetzungen unzulässiger Werbevergleiche vorschreiben zu müssen glaubte und nicht wie im Falle der Irreführungsrichtlinie 84/450/EWG lediglich einen gewissen *„Mindeststandard“*[961] festlegte, erschließt sich dem Autor nicht. Insbesondere mit Blick auf die Vorteile einer harmonisierten Rechtsanwendung zeigt sich, dass insoweit eine Harmonisierung der Zulässigkeitsvoraussetzungen vergleichender Werbung ausgereicht hätte. Werbende hätten sich bei grenzüberschreitender Werbung an der europäischen Richtlinie orientieren können, den Nationalstaaten wäre auch weiterhin die Möglichkeit erhalten geblieben, vergleichende Werbung über das in der Richtlinie vorgeschrieben Maß hinaus zuzulassen. Da die Richtlinie die zwingenden Voraussetzungen einer vergleichenden Werbung festgelegt hätte, hätte jeder Werbende, der sich an diese Voraussetzung hält, auch bei grenzüberschreitender vergleichender Werbung ruhig schlafen können. Der Richtliniengeber hat sich anders entschieden, dennoch verbleiben natürlich aber auch hier gewisse Beurteilungsspielräume für die nationalen Gerichte[962]. So sind die an Werbevergleiche zu stellenden Anforderungen nach der Rechtsprechung des EuGH in dem für sie *„günstigsten Sinn“* auszulegen[963]. Insoweit wurden humorvolle Werbevergleiche in Großbritannien auch nach Umsetzung der RL 2006/114/EG äußerst großzügig bewertet[964]. Bestätigt der BGH seine im Falle *„Gib mal Zeitung“* vertretene Rechtsprechung, wäre der Gleichlauf britischer und deutscher Gerichte im Hinblick auf vermeintlich herabsetzende vergleichende Werbung eine aus deutscher Sicht erstaunliche Entwicklung.

Die Rechtslage in den USA verlangt eine differenzierte Bewertung. Aus deutscher Sicht interessant sollte insbesondere der sog. *puffery* – Einwand sein. Sind in verschiedenen Teilaspekten, namentlich im Bereich des § 6 II Nr. 5 UWG, ähnliche Erwägungen von der Rechtsprechung bereits angestellt worden[965], besteht auch weiterhin das per se Verbot von subjektiven Werbevergleichen in § 6 II Nr. 2 UWG. Die bisherige Rechtslage bietet insoweit keine Möglichkeit

---

960 *Koos,* WRP 2005, 1096 (1098).

961 *Plaß* in Ekey/klippel/Kotthof, Wettbewerbsrecht, 2. Auflage, 2005, § 4 Rn. 13; *Koos,* WRP 2005, 1096 (1098).

962 *Kebbedies* (2005), S. 146.

963 Siehe EuGH NJW 2002, 425 (426), Rn. 37; *Kebbedies* (2005), S. 146.

964 ASA v. 1.3.2006 – *Rightway Ltd.* [zitiert nach *Eichholz* (2008), S. 98].

965 BGH GRUR 2010, 161 ff. – *„Gib mal Zeitung.“*; BGH GRUR 2002, 982 ff. – *Die Steinzeit ist vorbei.*

humorvolle, übertreibende und marktschreierische Werbevergleiche zuzulassen, wenn sie nicht wenigstens einen Tatsachenkern beinhalten. Da insbesondere humorvolle Werbevergleiche übertreiben, überspitzen oder auch einfach nur Aufmerksamkeit erregen wollen - ohne in jedem Einzelfall auch eine nachprüfbare Information zu transportieren – gereicht der *puffery* - Einwand insbesondere humorvollen Werbevergleichen zum Vorteil. Ist dem *puffery* – Grundsatz zwar durchaus entgegenzuhalten, eine Abgrenzung zwischen unwahren Werbeäußerungen und *mere puffing* könne im Einzelfall schwierig werden, so ist es doch vorzugwürdig[966] – auch vor dem Hintergrund des informierten Verbrauchers –, dem Verbraucher die Kompetenz zuzubilligen, zwischen einer wesentlichen Information und einer reinen werbenden Anpreisung des Verkäufers – mit all ihren typischen Wesensmerkmalen der Übertreibung, Verkürzung und Verklärung - unterscheiden zu können. Etwas eindimensional gedacht erscheint dagegen die Rechtspraxis in den USA, allein unwahre Werbevergleiche sowie die nachteilige Veränderung von Kennzeichen innerhalb einer vergleichenden Werbung für unzulässig zu erklären. In dieser Hinsicht bemüht sich die europäische Richtlinie – mit Recht – um einen differenzierteren Blick auf vergleichende Werbung.

§ 22 Schlussfolgerungen

"Streitende sollen wissen,
dass nie der eine ganz recht hat
und der andere ganz unrecht."
(Kurt Tucholsky, 1890 – 1935, dt. Schriftsteller)

Diese Arbeit nimmt für sich in Anspruch, die Grenzen und Möglichkeiten einer besonderen Spielform vergleichender Werbung, namentlich die humorvolle, witzige, satirische oder ironisierende vergleichende Werbung, näher zu beleuchten. Dabei wurde eines deutlich: Der humorvolle Werbevergleich kann gleichsam als Spiegel für den Umgang einer Rechtsordnung mit der Werbeform der vergleichenden Werbung angesehen werden. Je schlechter es um humorvolle Werbevergleiche bestellt ist bzw. je enger der Spielraum für humorvolle Werbevergleiche ausgestaltet ist, desto düsterer sieht es auch für die Werbeform der vergleichenden Werbung insgesamt aus. Dem humorvollen Werbevergleich gelingt es, Befürchtungen und Widerwillen im Zusammenhang mit der vergleichenden

966 Nach Leighton einer der letzten Beispiele für den alten Rechtsgrundsatz *caveat emptor (= Der Käufer sei wachsam), Leigton (2004),* S. 587.

Bezugnahme auf Waren oder Dienstleistungen von Mitbewerbern deutlicher hervortreten zu lassen. Auch hat der Umgang mit humorvollen Werbevergleichen gezeigt, dass die derzeitige Regulierung vergleichender Werbung immer noch unnötige Schutzmauern errichtet hat.

Im Überblick zeigen sich nunmehr folgende Ergebnisse:

1. Es konnte gezeigt werden, dass der Humor in der vergleichenden Werbung in der Vergangenheit eher in engen Grenzen möglich war. Besonders auf der Ebene der OLG haben sich verschiedene Gerichte mit einer bemerkenswerten Strenge hervorgetan.

2. Das Urteil des BGH im Falle *„Gib mal Zeitung"* könnte insoweit einen echten Durchbruch bedeuten. Es soll nicht bestritten werden, dass es sich bei dem fraglichen Werbespot in der Tat um einen äußerst bissigen Vergleich mit dem Mitbewerber handelt. Der BGH hat dem informierten Durchschnittsverbraucher aber Rechnung getragen und lässt nunmehr nicht nur *„leisen Humor"* und *„ironische Anklänge"* zu. Vielmehr trennt der BGH ausdrücklich zwischen der Kernaussage der Werbung und der humorvollen Einkleidung. Liegt eine sachliche Kernaussage vor, ist die humorvolle Einkleidung dieser Kernaussage besonders großzügig zu bewerten. Der BGH hat sich damit eine Methode aus dem Presserecht zu Eigen gemacht.

3. Denkt man über die Grenzen einer humorvollen Auseinandersetzung mit dem Mitbewerber nach, ist auch die grundrechtliche Dimension dieser Frage mitzudenken. Kommerzielle Werbung fällt seit geraumer Zeit nach Ansicht sowohl des BVerfG, des EuGH und des EGMR in den Schutzbereich der Meinungsäußerungsfreiheit. Über die Schutzintensität gegenüber kommerziellen Meinungsäußerungen divergieren jedoch die Auffassungen der „Verfassungsgerichte". Während das BVerfG den Fachgerichten bereits in einigen Urteilen bescheinigte, die besondere Bedeutung des Grundrechts der Meinungsfreiheit nicht ausreichend berücksichtigt zu haben – so verlangte das Gericht insbesondere das Darstellen einer hinreichend konkreten Gefährdung der lauterkeitsrechtlichen Schutzgüter –, hat sich der EuGH bisher im Bereich der kommerziellen Meinungsfreiheit weitgehend an der sehr großzügigen bzw. oberflächlichen Rechtsprechung des EGMR orientiert. Es konnte gezeigt werden, dass der EuGH damit den vom BVerfG und Art. 23 GG verlangten „im Wesentlichen vergleichbaren Grundrechtsschutz" nicht erfüllt. Der als zwingend umzusetzendes Recht eigentlich allein an den Unionsgrundrechten und der Rechtsprechung des EuGH auszulegende § 6 UWG ist damit weiterhin an Art. 5 GG zu messen.

4. Verschiedene konkrete Fallgruppen können mit Blick auf die grundrechtliche Rechtslage nicht aufrecht erhalten werden. So sind insbesondere Urteile der Fachgerichte, die vergleichende Werbung verstoße gegen bestimmte Regeln

des guten Geschmacks sowie das per se Verbot von Imagevergleichen mit der Rechtsprechung des BVerfG, die eine hinreichend konkrete Gefährdung des Leistungswettbewerbs verlangt, aber auch mit der neuen Tonlage des EGMR in seinem *Krone* - Urteil nicht zu vereinbaren.

5. Im Rahmen der rechtspolitischen Ausführungen schlägt der Autor ein moderneres Verständnis von vergleichender Werbung vor. Das allgemeine Informationsgebot i.S.d. Richtlinie 2006/114/EG ist aufzugeben. Der europäische Ansatz, allein nachprüfbare und objektive Werbevergleiche für zulässig zu halten, da allein Tatsachenvergleiche den Verbrauchern nützliche Informationen bereitstellen, entspricht einem veralteten und auch paternalistischen Verständnis des Informationsbegriffs. Es konnte gezeigt werden, dass auch sog. Imagevergleiche bzw. humorvolle Aufmerksamkeitswerbung ohne einen nachprüfbaren Tatsachenkern sowohl nützliche Informationen enthalten, als auch aus der Sicht eines aktiven Wettbewerbs förderlich erscheinen. Die in der Richtlinie 2006/114/EG an verschiedenen Stellen erkennbar gewordene Auffassung, allein die Zurverfügungstellung von objektiven Tatsachen rechtfertige einen Werbevergleich kann vor diesem Hintergrund nicht aufrechterhalten werden. Die engen und zwingenden Voraussetzungen der Richtlinie bedeuten für eine weitere Liberalisierung vergleichender Werbung durch die einzelnen Mitgliedstaaten nicht zu lösende Fesseln. Jede rechtspolitische Diskussion um eine weitere Öffnung vergleichender Werbung muss sich demzufolge an den europäischen Gesetzgeber richten.

6. Im Zuge eines Rechtsvergleichs mit den Vereinigten Staaten von Amerika und Großbritannien konnten zahlreiche Unterschiede, aber durchaus auch überraschende Gemeinsamkeiten im Umgang mit humorvollen Werbevergleichen festgestellt werden. Dabei kann für Großbritannien festgestellt werden, dass die fortschreitende Umsetzung der Richtlinie 2006/114/EG tatsächlich eine Beschränkung der Werbefreiheit darstellen wird. Im Hinblick auf eine mögliche unlautere Herabsetzung scheinen die britischen Gerichte ihrer liberalen Rechtsauffassung jedoch treu zu bleiben. Die USA dagegen boten ein interessantes, weil mit dem unionsrechtlichen Ansatz deutlich divergierendes Bild. So wird humorvolle vergleichende Werbung in den USA in weiten Teilen überhaupt nicht als ernstgemeinte Aussage im Wettbewerb gewertet und damit aus dem Anwendungsbereich regulierender Vorschriften ausgenommen. Der amerikanische Ansatz weicht demzufolge erheblich von dem unionsrechtlichen ab. Während in der europäischen Union ein zulässiger Werbevergleich gerade eine gewisse nachprüfbare Substanz erfordert, ist in den USA vergleichende Werbung umso eher zulässig, je subjektiver und undifferenzierter die Werbung ausgestaltet ist. Auch aus diesem Grund besitzen humorvolle Werbevergleiche einen im Vergleich deutlich größeren Spielraum.

Literaturverzeichnis

Ackermann, Brunhilde, Die Bedrohung der Werbefreiheit, in: WRP 1998, 665 - 671.

Ahrens, Hans-Jürgen, Die Benetton Rechtsprechung des BVerfG und die UWG Fachgerichtsbarkeit, in: JZ 2004, 763 – 774.

Andreas Exenberger, Die Soziale Marktwirtschaft nach Alfred Müller-Armack, WP 97/01, 1997, Universität Innsbruck.

Attardo, Salvatore, Linguistic Theories of Humor, Berlin, 1994.

Bachmann, Frank, Comparative Advertising in Germany, Stuttgart, Dresden, 1998.

Bäcker, Matthias, Das Vorratsdaten – Urteil des Bundesverfassungsgerichts aus europarechtlicher Sicht, in: EuR 2011, 103- 121.

Barigozzi, Francesca / Peitz, Martin, Comparative Advertising and Competition Policy, 2004.

Barrio-Garcia, S. / Luque-Martinez, T., Modelling consumer response to differing levels of comparative advertising, in: European Journal of Marketing, 2003, 37(1/2), 256-340.

Bayreuther, Frank, BGH: Vergleichende Werbung nicht mehr grundsätzlich wettbewerbswidrig - Testpreis-Angebot, zugleich Urteilsanmerkung zu BGH, Urteil vom 5. 2. 1998 - I ZR 211/95, in: EuZW 1998, 474 – 479.

Beater, Axel, Die Deregulierung des Wettbewerbsrechts, ZHR 159 /1995, S. 217-228.

Beck, Berhard, Volkswirtschaft verstehen, 5. Auflage, Zürich, 2008.

Behrens, K. Chr. (Hrsg.), Betrieb und Markt, Band X - Absatzwerbung, Wiesbaden, 1976.

ders. (Hrsg.), Handbuch der Werbung, Wiesbaden, 1970.

Bernhardt R., Humen Rights and Judicial Review: The European Court of Human Rights, in: Humen Rights and Judicial Review - A Comparative Perspective, Dordrecht, London, 1994, S. 297 – 319.

Blumenwitz, Dieter, Rechtsprobleme im Zusammenhang mit der Angleichung von Rechtsvorschriften auf dem Gebiet des Niederlassungsrechts der freien Berufe - Eine Darstellung anhand einer aktuellen Problematik im Bereich der ärztlichen Heilberufe, in: NJW 1989, 621 - 627.

Bodewig, Theo, Das Recht des unlauteren Wettbewerbs in Großbritannien: Ein Dreiklang von Fallrecht, Gesetzesrecht und Selbstkontrolle, in: GRUR Int. 2004, 543-558.

Boesche, Katharina Vera, Wettbewerbsrecht, 3. Auflage, Tübingen, 2009.

Bogdandy v., Armin, Grundrechtsgemeinschaft als Integrationsziel? Grundrechte und das Wesen der Europäischen Union, in: JZ 2001, 157- 171.

Borck, Hans-Günther, Die Rücksicht auf den Mitbewerber als rechtliche Schranke informativer Werbung, in: WRP 1986, 365 - 371.

Bork, Reinhard, Allgemeiner Teil des Bürgerlichen Gesetzbuchs, 2. Auflage, Tübingen, 2006.

Born, Christian, Zur Zulässigkeit einer humorvollen Markenparodie – zugleich Anmerk. zum Urteil des BGH „Lila Postkarte“, in: GRUR 2006, 192- 194.

Bremmer, Jan/ Roodenburg, Herman, Kulturgeschichte des Humors – Von der Antike bis heute, Darmstadt, 1999.

Brems, Eva, The Margin of Appreciation Doctrine in the Case-Law of the European Court of Human Rights, ZaöRV 56, 1996, S. 240 ff.

Busch, Rainer / Fuchs, Wolfgang / Unger, Fritz, Integriertes Marketing, 4. Auflage, 2008.

Callies, Christian/Ruffert, Matthias, EUV/EGV: Das Verfassungsrecht der Europäischen Union mit Europäischer Grundrechtecharta, 4. Auflage, München, 2011.

Calliess, Christian, Zwischen staatlicher Souveränität und europäischer Effektivität: Zum Beurteilungsspielraum der Vertragsstaaten im Rahmen des Art. 10 EMRK, in: EuGRZ 1996, 293-298.

Carsten H Rennhak, Sonja Kapfelsberger, Eine empirische Studie zur Einschätzung vergleichender Werbung durch Werbeagenturen und werbetreibende Unternehmen in Deutschland, Schriften zur Empirischen Forschung und Quantitativen Unternehmensplanung, Ludwig-Maximilians-Universität, Heft 2 / 2000.

Carty, Hazel, Registered Trade Marks and Permissible Comparative Advertising, in: EIPR 2002, 294-300.

Classen, Claus-Dieter, Freiheit und Gleichheit im öffentlichen und im privaten Recht – Unterschiede zwischen europäischem und deutschem Grundrechtsschutz?, in: EuR 2008,627 - 653.

Di Fabio, Udo, Richtlinienkonformität als ranghöchstes Normauslegungsprinzip? Überlegungen zum Einfluß des indirekten Gemeinschaftsrechts auf die nationale Rechtsordnung, in: NJW 1990, 947- 954.

Dilly, Torsten/Ulmar, Susanne, Vergleichende Werbung ohne Vergleich?, in: WRP 2005, 467- 473.

Dometios-Murphy, Maria-Heleni, Die Entwicklung intellektueller Leistungen beim Reproduzieren von Witzen, München, 2000.

Doukas, Dimitrios, Werbefreiheit und Werbebeschränkungen, Baden-Baden, 2005.

Drexl, Josef, Die wirtschaftliche Selbstbestimmung des Verbrauchers, Tübingen, 1998.

Dreyer, Gunda, Konvergenz oder Divergenz – Der deutsche und der europäische Mitbewerberbegriff im Wettbewerbsrecht, in: GRUR 2008, 123-130.

Drösser, Christoph, „Wo ist der Witz?", 2007, in: Die ZEIT, abrufbar unter: http://www.zeit.de/2007/31/Humorforschung, Stand: September 2011.

Der Duden, Das Universalwörterbuch, 7. Auflage, Mannheim, 2011.

Der Duden, Das Herkunftswörterbuch, Bd. 7, Mannheim, 2001.

Duschanek, Alfred/Griller, Stefan (Hrsg.), Grundrechte für Europa – Die Europäische Union nach Nizza, Wien, 2002.

Eck, Matthias; Ikas, Klaus, Neue Grenzen vergleichender Werbung – Zur Auslegung und Anwendung der Richtlinie 97/55/EG vom 6. Oktober 1997, in: WRP 1999, 251- 273.

Ehlers, Dirk, Europäische Grundrechte und Grundfreiheiten, 3. Auflage, Berlin 2009.

Eichholz, Christian (Diss.), Herabsetzung durch vergleichende Werbung – Eine Untersuchung zum europäischen, deutschen, englischen und österreichischen Recht, München, 2008.

Eichmann, Helmut, Auswirkungen des Grundgesetzes auf die Werbepraxis, in: GRUR 1964, 57-68.

ders., Die vergleichende Werbung in Theorie und Praxis, Diss., Köln, Berlin, Bonn, München, 1967.

Eisend, Martin, A Meta – Analysis of Humor Effects in Advertising, in: ACR Vol. 34 2007, 320 – 323.

ders., Die Charta der Grundrechte der Europäischen Union - Fragen der Konzeption, Kompetenz und Verbindlichkeit, in: EuZW 2001, 261- 268.

ders., Europäische Gesetzgebung und nationale Grundrechte – Divergenzen in der aktuellen Rechtsprechung von EuGH und BVerfG, in: JZ 2009, 113- 121.

Eisend, Martin, Wenn Witze werben - Eine Meta-Studie zeigt: Lustige Reklame bleibt besser in Erinnerung, in: Der Tagesspiegel v. 26.8.2006.

ders., Wenn Witze Werben, 2006, in: Pressemitteilung Marketing Departement FU Berlin, abrufbar unter: http://www.fu-berlin.de/presse/publikationen/tsp/archiv/2006/ts_20060826/ts_20060624_08.html, Stand: September 2011.

Eisend, Martin / Kuß, Alfred, Humor in der Kommunikation, in: Bruhn, Manfred; Esch, Franz-Rudolf; Langner, Tobias (Hrsg.), Handbuch Kommunikation, Wiesbaden, 2009, S. 629-644.

Ekey, Friedrich L. / Klippel, Diethelm / Kotthof, Jost (Hrsg.), Wettbewerbsrecht, 2. Auflage, Heidelberg, 2005.

Emmerich, Volker, „Wettbewerbsbeschränkungen durch die Rechtsprechung", in: Lange, H.; Nörr, K.W., Westermann, H.P. (Hrsg.), Festschrift für Gernhuber, Joachim, Tübingen, 1993, S. 857-877.

ders., Unlauterer Wettbewerb, 8. Auflage, München, 2009.

Epping, Volker, Die Außenwirtschaftsfreiheit, Tübingen, 1998.

ders., Grundrechte, 4. Auflage, Heidelberg, 2009.

Esch, Franz-Rudolf; Fischer, Alexander, Vergleichende Werbung, in: Bruhn, Manfred; Esch, Franz-Rudolf; Langner, Tobias (Hrsg.), Handbuch Kommunikation, Wiesbaden, 2009, S. 645-668.

Everling, Ulrich, Durch die Grundrechtecharta zurück zu Solange I?, in: EuZW 2003, 225.

ders., Überlegungen zur Struktur der Europäischen Union und zum neuen Europa-Artikel des Grundgesetzes, in: DVBl. 1993, 936 – 947.

Faßbender, Kurt, „Zum Erfordernis einer richtlinienkonformen Auslegung des Begriffs der vergleichenden Werbung", in: EuZW 2005, 42-45.

ders., Grundrechtlicher Schutz der Werbefreiheit in Deutschland und Europa, in: GRUR Int. 2006, 965 - 978.

Fezer, Karl-Heinz (Hrsg.), Lauterkeitsrecht, Kommentar zum UWG, 2. Auflage, München, 2009.

ders., Imagewerbung mit gesellschaftskritischen Themen im Schutzbereich der Meinungs- und Pressefreiheit, in: NJW 2001, 580-583.

Frenz, Walter, Handbuch Europarecht, Bd. 4, 2010, Berlin, Heidelberg.

Frhr. V. Gamm, Otto Friedrich, Das englische Wettbewerbsrecht, in: WRP 1960, 167 - 177.

Frowein, Jochen / Peukert, Wolfgang, Europäische Menschenrechtskonvention, 3. Auflage, 2009, Kehl am Rhein.

Gierl, H., Praxmarer, S., Die Werbewirkung von konventioneller und vergleichender Werbung, in: transfer - Werbeforschung und Praxis, 5-6/1998, S. 23-27.

Gloy, Wolfgang/Loschelder, Michael/Erdmann, Willi, Handbuch des Wettbewerbsrechts, 4. Auflage, München, 2010.

Götting, Horst-Peter/Nordemann, Axel (Hrsg.), UWG Handkommentar, Baden-Baden, 2010.

Grabenwarter, Christoph, Auf dem Weg in die Grundrechtsgemeinschaft?, in: EuGRZ 2004, 563 - 570.

ders., Europäische Menschenrechtskonvention, 4. Auflage, München, 2009.

Grewal, D.; Kavanoor, S.; Fern, E.F.; Costley, C.; Barnes, J. (1997), "Comparative versus Noncomparative Advertising: A Meta-Analysis", in: Journal of Marketing, 61(4), 1-15.

Grimes, Warren S., Die Federal Trade Kommission und Ihre Rolle als Verwaltungsbehörde bei der Bekämpfung unlauterer Wettbewerbspraktiken in den Vereinigten Staaten von Amerika, in: GRUR Int. 1973, 643-651.

Grosche, Nils/ Höft, Jan, Richtlinienkonforme Rechtsfortbildung ohne Grenzen?, in: NJOZ 2009, 2294 - 2309.

Grote, Rainer / Marauhn, Thilo, EMRK/GG Konkordanzkommentar, 2006, Tübingen.

Haaland, G./ Venkatesan, M., Resistance to persuasive communications: An examination oft he distraction hypothesis. In: Journal of Personality and Social Psychology 9/1968, S. 167-170.

Hacker, Franz, Die Benutzung einer Marke „als Marke" als rechtliche Voraussetzung für den Erwerb, die Aufrechterhaltung und die Verletzung von Rechten, in: GRUR Int. 2002 502-511.

Haratsch, Andreas/ Koenig, Christian/ Pechstein, Matthias, Europarecht, 5. Auflage, Tübingen, 2006.

Harte-Bavendamm, Henning/ Henning-Bodewig, Frauke, Gesetz gegen den unlauteren Wettbewerb, 2. Auflage, München, 2009.

Hartwich, Oliver-Marc, WETTBEWERB, WERBUNG UND RECHT – Eine Kritik des Rechts des unlauteren Wettbewerbs in Deutschland aus historischer, rechtsvergleichender und ökonomischer Sicht – zusammengeführt am Beispiel der vergleichenden Werbung, München, 2004.

Hartwig, Henning, Meinungsfreiheit und lauterer Wettbewerb, in: GRUR 2003, 924-931.

Haselau, Henning, Humor in der Werbung, München, 2007.

Hatje, Armin, Wirtschaftswerbung und Meinungsfreiheit, 1993, Baden-Baden.

Haucap, Justus, Werbung und Marketingorganisation, Bergisch Gladbach/Köln, 1998.

Heermann, Peter/Hirsch, Günther (Hrsg.), Münchener Kommentar zum Lauterkeitsrecht, 2 Bände, München, 2006.

Hefermehl, Wolfgang/ Köhler, Helmut/ Bornkamm, Joachim (Hrsg.) Gesetz gegen den unlauteren Wettbewerb, 29. Auflage, München, 2011.

Hefermehl, Wolfgang/ Köhler, Helmut/ Bornkamm, Joachim (Hrsg.), Gesetz gegen den unlauteren Wettbewerb, 19. Auflage, München, 1996.

Heinrich, Christian, Formale Freiheit und materielle Gerechtigkeit, Tübingen, 2000.

Henning-Bodewig, Frauke, Das neue Gesetz gegen den unlauteren Wettbewerb, in: GRUR 2004, 713-720.

dies., Vergleichende Werbung – Liberalisierung des deutschen Rechts?, in: GRUR Int. 1999, 381-394.

Heselhaus, Sebastian M. / Nowak, Carsten, Handbuch der Europäischen Grundrechte, 2006, München.

Hoffmann-Riehm, Wolfgang, Kohärenz europäischer und nationaler Grundrechte, in: EuGRZ 2002, 473-483.

Holst J., „Renault will Image als sicherer Hersteller weiter ausbauen“, in Horizont, Nr. 33, 2007, S. 14.

Hösch, Ulrich, Meinungsfreiheit und Wettbewerbsrecht am Beispiel der “Schockwerbung”, in: WRP 2003, 936 – 944.

Huber, Peter M., Das Kooperationsverhältnis zwischen BVerfG und EuGH in Grundrechtsfragen, in: EuZW 1997, 517- 521.

Hudelmaier, Wolf, Die neuere Praxis zur vergleichenden Werbung in Deutschland, Belgien, Frankreich, Großbritannien und USA, Rechtswissenschaftliche Forschung und Entwicklung, Bd. 288, 1991.

Illing, Helena, Die gesetzliche Neuregelung vergleichender Werbung unter Berücksichtigung ihrer Entstehung und ihrer Auswirkung auf die Werbewirtschaft, München, 2001.

Ipsen, Jörn, Staatsrecht II, 12. Auflage, München, 2009.

Isensee, Josef/ Kirchhof, Paul (Hrsg.), Handbuch des Staatsrechts, 3. Auflage, 2007, Heidelberg.

James Beattie, On laughter and ludicrous composition, Edinburgh, 1776.

Jarass, Hans D., Charta der Grundrechte der Europäischen Union, 2010, München.

ders.., Richtlinienkonforme bzw. EG-rechtskonforme Auslegung nationalen Rechts, in: EuR 1991, 211 - 223.

Jarras, Hans D./Pierroth, Bodo, Grundgesetz, 11. Auflage, 2010, München.

Jergolla, Maren, Die britische Werbeselbstkontrolle anhand des Advertising Code - eine Gegenüberstellung mit der Rechtslage in Deutschland, in: WRP 2003, 431-449.

Joubert, Laurent, Traité du ris, contenant sont essance, ses causes, et mervelheus essais, curieusemant, recherchés, raisonnés & observés, Paris, 1579.

Jürgensen, Thomas/Schlünder, Irene, EG-Grundrechtsschutz gegenüber Maßnahmen der Mitgliedstaaten, AÖR 121 (1996), 200 - 228.

Jürgensen, Thomas; Schlender, Irene, EG - Grundrechtsschutz gegenüber Maßnahmen der Mitgliedstaaten, AÖR 121 (1996), S. 200 - 228.

Kavanoor, S./Grewal, D./Blodgett, J., 1997, "Ads Promiting OTC Medications: The Effect of Ad Format and Credibility on Beliefs, Attitudes, and Purchase Intention", in: Journal of Business Research, Vol.40, S. 219-227.

Kebbedies, Astrid, Vergleichende Werbung – Die europäischen Bemühungen im deutschen und englischen Lauterkeitsrecht (Schriften zum Internationalen Privatrecht und zur Rechtsvergleichung, Band 21) 2005, Göttingen.

Kenntner, Markus, Die Schrankenbestimmung der EU-Grundrechtecharta – Grundrechte ohne Schutzwirkung?, in: ZRP 2000, 423-425.

Kießling, Erick / Kling, Michael, Die Werbung mit Emotionen, in: WRP 2002, 615 - 627.

Kirchner, Bodo, Das „UMGEKEHRT ERHABENE" - Über Humor in der Psychoanalyse, in: SAP – Zeitung Nr. 9, 2004, S. 1-8, abtrufbar unter: http://www.psychoanalyse-salzburg.com/sap_zeitung/pdf/Kirchner.pdf, Stand: September 2011.

Kloepfer, Michael/ Michael, Gerhard, Vergleichende Werbung und Verfassung – Meinungsgrundrechte als Grenze von Werbebeschränkungen, in: GRUR 1991, 170 – 180.

Kloss, Ingomar, Handbuch Werbung, 4. Auflage, 2007, München.

Knecht, Matthias H., Die Charta der Grundrechte der Europäischen Union, 2004, München.

Köhler, Helmut, Der „Mitbewerber", in: WRP 2009, 499-508.

ders., Was ist „vergleichende Werbung"? GRUR 2005, 273-280.

ders., „Gib mal Zeitung" – oder „Scherz und Ernst in der Jurisprudenz" von heute, in: WRP 2010, 571-576.

ders., Die Bagatellklausel, in: GRUR 2005, S. 1-9.

ders., Die Rechtsprechung des Europäischen Gerichtshofs zur vergleichenden Werbung: Analyse und Kritik, in: WRP 2008, 414-420.

Köhler, Helmut/Piper, Henning, Gesetz gegen den unlauteren Wettbewerb (UWG), 3. Auflage, München, 2002.

Koos, Stefan, Erweiterungen des Zulässigkeitsbereichs vergleichender Werbung im Lichte der Richtlinie 97/55/EG, in: WRP 2005, 1096 – 1102.

Krings, Philipp E. / Dietlein, Daria, „Anlehnende bezugnehmende Werbung im Lichte des BVerfG-Urteils "Therapeutische Äquivalenz"", in: Bopp, Thomas; Tilmann, Winfried (Hrsg.), Festschrift für H. Helm zum 65. Geburtstag, Recht und Wettbewerb, München, 2002, S. 101-109.

Krishnan, Shankner H. / Chakravarti, Dipankar, "A Process Analysis of the Effects of Humorous Advertising Executions on Brand Claims Memory," Journal of Consumer Psychology, 2003, Vol. 13, 3, S. 230-245

Kroeber-Riel, Werner / Weinberg, Peter, 9. Auflage, München, 2009.

Kroll-Ludwigs, Kathrin/Ludwigs, Markus, Die richtlinienkonforme Rechtsfortbildung im Gesamtsystem der Richtlinienwirkungen – zugleich eine Besprechung v. BGH, Urt. 26.11.2008. – VIII ZR 200/05 1. Teil, ZJS 2009, 7-14.

Kroll-Ludwigs, Kathrin/Ludwigs, Markus, Die richtlinienkonforme Rechtsfortbildung im Gesamtsystem der Richtlinienwirkungen – zugleich eine Besprechung v. BGH, Urt. 26.11.2008. – VIII ZR 200/05 2. Teil, ZJS 2009, 123-130.

Kübler, Friedrich/Kübler, Johanna, Werbefreiheit nach „Benetton", in: *Habersack, Mathias (Hrsg.),* Festschrift Peter Ulmer, 2003, S. 907 - 928.

Langemann, Dajana, Humor ist wenn man trotzdem lacht - Über Ausprägungen und Wirkungen von Humor in der Werbung, München, 2008.

Lehment, Cornelius, Urteilsanmerkung zu BGH, 15.10.1998 I ZR 69 / 98 "Vergleichen Sie", in: GRUR 1999, 501 - 504.

Leible, Stefan / Sosnitza, Olaf, Richtlinienkonforme Auslegung vor Ablauf der Umsetzungsfrist und vergleichende Werbung, in: NJW 1998, 2507 - 2509.

Leighton, R.J., Materiality and Puffing in Lanham Act False Advertising Cases: The Proofs, Presumptions, and Pretexts, Trademark Reporter 94(3), S. 585-633.

Leistner, Matthias, Richtiger Vertrag und lauterer Wettbewerb, 2007, Tübingen.

Lerche, Peter, Werbung und Verfassung, 1967, München.

Lettl, Tobias, Gemeinschaftsrecht und neues UWG, in: WRP 2004, 1079 - 1132.

Limbach, Jutta, Die Kooperation der Gerichte in der zukünftigen europäischen Grundrechtsarchitektur, in: EuGRZ 2000, 417 - 420.

Lindner, Franz-Josef, Grundrechtsschutz in Europa - System einer Kollisionsdogmatik, in: EuR 2007, 160 - 193.

Loschelder, Michael / Erdmann, Willi, Handbuch des Wettbewerbsrechts, 4. Auflage, München, 2010.

Lüdemann, Jörn, Die verfassungskonforme Auslegung von Gesetzen, in: JuS 2004, 27-30.

*Markmann, A.D./Gentner, D.,*1997, „Commonalities and Differences in Similarity Comparison", in: Memory & Cognition, Vol.24, No. 2, S. 235-249.

Maunz, Theordor/Dürig, Günther, Grundgesetz - Kommentar, 59. Auflage, München, 2010.

Mayer - Ladewig, Jens, Europäische Menschenrechtskonvention, Baden-Baden, 3. Auflage, 2011.

Mayer, Anneliese / Mayer, Ralf, Ulrich, Imagetransfer, Hamburg, 1987.

Mayer-Uellner, Richard, Die Werbeselbstregulierung der britischen Advertising Standards Authority. Ein Vergleich mit deutschem Wettbewerbsrecht, Dissertation, Osnabrück, 2006.

Menke, Burkhard, Die moderne, informationsökonomische Theorie der Werbung und ihre Bedeutung für das Wettbewerbsrecht, dargestellt am Beispiel der vergleichenden Werbung, in: GRUR 1993, 718 - 728.

Merten, Detlef/Papier, Hans-Jürgen, Handbuch der Grundrechte, Bd. VI, Heidelberg, 2010.

Meyer, Jochen, Die kritisierende vergleichende Werbung, Regensburg, 1991.

Meyer, Jürgen (Hrsg.), Charta der Grundrechte der Europäischen Union, 3. Auflage, 2010, Nomos.

ders. (Hrsg.), Charta der Grundrechte der Europäischen Union, 3. Auflage, 2010.

Meyer, Paul W., Die Werbeerfolgskontrolle: Werbeertrag - Werbeaufwand – Werbewirtschaftlichkeit, Düsseldorf, 1963.

Meyer, Paul W./ Hermanns, Arnold, Theorie der Wirtschaftswerbung, Stuttgart, 1981.

Meyers Enzyklopädisches Lexikon, 9. Auflage, Leipzig, 1979.

Miller, Dorota, Humor als Kommunikationsfaktor. Kommunizieren im Alltag und in der Literatur, in: Lingua ac Communitas, Vol. 12, 2002, S. 49-64.

Müller, Rahel, Vergleichende Werbung als unlauterer Wettbewerb, in: Magister, Editions Weblaw, Bern, 2007.

Naumann, Kolja,, Art. 53 III GRCh: Zwischen Kohärenz des europäischen Grundrechtsschutzes und Autonomie des Unionsrechts, in: EuR 2008, S. 424-434.

Nelson, Phillip: Information and Consumer Behavior, in: Journal of Political Economy, 2/1970, S. 311-329.

Nettesheim, Martin, Grundrechtliche Prüfdichte durch den EuGH, in: EuZW 1995,106-108.

Nieschlag, Robert/Dichtl, Erwin/Hörschgen, Hans, Marketing, 19. Auflage, Berlin, 2002.

Nolte, Georg, Werbefreiheit und Europäische Menschenrechtskonvention, RabelsZ 63 (1999), S. 507 ff.

Nordemann, Jan, Neuere Entwicklungen im Recht der vergleichenden Werbung, in: GRUR Int. 2002, 297 – 303.

Nordmann, Mathias, Johannes, Neuere Entwicklungen im Recht der vergleichenden Werbung, in: GRUR Int. 2002, 297 – 303.

Nufer, Gerd / Hirschburger, Linda, Humor in der Werbung, in: Reutlinger Diskussionsbeiträge zu Marketing & Management, Reutlingen, 2008, S. 1-20, abrufbar unter: http://www.esb-business-school.de/fileadmin/_research/dokumente/Diskussionsbeitraege/Reutlinger_Diskussionsbeitrag_2008_-_7.pdf, Stand: September 2011.

Ohly, Ansgar, Anmerk. zu BGH, Urt. v. 1.10.2009, „Gib mal Zeitung“, in: GRUR 2010, 161-167.

ders., Anmerk. zu BGH, Urt. v. 5.2.1998, Testpreis-Angebot, in: GRUR 1998, 824-830.

ders., Die vergleichende Werbung im britischen Recht, GRUR Int. 1993, 730 – 739.

ders., Mehr Freiheit für den Wettbewerb?, in: GRUR 2004, S. 889- 900.

ders., Vergleichende Werbung für Zubehör und Warensortimente – Anmerkungen zu den EuGH-Urteilen „Siemens/VIPA“ und „LIDL Belgium/Colruyt“, in:, GRUR 2007, 3- 19.

Ohly, Ansgar/ Spencer, Michael, Vergleichende Werbung: Die Auslegung der Richtlinie 97/55/EG in Deutschland und Großbritannien, in: GRUR Int. 1999 681-698.

Paulus, Joachim, Wirtschaftswerbung und Meinungsfreiheit - Inhalt und Schranken von Art 5 Abs 1 S 1 Grundgesetz (GG), in: WRP 1990, 22 – 26.

Pepels, Werner, Handbuch des Marketing, 5. Auflage, 2009, München, Oldenburg Verlag.

Pfeiffer, Marcus, Humor in der Werbung – Neue Erkenntnisse der Forschung, München, 2010.

Piper, Henning /Ohly, Ansgar/Sosnitza, Olaf, Gesetz gegen den unlauteren Wettbewerb, 5. Auflage, München, 2010.

Piper, Henning/ Ohly, Ansgar, Gesetz gegen den unlauteren Wettbewerb, 4. Auflage, München, 2006.

Preisendanz, Wolfgang, Das Komische, in: Historisches Wörterbuch der Philosophie, Basel, Stuttgart, Bd. IV, 1976, S. 889-894.

ders., Humor, in: Historisches Wörterbuch der Philosophie, Basel, Stuttgart, Bd. III, S. 1231-1234.

ders., Über den Witz, Konstanzer Universitätsreden, Universitätsverlag, 1970.

Probst, Philippe Marc, Art. 10 EMRK – Bedeutung für den Rundfunk in Europa, Baden- Baden, 1996.

Putrevu, S.; Lord, K.R.: Comparative and Non-Comparative Advertising: Attitudinal Effects under Cognitive and Affective Involvement Conditions, in: Journal of Advertising, 1994, 23(2), 77-90.

Rengeling, Hans-Werner, Szczekalle, Peter, Grundrechte in der Europäischen Union, Berlin, 2004.

Rengeling, Hans-Werner/Szczekalla, Peter, Grundrechte in der Europäischen Union – Charta der Grundrechte und der Allgemeinen Rechtsgrundsätze, Köln, 2004.

Rickert, Beate, Grundrechtsgeltung bei der Umsetzung europäischer Richtlinien in innerstaatliches Recht, Berlin, 1997.

Riefler, Petra, Vergleichende Werbung – Wirkung, Gestaltung und Rahmenbedingungen, in: Werbeforschung & Praxis, 2009, S. 50-56.

Rieger, Reinhardt, Die Grenzen verfassungskonformer Auslegung, in: NVwZ 2003, 17-22.

Rippert, Stephan / Weimer, Katharina, Vergleichende Werbung – eine Gegenüberstellung der Regeln in Deutschland und den USA, in: K&R 2007, 302- 306.

Römermann, Volker/Günther, Tim in: BetriebsBerater 2010, 137 – 141.

Rosenthal, Alfred, Wettbewerbsgesetz, 4. Auflage, Berlin, 1913.

Roth, Wulf-Henning, Die richtlinienkonforme Auslegung, EWS 2005,385 – 396.

Sachs, Michael, Kommentar zum Grundgesetz, 5. Auflage, München, 2009.

Sack Rolf, Anmerk. zu BGH, Urt. v. 12.7.2001 – Preisgegenüberstellung im Schaufenster, LM H. 1/2002, § 2 UWG, Nr. 2, BL. 84 ff.

Sack, Rolf, Die Bedeutung der EG-Richtlinie 84/450/EWG und 97/55/EG über irreführende und vergleichende Werbung für das deutsche Wettbewerbsrecht, in: GRUR Int. 1998, 263-272.

Sack, Rolf, Vergleichende Werbung nach der UWG – Novelle, in: WRP 2001, 327- 348.

Säcker, Franz-Jürgen, Das UWG zwischen den Mühlsteinen europäischer Harmonisierung und grundrechtsgebotener Liberalisierung, in: WRP 2004, 1199-1221.

Säcker, Franz-Jürgen/ Rebmann, Kurt/ Rixecker, Roland, Münchner Kommentar zum Bürgerlichen Recht, Bd. I, 4. Auflage, 2001, München.

Santana López, Belén, Wie wird das Komische übersetzt?, Berlin, 2006.

Scheuner, Ulrich, Pressefreiheit, in: VeröffVDStRL, Heft 22, S. 1 – 101.

Scheyli, Martin, Die Abgrenzung zwischen ideelen und kommerziellen Informationsgehalten als Bemessungsgrundlage der „margin of appreciation" im Rahmen von Art. 10 EMRK – zugleich eine Anmerkung zum Urteil des EGMR vom 5.11.2002 im Fall Demuth vs. Schweiz, in: EuGRZ 2003, 455 – 462.

Schmedes, Hans-Jörg, Wirtschafts- und Verbraucherschutzverbände im Mehrebenensystem (Diss.), Wiesbaden, 2007.

Schneider, Irka, Humor in der Werbung. Praxis, Chancen und Risiken, Saarbrükken, 2005.

Schneider, Karl / Pflaum, Dieter (Hrsg), Werbung in Theorie und Praxis, 5. Auflage, Waiblingen, 2000.

Scholz, Rupert, Nationale und europäische Grundrechte – unter besonderer Berücksichtigung der Europäischen Grundrechtecharta, in: Handbuch Grundrechte VI/2, Merten, Detlef; Papier, Hans-Jürgen (Hrsg.), Heidelberg, 2009, § 170, S. 63-120.

Scholz, Rupert, Nationale und europäische Grundrechte, in: *Merten, Detlef/ Papier, Hans-Jürgen,* Handbuch der Grundrechte, Bd. VI/2, Heidelberg, 2009.

Scholz, Rupert, Wie lange bis Solange III, NJW 1990, 941-946.

Schotthöfer, Peter (Hrsg.), Handbuch des Werberechts in den EU-Staaten, einschl. [..] USA, 2. Auflage, Köln, 1997.

Schwamberger, Wolfgang, Vergleichende Werbung unter dem Gesichtspunkt neuer Ordnungsprinzipien, in: NJW 1961, 1185-1189.

Schwarz, Uta / Hoffmann, Stefan, Wer lacht über humorvolle Werbung? – Der Einfluss von Kultur und Geschlecht, in: transfer – Werbeforschung & Praxis 2009/2, S. 19-29, abrufbar unter: http://www.transfer-zeitschrift.net/cms/upload/PDFs_Artikel/2009/02_2009/2009_02_02.pdf, Stand: September 2011.

Schwarze, Jürgen (Hrsg.), EU-Kommentar, 2. Auflage, Baden-Baden, 2009.

Sedelmeier, Klaus, Vergleichende Werbung auch in Deutschland?, in: ZRP 1991, 370-374.

Seidel, Martin, Pro future: Kraft Gemeinschaftsrecht Vorrang des höheren einzelstaatlichen Grundrechtsschutzes?, in: EuZW 2003, 97.

Shimp, T.A., 2007, Integrated Marketing Communications in Advertising and Promotion, 7 th. ed. Mason: Thomson.

Sir Waldock, Humphrey, Die Wirksamkeit des Systems der Europäischen Menschenrechtskonvention, in: EuGRZ 1979, 599 – 603.

Skinner, Quentin, Hobbes and the Classcial Theory of Laughter, in: *Sorell, Tom/ Foisneau, Luc (Hrsg.),* Leviathan after 350 Years, Oxford, 2004, S. 139 – 167.

Smuts, Aaron, Humor, 2009, in: Internet Encyclopedia of Philosophy, abrufbar unter: http://www.iep.utm.edu/humor/#SH2a, Stand: September 2011.

Soergel, Hans-Theodor (Hrsg.), 13. Auflage, Stuttgart, 2007.

„Der Spiegel", „Werbekrieg", in: Der Spiegel, abrufbar unter: http://www.spiegel.de/spiegel/print/d-42872073.html, Stand: September 2011.

Stein, Torsten, "Bananen-Split?", in: EuZW 1998, 261 - 264.

Steinbeis, Maximilian; Detjen, Marion; Detjen, Stephan, Die Deutschen und das Grundgesetz, München, 2009.

Steiner, Udo, Richterliche Grundrechtsverantwortung in Europa, in: Geis, Max-Emanuel/ Lorenz, Dieter (Hrsg.), Staat. Kirche. Verwaltung, Festschrift für Hartmut Maurer zum 70. Geburtstag, München, 2001, S. 1005 - 1017.

Sternthal, B. & Craig, S.C., Humor in Advertising, in: Journal of Marketing,1973, Vol. 37, Nr. 4, 12-18.

Streif, Stephanie, Humorvolle Zwiesprache, in: direktplus 2009/1, S. 19 - 21.

Telser, Lester G., Advertising and competition, in: Journal of Political Economy, 6/1964, S. 537-562.

Tilmann, Winfried, Richtlinie vergleichende Werbung, in: GRUR 1997, 790-799.

ders., Richtlinie vergleichende Werbung, in: GRUR 1997, 790 – 799.

Tscheulin, D./Helmig, B., 1999, „Zur Effizienz verschiedener Ausgestaltungsformen vergleichender Werbung/Internationale Rechtslage, State of art und Ergebnisse einer empirischen Studie.", in: Zeitschrift für betriebswirtschaftliche Forschung, 51. Jg., Nr. 6, S. 550-577.

Ullmann, Eike (Hrsg.), Juris PraxisKommentar - UWG, 2. Auflage, 2009, Saarbrücken.

Umbach, Dieter C./ Clemens, Thomas (Hrsg.), Grundgesetz Bd. I, 2002, Heidelberg.

Umbach, Dieter C./ Clemens, Thomas/ Dollinger, Franz-Wilhelm, BVerfGE – Mitarbeiterkommentar, 2. Auflage, Heidelberg, 2005.

v. Bogdandy, Armin / Bast, Jürgen (Hrsg.), Europäisches Verfassungsrecht, 2. Auflage, Berlin, 2009.

v. Danwitz, Thomas, Der Grundsatz der Verhältnismäßigkeit im Gemeinschaftsrecht, in: EWS 2003 393 - 402.

v. Mangold, Hermann/Klein, Friedrich/Starck, Christian, Kommentar zum Grundgesetz, 5. Auflage, 2005.

Völp, Fromut, Vergleichende Werbung – erlaubt oder verboten?, in: GRUR 1962, 178-185.

Voßkuhle, Andreas, Theorie und Praxis der verfassungskonformen Auslegung von Gesetzen durch Fachgerichte. Kritische Bestandsaufnahme und Versuch einer Neubestimmung, in: AÖR Bd. 125 (2000), S. 177-201.

Wacke, Gerhard, „Werbeaussagen als Meinungsäußerungen", in: Ipsen, Hans-Peter (Hrsg.), Festschrift für Friedrich Schack, Berlin, 1966, S. 197-210.

Wassermeyer, Andrea, Schockierende Werbung, GRUR 2002, 126-134.

Wildes, Joy J./Singer, Brooke Erdos, "Ours Works Better": Use Of A Competitor's Trademark in Advertising, 2004, in: FindLaw, abrufbar unter: http://library.findlaw.com/2004/Dec/14/133668.html, abrufbar unter: Stand September 2011.

Wildhaber, Luzius, Eine verfassungsrechtliche Zukunft für den Europäischen Gerichtshof für Menschenrechte?, in: EuGRZ 2002,569- 574.

Wiltinger, A., 2002, Vergleichende Werbung: Theoretischer Bezugsrahmen und empirische Untersuchungen zur Werbewirkung, Wiesbaden.

Zhang, S./Markmann, A.B., „Overcoming the Early Entrant Advantage: The Role of Alignable and Nonalignable Differences", in: Journal of Marketing Research, Vol.35, No.4, S. 413-426, 1998.

Veröffentlichungen des Instituts für deutsches und europäisches Wirtschafts-, Wettbewerbs- und Regulierungsrecht der Freien Universität Berlin

Herausgegeben von Franz Jürgen Säcker

Band 1 Franz Jürgen Säcker (Hrsg.): Deutsch-russisches Energie- und Bergrecht im Vergleich. Ergebnisse einer Arbeitstagung vom 31. März / 1. April 2006. 2007.

Band 2 Franz Jürgen Säcker / Walther Busse von Colbe (Hrsg.): Wettbewerbsfördernde Anreizregulierung. Zum Anreizregulierungsbericht der Bundesnetzagentur vom 30. Juni 2006. 2007.

Band 3 Dirk Zschenderlein: Die Gleichbehandlung der Aktionäre bei der Auskunftserteilung in der Aktiengesellschaft. Zum Problem der Zulässigkeit der Weitergabe von Informationen an einzelne Aktionäre und Dritte. 2007.

Band 4 Simone Kirchhain: Die Anwendung der Vertikal-GVO auf innerstaatliche Wettbewerbsbeschränkungen nach der 7. GWB-Novelle. 2007.

Band 5 Franz Jürgen Säcker: Der Independent System Operator. Ein neues institutionelles Design für Netzbetreiber? 2007.

Band 6 Stefanie Otto: Allgemeininteressen im neuen UWG. § 1 S. 2 UWG und die wettbewerbsfunktionale Auslegung. 2007.

Band 7 Jochen Eichler: Vertragliche Dritthaftung. Eine Auseinandersetzung mit der Frage der Dritthaftung von sogenannten Experten und anderen Auskunftspersonen im Rahmen des § 311 Abs. 3 BGB. 2007.

Band 8 Markela Stamati: Die Anforderungen der operationellen Entflechtung nach den Beschleunigungsrichtlinien der Europäischen Kommission. Umsetzung in Deutschland und Griechenland. 2008.

Band 9 Franz Jürgen Säcker: The Concept of the Relevant Product Market. Between Demand-Side Substitutability and Supply-Side -Substitutability in Competition Law. 2008.

Band 10 Renate Rabensdorf: Die Durchgriffshaftung im deutschen und russischen Recht der Kapitalgesellschaften. Eine rechtsvergleichende Untersuchung. 2009.

Band 11 Franz Jürgen Säcker: Der beschleunigte Ausbau der Höchstspannungsnetze als Rechtsproblem. Erläutert am Beispiel der 380-kV-Höchstspannungsleitung Lauchstädt – Redwitz – Grafenrheinfeld mit Querung des Rennsteigs im Naturpark Thüringer Wald. 2009.

Band 12 Helen Mahne: Eigentum an Versorgungsleitungen. 2009.

Band 13 Franz Jürgen Säcker (Hrsg.): Russisches Energierecht - Gesetzessammlung. 2009.

Band 14 Franz Jürgen Säcker / Maik Wolf: Integrierte Energieversorgung in geschlossenen Verteilernetzen. Zum Gestaltungsspielraum des Gesetzgebers zur Neuregelung des § 110 EnWG im Lichte des Dritten EG-Energiepakets. 2009.

Band 15 Franz Jürgen Säcker (Hrsg.): Das Dritte Energiepaket für den Gasbereich. Deutsch-Englische Textausgabe mit einer Einführung. 2009.

Band 16 Franz Jürgen Säcker (Hrsg.): Das Dritte Energiepaket für den Elektrizitätsbereich. Deutsch-Englische Textausgabe mit einer Einführung. 2009.

Band 17 Thomas Dörmer: Die Unternehmenspacht. Rechtsstellung der Vertragsparteien unter besonderer Berücksichtigung der Pflicht des Unternehmenspächters zur ordnungsgemäßen Unternehmensführung sowie der Rechtslage bei Vertragsbeendigung. 2010.

Band 18 Klaas Bosch: Die Kontrolldichte der gerichtlichen Überprüfung von Marktregulierungsentscheidungen der Bundesnetzagentur nach dem Telekommunikationsgesetz. 2010.

Band 19 Geng-Sook Leem: Einheitliche Corporate Governance-Grundsätze für die Europäische Aktiengesellschaft (SE). Eine rechtsvergleichende Untersuchung anhand der Ausgestaltung der SE im deutschen und britischen Recht. 2010.

Band 20 Wiebke Gebhardt: Gentechnik und Koexistenz nach der Gesetzesnovelle von 2008: Zivilrechtliche Haftung im Vergleich Deutschland und USA. 2010.

Band 21 Cathrin Isenberg: Die Geruchsmarke als Gemeinschaftsmarke. Schutzfähigkeit und Einsatzmöglichkeiten. 2010.

Band 22 Franz Jürgen Säcker / Jochen Mohr / Maik Wolf: Konzessionsverträge im System des europäischen und deutschen Wettbewerbsrechts. 2011.

Band 23 Judith Antonia Loeck: Die unzumutbare Belästigung nach der UWG Novelle 2008 und dem Gesetz zur Bekämpfung unerlaubter Telefonwerbung und zur Verbesserung des Verbraucherschutzes bei besonderen Betriebsformen. 2011.

Band 24 Jörg Jaecks: Konzernverrechnungsklauseln und verwandte einseitige Verrechnungsbefugnisse im Mehrpersonenverhältnis. 2011.

Band 25 Franz Jürgen Säcker: Marktabgrenzung, Marktbeherrschung, Markttransparenz und Machtmissbrauch auf den Großhandelsmärkten für Elektrizität. 2011.

Band 26 Susanne Wende: Die einheitliche Auslegung von Beihilfen- und Vergaberecht als Teilgebiete des europäischen Wettbewerbsrechts. 2011.

Band 27 Leonie Kempel: Die Anwendung von Art. 102 AEUV auf geistiges Eigentum und Sacheigentum. Die Voraussetzungen des Kontrahierungszwangs nach Art. 102 AEUV und der Essential-Facility-Doktrin unter besonderer Berücksichtigung der Unterschiede zwischen geistigem Eigentum und Sacheigentum. 2011.

Band 28 Christoph Schuldt: Werbejingles – schützenswerte Kompositionen!? Die urheberrechtliche und markenrechtliche Schutzfähigkeit von Werbejingles vor unbefugter Nachahmung. 2012.

Band 29 Lydia Scholz: Die Rechtfertigung von diskriminierenden umweltpolitischen Steuerungsinstrumenten. Eine Untersuchung der Reichweite der Warenverkehrsfreiheit und ihrer Begrenzung durch den Umweltschutz als Vertragsziel am Beispiel der deutschen Energiefördergesetze EEG und KWKModG. 2012.

Band 30 Franz Jürgen Säcker: Investitionen in Kraftwerke zur Sicherung einer zuverlässigen Elektrizitätsversorgung nach der Energiewende. Rechtliche und ökonomische Rahmenbedingungen. 2012.

Band 31 Florian Leib: Kartellrechtliche Durchsetzungsstrategien in der Europäischen Union, den USA und Deutschland. Eine rechtsvergleichende Darstellung. 2012.

Band 32 Holger Hoch: Marktverschlusseffekte und Effizienzen vertikaler Zusammenschlüsse. Kartellrechtliche Beurteilung nach europäischem und deutschem Recht. 2012.

Band 33 Sebastian Kemper: Gasnetzzugang in Deutschland und in Spanien. 2012.

Band 34 Elena Timofeeva: Unbundling in der russischen Elektrizitätswirtschaft im Vergleich zum deutschen und europäischen Energierecht. 2012.

Band 35 Gisela Drozella / Harald Krebs: Marktbeherrschung im Bereich Stromerzeugung / Stromgroßhandel. Eine kritische Analyse der neueren Sicht des Bundeskartellamts. 2013.

Band 36 Christian Rehm: Die Einzel- und Gesamtverantwortung der Vorstandsmitglieder der Aktiengesellschaft. Die Verantwortung für die Leitung und Geschäftsführung im mehrköpfigen Vorstand in der unabhängigen und der herrschenden AG. 2013.

Band 37 Ann-Christin Richter: Mengen- und umsatzbezogene Rabatte marktbeherrschender Unternehmen in den Grenzen des Art. 102 AEUV. 2013.

Band 38 Nikolaos Pitsos: Die erhebliche Behinderung des wirksamen Wettbewerbs (SIEC-Test) im Fusionskontrollrecht. Zugleich ein Beitrag zur Problematik der oligopolistischen Marktbeherrschung unter Vergleich mit dem amerikanischen SLC-Test. 2013.

Band 39 Mirko Heinemann: Das Markenzeichen als Anknüpfungspunkt des Markenimages. 2013.

Band 40 Sylvia Lorenz: Der Immaterialgüterschutz virtueller Ladengeschäfte. Ein Vorschlag für die rechtliche Erfassung virtueller Güter. 2014.

Band 41 Anke Reimers: Wettbewerbsrechtliche und regulatorische Analyse der Kapazitätenvergabe an Grenzkuppelstellen im Elektrizitätsbinnenmarkt. 2014.

Band 42 Franz Jürgen Säcker / Carsten König / Lydia Scholz: Der regulierungsrechtliche Rahmen für ein Offshore-Stromnetz in der Nordsee. 2014.

Band 43 David Preisendanz: Der Humor in der vergleichenden Werbung. 2014.

www.peterlang.com